欧洲成人教育研究

陈辉映 著

RESEARCH ON EUROPEAN ADULT EDUCATION

上海人民出版社

目　录

第一章
绪　论

第一节　研究背景与意义

进入21世纪以来，构建终身教育体系、建设学习型社会已成为我国社会发展的重要目标和任务。2002年，党的“十六大”将“形成全民学习、终身学习的学习型社会”作为全面建设小康社会过程中教育发展的长期战略目标。2007年，党的“十七大”提出：“发展远程教育和继续教育，建设全民学习、终身学习的学习型社会。”《国家中长期教育改革和发展规划纲要(2010—2020)》以及《国家中长期人才发展规划纲要(2010—2020)》都明确了要以终身学习理念作为改革和发展我国各级各类教育的指导原则，以促进每一个人的终身发展为教育改革和发展之本。2012年，党的“十八大”提出：“积极发展继续教育，完善终身教育体系。”2017年，党的“十九大”提出：“办好继续教育，加快建设学习型社会，大力提高国民素质。”2019年，中共中央、国务院印发了《中国教育现代化2035》提出：“构建服务全民的终身学习体系。”在政府的引导和推动下，“完善终身教育体系，建设学习型社会”的实践正在全国各地，尤其是经济较为发达的地区深入开展和推进。如社区教育、老年教育、远程教育、企业教育等的开展以及学习型家庭、学习型企业、学习型社区、学习型城市的创建都昭示着终身学习实践在我国的蓬勃发展。

朗格朗曾说过："对儿童和青少年的教育工作不管怎么重要和必要，它都只是一种准备，只是真正教育过程的一种不完美的开端。这种教育只有在成人中进行时，才能体现它的全部意义和发挥它的全部潜能。"[1]成人学习所具有的对象全民性、过程终身性、领域多元性等特征使之成为终身教育体系中的重要组成部分，是建设学习型社会的重要渠道。在国内外政治、经济、文化环境日趋复杂，社会问题日趋多样的大背景下，要进一步提升终身教育和学习型社会建设在全国范围内的影响力，无疑需要大批专业的人才投身于成人学习事业。当前，我国从事成人学习的工作者多是从传统正规教育体系中通过"招、转、聘"的方法来上岗，或是从高校直接招募其他专业的毕业生来解决人才缺乏的问题。但是简单地将传统教育的理念、手段与方法迁移应用到成人学习领域中却在实践中遭遇到了很大的困难与挑战。成人学习工作者工作职责范围之广、服务群体之众、服务对象之复杂、工作任务之繁重，都远远超出传统教育工作。此外，在当前我国经济体制改革与社会转型的背景下，成人学习工作的开展面对着许多新的问题，这些都对成人学习工作者的专业水平提出了更高的要求。因此，如何推动成人学习工作者专业化建设，组建一支合格的、能够满足成人学习者多样化学习需求的专业队伍是促进我国终身学习与成人学习进展的重要议题。

成人学习工作者在将终身教育理念转化为实践的过程中发挥着不容小觑的作用，他们帮助成人学习者在其一生中获得知识、技能，在工作、生活中实现自我发展。在世界范围内，特别是在欧洲国家，已经达成了一个共识即成人教育工作者专业化的程度将直接影响到成人学习及接受教育的质量。在这个共识的基础上，一些欧洲国家在理论研究和实践操作都有着不同方面和程度的进展，在推动成人学习工作者专业化方面处于世界领先地位。这些国家丰富的理论研究成果和实践经验较为系统地总结了现阶段成人学习工作者专业化建设工作的途径与做法。

一、现实意义

当前国内从事成人学习工作的从业人员来源复杂，教育背景以及工作经验各不相同，又缺乏有效的专业化的举措及体系对其进行引领和规范。在宏观层面，从业人员的专业标准和资格认证等方面缺乏系统的规范，这就很难判断其是否有能力为成人提供高质量的教学和教学相关的服务，这样就很有可能对成人学习乃至终身学习的发展带来消极的影响。在微观层面，从业人员自身的身份认同、专业发展和职业生涯规划等方面都可能受阻。目前，在欧盟委员会的倡导下，欧洲许多国家将成人学习工作者的专业化建设作为重要的研究课题，在理论研究和实践操作上都已经有了较为丰硕的成果。因此，借鉴欧洲国家有关成人学习工作者专业化建设的有益做法，对于我国促进成人学习工作者专业化建设，具有迫切的现实意义。

二、理论意义

本书把成人学习工作者专业化建设作为研究对象，是对成人教育理论在研究对象和范围上深层意义的拓展，将对成人教育与学习研究的发展起到积极的推动作用。成人学习工作者专业化建设研究在我国尚处于萌芽状态，但已显现出蓄势待发的景象。成人学习工作者专业化建设需要研究者对其发展提供可靠的理论支撑。对成人学习工作者专业化建设来说，对问题的界定、分析、推进举措与主体、体系构建模式以及其他相关问题的理论研究，都将丰富该领域的理论体系。本书精选在成人学习工作者专业化建设工作方面具有代表性意义的欧盟委员会以及6个国家的案例，对这7个案例中的相关理论及实践成果进行梳理与分析，从专业社会学的视角将成人学习工作者的专业化建设放在由“推进举措”以及“推进主体”相互作用构成的专业化建设的体系中，尝试分析如何通过这些举措和主体来促进成人学习工作者的专业化建设的进程，以期为我国成人学习工作者的专业化建设进行顶层设计。在对专业化体系构建问题的探求中，亦有可能引发出新的理论研究生长点，从而进一步拓展我国本土的成人学习工作者专业化研究，同时在一定程度上也可以丰富我国成人教育的理论体系。

第二节　文献综述

一、概念界定

（一）成人学习工作者

本书的研究对象是指为成人提供所有学习相关服务[2]的工作者。无论是国内还是国外，这个群体都体现出了来源多样性及构成复杂性的特征。对这个群体的称谓也可谓是“五花八门”，如成人学习专业工作者、成人教育工作者、终身学习工作者、成人学习实践者及终身学习实践者等。本书关于这个群体称谓的选择，借鉴了欧盟委员会对于这个群体的称谓：“Adult Learning Professional”[3]即成人学习专业工作者。笔者选取这个称谓，主要有两个方面的原因。第一，从被动受教育到主动学习的这个理念转向是目前世界范围内教育改革的大趋势；第二，要使成人能够获得高质量的学习，就需要有专业的工作者来为他们服务，而“Professional”正是对从事成人学习服务的这群从业者专业化要求的体现。鉴于此，笔者将使用这个称谓来统称这群为成人学习提供所有与学习相关的服务的工作者。但是，笔者出于行文流畅的目的，经过审慎的考虑，决定使用“成人学习工作者”代替“成人学习专业工作者”。

结合我国实际情况，若将该群体细分，主要包括如下五个部分：从事开放教育培训的教师及管理者、从事社会培训的培训师与管理者、从事企业培训的培训师与管理者、从事社区教育及老年教育的社区学院/社区学校教师与管理者（及学习团队负责人）以及在高校从事继续教育的教师及管理者。[4]笔者需要强调的是，本书在使用文献等资料时，将不严格区分成人学习工作者与成人教育工作者等其他类似概念，而是本着忠于文献及欧洲国家相关实践运用以及政策文件资料等的原文直译原则，在行文中，如不加特定的说明，将根据不同的发展阶段及不同的语言环境交替、等同使用这些内涵相近的称谓。[5]

（二）成人学习

欧盟委员会在2006年发布的《成人学习：学习永远不会晚》中对成人学习的定义是："成人在结束首次教育和培训后又参加的任何形式的学习，无论这期间的实践间隔有多久，都是成人学习"。[6]正如"终身学习"逐渐替代了"终身教育"一样，"成人学习"在最近几年涉及成人学习的政策讨论中，也逐渐取代了"成人教育"。欧洲成人教育协会主席贾诺斯曾这样区分成人学习和成人教育："当我们在讨论成人教育的时候，我们是说有几百名教师在教几百万的学生，而我们说成人学习的时候，就是几百万人在自己学习，而这些老师也在学习，所有的人都在一直学习，通过不同的方式在学习，这样的话可以扩大终身学习的参与程度，使所有人都参与其中，这也可以提高学习的层次。"[7]以"学习"代替"教育"也更加展现出学习者主动接受知识而不是强迫学习者被动受教育的观点。

我国学者何光全对成人学习进行了两个维度的分类。第一个维度是将成人学习分为指导性学习与自学。第二个维度是将成人学习分为以职业为目的的学习与非职业目的的学习。这四种类型的成人学习共同构成了成人工作、职业和生活的"学习图景"。[8]

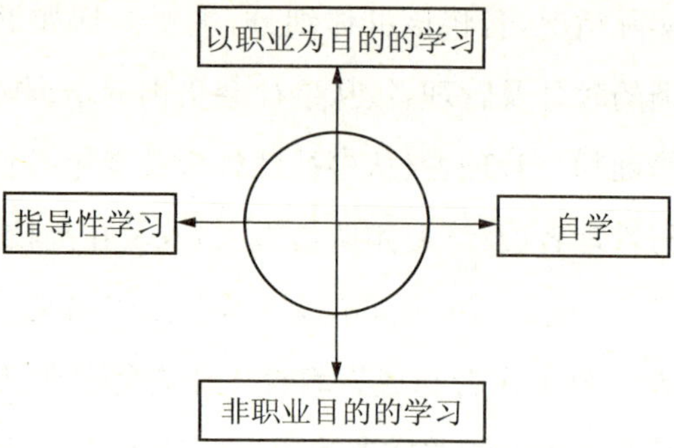

图 1.1 “成人学习”的概念及分类

鉴于目前欧洲各国及欧盟相关文件仍然是同时在使用“成人学习”和“成人教育”这两个概念，或是并列称为成人学习与教育（Adult learning and education）。[9]本书对这两者也不做明确的区分，将等同使用成人教育、成人学习以及成人学习与教育这三个概念。

（三）专业化

“化”按照《辞海》缩印本的解释，是“表示转变成为某种性质或状态。如：绿化、电气化、大众化。”[10]这里既体现出了过程性，又表现出所要达到的某种性质。专业化，在群体层面，可以看作是一个人类活动的发展过程，经由“次级专长”“准职业”“形成的职业”“出现的专业”阶段，最终成为“成熟专业”的身份。在这个层面上，专业化主要强调群体的、外在的专业性提升，获得专业合法性、提升专业的社会经济地位、得到更多资源和权力。从个体层面来看，专业化指的是作为个体的从业人员的专业发展过程，在这个过程中，从业者提高专业能力、培养专业精神，成为专业的工作者。在这个层面上，专业化更加关注个体的专业发展。总的来说，群体层面的专业化注重的是，一项人类的活动如何在社会的各方面因素相互作用下走向成熟。个体层面的专业化则注重的是，个人成为一名专业人员的这个过程中学习和发展的路径。本书将在下文的“理论基础”部分进一步通过专业社会学的视角解读“专业化”这个概念。

（四）专业标准

"标准"一词在各种不同语境和层面上有不同的含义，尤其是在知识经济和知识社会时代，"标准"不再是一个抽象空洞的词语，而是渗透进各行各业中，在行业的发展和竞争中发挥着"规矩"的作用。标准是衡量事物的准则，标准的建立就是"为了克服人类生活中无标准的任意性。依次减少冲突，提高效率。"[11]还有学者认为："标准是一种工具，它使人们对共同认知和共同意义的事情做出恰当而准确的判断与决定"。[12]它强调了一种专业工作的本质特点，即"可判断性"。有关标准的用法，伊瓦尔格森（Invargson，2000）认为标准的作用包括两个方面：第一可以用来衡量价值或体现原则，第二可以用来测量和评估工作业绩。[13]

笔者认为"专业标准"的内涵包含着宏观与微观两个层面。宏观层面上，即是一个人类活动要成为成熟专业所要达到的标准，即建立专业组织、具有专业组织的伦理法规、具有科学知识体系以及教育培训机制、有极大的社会和经济效益、具有国家的市场保护、具有高度的自治功能等。[14]微观层面上，即从事该项职业的从业人员的专业标准，常常涉及从业人员的技能、知识、态度等方面的具体标准要求。微观层面的专业标准主要有三个方面的作用：第一，在个体层面，为从业者的专业化提供支持与具体的指导；第二，在群体层面，作为专业对话的交流工具，有利于对从业者的专业水平进行界定；第三，在组织层面，为机构在选择、培训从业者方面提供了指南。[15]本书中的专业标准指的是微观层面的标准。

（五）能力（competence）

世界经济合作与发展组织在 2003 年的《定义与选择能力：理论与概念基础》的项目报告中对能力定义为："具有在特定的情境中成功满足复杂需求的行为。称职的表现或是有效的行动展示了其对知识、实践技能及社会行为内涵（态度、情感、价值观及动机等）的运用。"[16]

纵观有关能力研究的文献，主要是从三个基本的概念出发来理解能力：行为主义的（behaviourist）、通用的（generic）及整合的（integrated/holistic）。“行为主义”或者是“具体任务”的概念认为能力是一系列具体的工作。相反地，“通用”的概念认为能力是一些通用的特质，例如知识或者批评性思考，这些特质的表现可以作为未来发展预判依据。“整合”或“全面”的概念是将特定的“具体任务”及“通用特质”结合起来，认为能力是在特定的情境下，专业工作者展示出的才能。哈格等人是如此定义能力的：“能力是一种才能（capacity），来执行‘达到标准’的职业任务，一个有能力的专业工作者将在实施这些职业任务时展示出令人满意的表现。这些职业任务代表着一个专业，通常，一个专业可以由 20 到 30 个核心专业任务来描述。”[17]“整合的”能力概念的代表学者考恩霍文（Kouwenhoven，2003）构建了一个模型来描述专业的工作者与核心任务、核心能力之间的关系。核心能力被定义为一套能力，具备这套能力的工作者，将在一个令人满意甚至是完美的等级完成专业任务（如图 1.2 所示）。

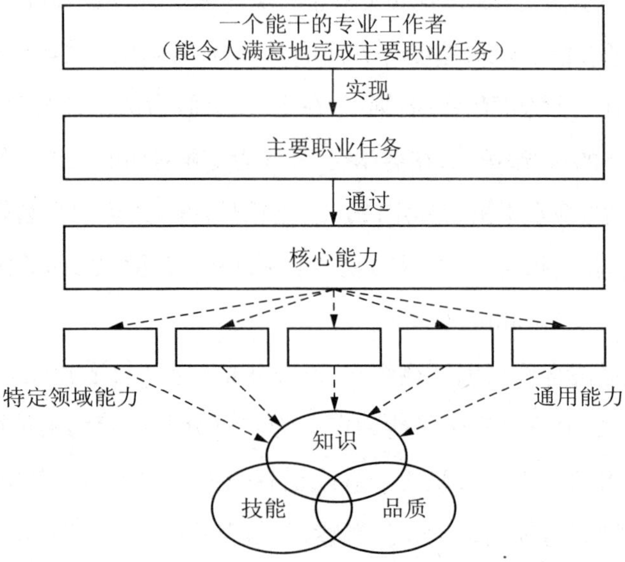

图 1.2　能力模型

从这个模型可以看出，能力包括知识、技能及品质三个方面，又可以分为特定领域能力与通用能力这两类。确定了从业者核心能力后可以构建出其需要进行教育培训的课程档案。通过各种教育培训而获得的这些能力将通过完成职业任务展示出来，一个专业的从业者将在一个“令人满意”（超出“标准”）的层面上完成这些任务。

二、 国内的相关研究

（一）成人教育专业化研究综述

20 世纪 80 年代以来，伴随着国际范围内的成人教育专业化浪潮，我国成人教育专业化也逐渐走进研究者的视野。其中，我国台湾地区出版的《成人教育专业化》和《成人教育现代化与专业化》这两本著作系统地介绍了英美等一些发达国家的成人教育专业化发展轨迹及现状，并对成人教育专业化的意涵、判断标准以及推进措施等作了较为深入的探讨。进入 21 世纪后，我国大陆有关成人教育专业化的研究也日益丰富起来。总体而言，我国成人教育专业化的研究主要集中在研究成人教育专业化的意涵、成人教育专业化的标准、成人教育专业化的策略这三个方面。

1. 成人教育专业化的意涵

都荣胜、娄立志通过成人教育专业化的分类来分析专业化的内涵，他们认为成人教育专业化包括成人教育管理专业化、成人教育教学专业化以及成人教育理论专业化。其中成人教育管理专业化包括管理人员专业化和其进行管理的过程专业化。成人教育教学专业化包括成人教育教师专业化和其教学内容的专业化。成人教育学理论专业化包括了成人教育学理论基础的专业化以及成人教育理论研究队伍的专业化。魏慧娟认为成人教育专业化的研究应该从静态取向（static approach）视角和过程取向（process approach）视角者两个方面进行研究。静态取向的研究视角认为，在一定的时期，需要制定客观的适当的标准来衡量成人教育是否能成为一个专业，从而激励成人教育组织以及机构在专业化发展上达到相应的水准。过程取向的研究视角则认为成人教育专业化的内涵是随着历史情境变迁而变动的，随着社会的发展，每一个行业都在向专业化的方向迈进，就要求专业人员需要参与学习使得自己的专业水平不断提高。王红认为构建成人教育专业化可以通过宏观、微观标准体系的建设以及外部保障机制实施来实现。其中，从宏观层面来看，成人教育专业化是指成人教育逐步形成自身的理论体系、成立专业组织、开展学术研究以及获取国家法律保障的过程；从微观层面来看，成人教育专业化是指实现了成人教育工作者(包括教师、行政管理人员、教学管理人员)教学专业化以及管理活动专业化，是加强教学管理以及提高教育质量的过程；从外部保障机制上看，成人教育专业化是指实现办学主体的社会认可制度和课程鉴定制度的过程。

2. 成人教育专业化的判断标准

判断某一个职业是否实现专业化的主要依据就是看它是否满足一定的专业标准。因此，有关成人教育专业化的研究，就避免不了要对其专业化的评判标准进行研究，我国有关专业化标准的研究最具有代表性的是赵康对成熟专业标准的研究。赵康认为一个完成专业化进程、成为成熟专业有六个标准：第一，是一个全日制的职业；第二，具有专业组织和伦理法规；第三，有一个科学知识体系及传授/获得知识的教育训练机制；第四，有极大的社会和经济效益；第五，具有国家的市场保护；第六，具有高度的自治功能。具体到成人教育专业化标准的研究，胡梦鲸认为判断成人教育专业化的标准包括理论体系、专业组织、专业人才培养、专业技术、专业理念、社会认可、专业证照七个方面。还有学者认为可以通过“完善成人教育法规、建立证书制度、强化专业组织、建立理论信念、建立行政体系、开发成人教材、加强专业研究、开展在职进修等这八个方面作为判断成人教育是否实现专业化的指标。”[18]总的来说，国内有关成人教育专业化标准的研究都在理论体系、专业组织、专业培养、专业资格等几个方面达成共识。

3. 成人教育专业化的策略

有关成人教育专业化的策略，研究者们通过不同视角进行分析研究。有学者认为要加强成人教育管理人员的专业化，秉持“管理出水平”的理念，认为通过提高管理水平从而推动成人教育专业化。也有学者探讨推进成人教育组织的建设，从而为成人教育专业化提供外部政策支持以及规范内部专业行为（罗文伟，2005）。罗永彬则认为完善的成人教育教师的师资培养机制是促进成人教育专业化发展的必要保证。郭伟、邢思萍则认为成人教育工作者的职业道德建设是成人教育专业化的源动力。魏慧娟认为成人教育专业化发展有如下策略：强化成人教育在高等教育中的角色与地位、强化成人教育专业团体的力量、加强成人教育专业人员专业技术的发展、制定或修订有关政策措施、整合成人教育资源、为成人提供均等的专业服务。蔡培村认为，发展成人教育专业化的策略包括加强成人教育立法保障、建立专业化的成人教育行政体系、强化成人教育专业协会功能、加强成人教育的理论研究、健全成人教育专业人才培训制度、落实成人教育的专业证书制度、扩大国际成人教育学术交流合作等。还有学者借鉴国外成人教育的专业化发展经验来探讨我国成人教育专业化发展的策略（参见刘奉越对德国、瑞典、英国成人教育专业化的研究，赵红亚对美国成人教育专业化的研究）。例如，赵红亚从宏观层面论述了美国成人教育专业化，并阐述了美国成人教育理论体系、专业权威、专业团体、立法等方面的成果，为发展我国成人教育专业化的策略提供借鉴。总的来说，学者们认为促进我国成人教育专业化发展主要从如下四个方面进行努力：第一，构建我国成人教育理论体系；第二，推进我国成人教育工作者教育与培训；第三，注重我国成人教育专业组织的建设；第四，加速我国成人教育立法的进程。

（二）成人教育工作者专业化研究综述

成人教育工作者专业化问题的提出，从外在因素来看，是对世界范围内教师专业化潮流的回应；从内在因素来看，是来自现代成人教育发展的必然诉求。

我国学者的研究主要集中在对成人教育教师的专业化上。刁桂梅认为从宏观层面来看，成人教育教师专业化是一个多社会主体努力的过程，这些主体包括国家、政府、教育系统内部和外部以及教师等。通过多主体的共同努力，并且得到社会各界的承认，成人教育教师的专业化才能够得以实现。此外，成人教育教师专业化也受到社会政治、经济、文化以及教育等因素的影响。从微观层面来看，成人教育教师专业化是教师个体持续社会化的过程，在这个过程中，教师的态度、价值观、知识技能以及专业精神都得以发展，成为一个动态发展的终身的过程。这种宏观微观相结合，多维度的理解能够比较全面地把握成人教育教师的专业化内涵。霍玉文认为可以通过如下四个方面推进成人教育教师专业化建设：第一，加强在职成人教育教师专业培训；第二，构建成人教育教师教育培训的课程体系；第三，建立成人教育教师专业组织；第四，推动成人教育学科建设；第五，促进成人教育立法。桑宁霞提出要建立成人教育硕士研究生导师专业组织、重视对成人教育学硕士研究生导师培养等建议。近年来，对成人教育管理者的专业化的研究也逐渐受到了重视。

但是，由于成人教育的复杂性和特殊性，成人教育工作者的专业化还面临着边缘化、成人教育事业发展与专业化之间的矛盾、专业知识与实践经验不协调、核心知识与技能不完备以及缺乏专业优先权等问题（何光全，2007）。面对这些问题，国内学者对成人教育工作者专业化建设的对策方面进行了探讨。例如，黄健根据对上海市 18 个区县社区教育专职教师队伍的现状调查，从政府和相关学术共同体的力量、专业人员自我及其所在工作机构等方面提出了加强社区教育专职教师队伍专业化建设对策。石丽敏着重于中观层面通过比较研究的方法，借鉴分析国外的相关发展，并结合实证研究资料，分析了国内培训师队伍现状并且提出培训师专业化建设的对策，对策包括加强政府政策措施力度、培育行业组织、推行规范化培训、倡导多样化考试、建立培训师资源库、引导培训师自律以及加强国际交流等。满玲玲通过反思性实践的视域提出成人教育教师专业化的策略主要包括三个层面：培养教师在行动中的反思性实践、培养教师在行动后的反思性实践以及培养教师在行动中反思的反思性实践。还有学者结合我国成人教育教师专业化的现状与问题，探索我国成人教育教师专业标准的建设策略。魏慧娟认为我国成人教育教师的专业特征要包括专业的知识能力、长期培训、自主性、专业伦理道德规范、专业组织等。陈海涛认为成人教育教师专业标准包括专业知识、专业技能、专业道德、专业训练、专业自主以及专业组织六个方面，并且指出我国成人教育教师的标准比较重视的是教师的道德伦理标准，相对忽视了教师的专业知识水平和专业自主权。

（三）小结

纵观中国十多年来有关成人教育专业化相关研究成果，无论是从数量还是质量上均取得了一定的突破，成人教育工作者的重要性也受到了众多学者的认同。但是，目前我国有关成人教育以及成人教育工作者专业化的研究也呈现出一些不足之处。

第一，研究对象单一，缺乏整合性。

目前我国对成人教育工作者专业化的研究对象主要集中在教师这个职业上。成人教育工作者群体的复杂性主要体现在其复杂的组成上，教师仅仅是这个群体中的一个组成部分。研究还应该关注成人教育工作者中从事管理、咨询、课程设计等活动的工作者的专业化问题。此外，成人教育工作者群体还具有整合性的特征，教师、管理者、行政人员等都应该被纳入成人教育工作者的队伍中。只有这样，才能整体地、全面地为这个全体规划专业化道路，真正地实现整支队伍的专业化建设。

第二，研究套路固化，缺乏系统研究。

综上所述，可以看出目前国内许多有关专业化的研究固化。主要是对普通教育专业化的套用或是对国外成人教育专业化的简单移植。第一，对普通教育工作者专业化的直接套用，将会抹杀成人教育群体的特殊性，不利于对其进行深入的研究。第二，对国外的研究停留在肤浅的层面，缺乏深入的挖掘。这样也就不能深入分析国外的研究经验，探索我国现实问题的解决方法。此外，看似我国有关成人教育工作者专业化的研究在各个方面都有所涉及，但真正形成系统的研究很少。切实地对成人教育工作者的内涵外延、专业能力和专业标准的构成、资格体系的构建等实现成人教育工作者专业化的举措等问题进行系统深入研究的更是匮乏。

第三，理论研究薄弱，缺乏切合我国实际的对策建议。

纵观目前研究成果，有关成人教育专业化的研究缺少严密的学理分析，因此相关研究成果缺乏一定的信度与效度。这样就不利于将研究成果作为实践指导的依据。此外，目前我国的研究中还缺少切合我国实际的对策建议和顶层设计。有关成人教育工作者专业化的对策表现出流于形式的泛泛而谈，缺乏严谨深入的研究思考。

三、 国外的相关研究

纵观国外对成人教育工作者专业化的研究，相较于我国的相关研究，体现出了更加具体的研究分类。主要集中在以下五个主题中："成人教育工作者能力界定""成人教育工作者教育培训""成人教育工作者专业化的体系建设""成人教育工作者的自我认同"以及"成人教育工作者的跨国和跨文化研究”。

（一）成人教育工作者的能力界定研究

在世界范围内，特别是欧洲地区，有关定义成人教育工作者所需能力的研究开展得比较系统及全面。研究者们有一个普遍的目标即要把成人教育作为一个整体的领域来发展，特别要作为一个专业来发展。“要实现这个目标的重要前提就是要界定成人教育的从业者所需的能力”。[19]贝克特尔(Bechtel, 2007)认为可以从两个层面理解成人教育工作者的“能力界定”：第一，可以理解为个体主观构建的能力档案；第二，可以定义为要实现一系列专业任务所需要具备的能力。扎里菲斯(Zarifis, 2013)认为成人教育工作者的能力可以通过“建模”(modeling)的方式来界定。正如图1.3所示，建模的过程是将通用能力与工作者不同工作领域和内容进行整合，提炼出他们的工作活动全貌。随后，在此基础上构建成人教育工作者的元能力、一般能力以及特殊能力。最后再归纳出作为成人教育工作者的核心能力。

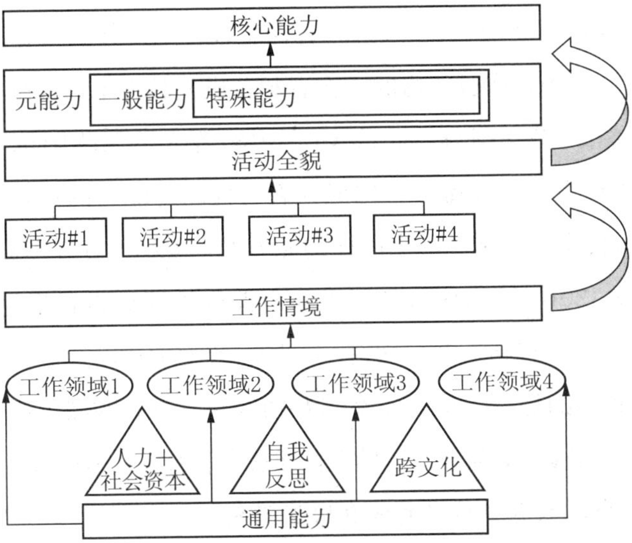

图 1.3　成人教育工作者的能力建模

梅里亚姆(Merriam, 2000)将成人教育工作者应具备的能力总结为以下10个方面:第一,了解成人学习者的动机及参与方式;第二,了解成人学习者的需求;第三,熟练掌握成人学习的理论与实践;第四,了解社会的需求;第五,了解各种教学方法与技术的运用;第六,具备沟通和倾听的技巧;第七,了解如何整合运用其他教育资源;第八,具有宽广的胸襟让成人能随性学习;第九,继续其本身的教育;第十,具有评价的能力。成人教育教师作为成人教育中的重要角色,他们相关能力的开发对推动成人学习有着至关重要的作用。昆特尔等人(Kunter & Baumert, 2011)关注成人教育教师的教育—心理知识(PPK)的建设,并研究构建一个有效的、可靠的测试工具来测试和评估教师们是否具备相关的教育—心理知识。萨瓦(Sava, 2013)认为成人教育教师需要具备四个方面的能力:(1)作为一个人的能力;(2)处理教学内容的能力;(3)运用教学方法的能力;(4)在教与学的过程处理各种情境的能力。马洛斯等人(Toia & Mallows, 2013)认为定义那些为成人提供基本读写能力教育的教师的能力也是非常重要的。值得指出的是,越来越多的学者开始关注成人教育促动师、从事成人教育课程设计的工作者等角色的能力建设问题。这些以往被忽略的工作者却在成人教育中担任越来越重要的角色。例如,苏里科娃(Surikova, 2013)等人运用跨国德尔菲法对印度、立陶宛以及拉脱维亚三国成人教育促动师能力的重要程度进行比较分析,得出在不同的国家同样的能力的重要程度存在差异的结论。索克(Sork, 2010)提出成人教育工作者课程设计能力越来越重要,其课程设计的能力包括三个层面:技术过硬、政策敏感以及道德负责。

值得指出的是,欧洲的学者们开始研究建立具有欧洲可比性的能力档案,[20]并且探索如何在此基础上构建成人教育工作者的专业标准。

(二)成人教育工作者的教育培训研究

成人教育工作者能力开发主要通过两个渠道进行:第一,通过正规高等教育进行学术化教育；第二，通过社会教育进行培训和持续专业发展。

多勒(Doyle, 2013)认为高等教育的学术资格认证是发展成人教育工作者专业化的基础。埃格坦梅尔(Egtenmeyer, 2010)认为学术专业化主要关注两方面的内容：第一，关注大学所提供的资格认证；第二，关注每个潜在成人教育工作者的个体发展。她对德国大学成人教育专业课程的实证研究表明一些大学的课程展现出了“互动专业化”的特征，即专业知识以及相关实践经验开始可以同时在课程中获得。维托斯基(Wittorski, 2013)认为专业化的大学课程需要包括以下三个方面的任务：第一，开发专业能力；第二，开发身份认同，包括个体身份以及专业身份；第三，关注反思、行动以及持续发展之间的关系。埃尼奥(Eneau, 2011)等人认为大学生对他们自身实践的反思分析以及创建自己“专业档案”的过程都可以被认为是“走向专业化的道路”，并且在这个专业化的道路上完成能力的开发和自我的构建。卡鲁(Karu, 2013)等人运用质性研究方法采访了17名大学成人教育专业的在校学生，研究他们是如何理解作为一个学习者以及一个成人教育工作者的自己。他们认为在大学的专业教育中，要同时学习成为一个学习者以及一个专业工作者。日本学者三轮(Miwa, 2013)研究日本大学目前为成人教育工作者特别是从事社会教育的管理人员提供多种培训课程的情况。他提出大学的学术化专业教育同样可以提供给在职的工作者以及管理者。正如以上学者所提到的，学术专业化是发展成人教育工作者专业化的重要基础。学生们通过高等教育掌握所需的知识、技能及获得一定的实践经验，并且在学习中构建自我以及专业认同感。但是，学术化的教育仅仅是一个开始，在这基础上持续专业发展尤为重要。因此，通过多样化的社会教育而获得培训以及持续专业发展就显得不可或缺。

构建成人教育工作者的持续培训体系是促进其专业发展的重要途

径，可以分为临时的体系以及较为稳定的体系。雷迪（Reddy，2013）研究印度一个基于国家项目而建立的成人教育工作者培训系统。这个名为“Saakshar Bharat”的项目将面向印度1.5亿人民提供基本读写能力教育、继续教育以及职业教育等。为了使得这个项目顺利实施，该项目构建了一个临时的培训系统，对提供教育服务的成人教育工作者进行专业化的培训。可以看出，该培训系统构建是一个具有实操性、灵活性以及能够在一定程度满足当下需求的、且能够在短时间内获得成效的方式，是对一时无法构建完善的、稳定的培训系统的一种补偿。瑞士针对成人教育工作者已经在国家层面形成了系统的、稳定的培训系统。希拉菲（Schlafi，2013）研究了瑞士的“培训培训师”系统，培训师通过系统的培训可以获得不同等级的证书。从瑞士的经验中我们可以看出专业协会在促进专业人员专业化进程中起到了至关重要的作用，是开发系统和制定标准的重要推手。

此外，对成人教育工作者先前具备能力的认定（validation）是对其进行教育培训的补充方法。能力认定是一个过程，在这个过程中定义、评估以及认可专业工作者在正规、非正规以及非正式环境中已经获得的知识、技能以及能力（Sava，2010）。格罗斯等人（Gross & Bradley，2013）进行了有关先前学习的认定（RPL）的工具开发研究。RPL的目的是为了帮助个体证明其已经掌握的知识以及能力。这些知识和能力可以从正规、非正规以及非正式的学习以及工作中获得，并且很有可能这些知识和能力并没有获得正式的证书或者是认可。其中，能力认定是对先前学习认定的一个很重要的方式。有关成人教育工作者能力认定方面的研究笔者将在后续的章节中进一步介绍分析。

总之，成人教育工作者能力界定与教育培训是提高成人教育工作者专业水平的基础，对成人教育工作者能力的认定又将为其能力建设工作提供多一重的可能和保障。

（三）成人教育工作者专业化体系建设研究

成人学习工作者在国家以及地区层面上的专业化体系建设也是国外学者讨论的热点之一。如何系统构建成人教育工作者专业化体系以及在这个体系中有哪些利益相关者，它们又将如何在这个系统中发挥作用以及它们之间如何互动等都是学者们在讨论构建成人教育工作者专业化体系的重要议题。

吉里斯（Gines，2013）强调专业化的内涵具有“三个一”。即是一个过程，一个统一的标准以及一个最终的目的。专业化是系统的过程，在这个过程中，从业者通过各种各样的能力建设活动实现统一的标准，最终达到促进专业能力发展的目的。以菲律宾为例，她认为成人教育工作者的专业化的战略主要有五个方面：第一，许可：设置进入这个专业的门槛；第二，认证：包括构建国家层面的等级证书；第三，评估：对实践者的知识、技能以及专业发展的评估；第四，认定：通过教育测试来认证实践者之前通过非正式教育以及学习经验中获得的知识以及技能；第五，持续专业教育：保证以及提升工作者专业能力、遵守专业伦理准则等。

墨菲（Murphy，2013）研究了爱尔兰成人教育专业化的主要利益相关者，其中包括政府、大学、专业协会以及成人学习者等。她认为成人学习者在这之中最为举足轻重，他们的需求以及选择将最终影响成人教育领域的发展以及成人教育工作者的专业化进程。沙阿（Shah，2006）更认同大学的重要性，在促进成人教育工作者专业化的进程中需要格外重视的是提高课程质量、规范教师能力以及满足市场需求。吉里斯（Gines，2013）也强调了在成人教育工作者专业化体系建设中大学的作用，其中包括保障授课教师质量、鼓励从业者返校进行学历教育、提供中长期培训、定期举办工作坊等方面。在国家层面上，沙阿认为需要设立一个政府部门来规范有关成人教育工作者的基本准入资格以及制定雇佣条件的指导文件以及准则。此外，他提出政府应该制定一系列相应的政策来提高从业者对专业的热情以及激励他们去提升自己的能力。

总之,多数学者所认同的成人教育工作者专业化进程的关键利益相关者是较为一致的,主要包括政府、大学、专业协会以及成人学习者等。这些利益相关者在不同程度上都在为成人教育工作者的专业化进程做出努力,但是,就目前成人教育工作者专业发展现状来看,这些利益相关者仍然是“任重而道远”。此外,如何跨越理论研究与实际操作上的“鸿沟”,让理论研究更加能服务于政策制定与实践操作,也是留给成人教育工作者专业化进程的一项重大课题。

(四) 成人教育工作者的身份认同研究

谁是成人教育工作者这个问题是进行成人教育工作者研究所不能回避的问题。只有厘清这个基本问题,才能有效推动成人教育工作者的专业化建设。赖施曼(Reischmann, 2013)用历史—系统(historic-systematic)方法定义了成人教育工作者的不同类型。总结如下表。

表 1.1 成人教育工作者的分类

类 型	描 述
学者(scholar)	在大学中从事研究工作
专业工作者(professional)	从大学相关专业毕业
职业工作者(vocational)	全职、在成人教育机构中常常从事管理、协调工作
开发者(developer)	基层工作者、促动者、不提供教学,但是支持个体、团队、机构通过学习解决他们自身的问题
教师(teacher)	成人教育教师、某个专业的专家
联系人(connector)	联络、整合机构,开始新的以及维持已经存在的机构间的合作网络
组织者(organizer)	构建以及领导一个组织
奉献者(dedicator)	道德以及精神的领导者
演说家(orator)	提供知识以及智慧
智者(“the wise”)	为个体以及社区提供咨询

他认为如果按上表对成人教育工作者分类的话，就存在着一个问题："似乎人人都是成人教育工作者。"如果基于这样的概念的话，就很难建立起成人教育工作者特定的专业身份认同。因此，他认为需要建立起属于成人教育工作者的资格认证系统，一方面规范成人教育工作者的工作，另一方面也保护了成人教育工作者的专业界限。同样地，扎里菲斯(Zarifis, 2013)也提到了要为成人教育工作者构建一个"专业的自我"。工作者在一个过程中不断改变以及修订他们自己的身份使其更加适应他们工作的专业环境，并在这样的过程中生产出"专业的自我"，而加速生产过程的重要方式之一就是加入专业组织。

比厄马(Bierema, 2011)认为成人教育工作者的身份认同可以分为两个形式。第一个形式就是个体如何认知自己作为成人教育工作者的专业身份。第二种形式的身份认同就是成人教育这个领域如何构建个体专业者的专业认同。换一句话说就是这个领域本身有一个"公众的脸"(public face)，这张脸上展示出了相对统一的有关实践活动及理论研究的特点。并且，她认为这种身份认同可以通过参与专业组织获得。恩鲁萨西克利(Unluhisarcikli, 2013)等人运用质性研究方法通过半结构访谈 18 位伊斯坦布尔的成人教育工作者。大多数受访者认为成人教育并没有被认为是一个专业并且他们的工作并没有受到广泛的认可，他们认为自身的教育培训、资格认证以及经济和社会保障等方面都有待进一步改善。

总之，对成人教育工作者这个群体的研究是研究其专业化的基础。在广泛定义成人教育工作者与树立起其"专业界限"之间需要有一个理性的平衡。一方面，不能将成人教育工作者局限在教师的角色中；另一方面也要避免出现"人人都能为成人教育工作者"的情况，有必要建立起专业的壁垒，这样才有可能推进其专业化发展。此外，关注从业者的声音，了解他们的工作生活状态，职业生涯发展需求等，也是专业化建设在实践过程中的重要补充。

（五）成人教育工作者的跨国和跨文化研究

在许多国家与地区，专业化已经成为成人教育政策中的重点（Weber，2013）。韦伯认为专业化的过程涉及不同的系统层面：第一，实践者的行动层面；第二，提供服务的组织层面；第三，政策层面。他强调政策层面对专业化的推动尤为重要，如果不直接作用于政策的制定过程，就不足以提高专业服务的质量。但是，跨文化、跨国影响因素增加了在教育领域制定政策的复杂程度，因此，他认为专业化过程中的专业主导者（专家、专业组织、研究者以及实践者等）必须对国际、国家以及区域的政策制定做出贡献。

帕纳森（Panahon，2012）分析了菲律宾的专业工作者在东南亚这个区域中如何进行持续专业发展。她称东南亚协会计划到 2015 年将东南亚规划成一个整体的市场，在这个市场中，生产基地，产品、服务、人以及资本可以自由移动。她认为目前的当务之急就是在区域内建立起和谐统一的专业标准，使成员国专业工作者的资格能够获得相互的认可。在这样一个大背景下，东南亚协会构建了一个发展东南亚国家专业工作者的框架。帕纳森认为这个专业发展模式对成人教育工作者

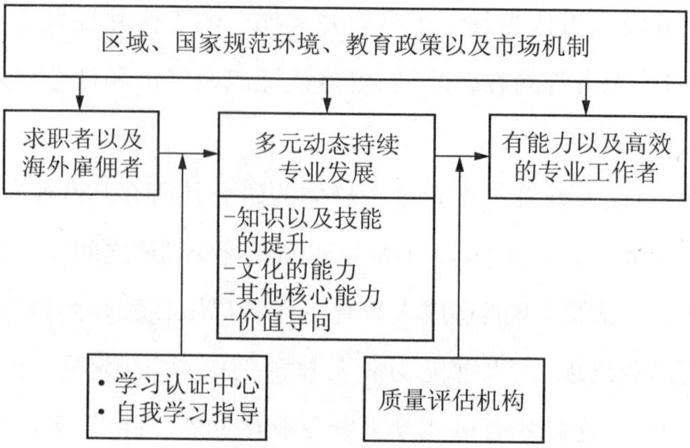

图 1.4　东南亚国家专业工作者专业发展框架

的专业化进程有着重要的借鉴以及推动作用。

科伯(Kober, 2013)探讨了跨国以及跨文化的因素在成人教育工作者的学术以及非学术专业化过程中的地位以及作用。他认为跨国以及跨文化的影响因素应该在学术的以及市场导向的教育培训项目都有所体现,其中就包括大学中的本科以及研究生项目的课程以及市场中相关的培训项目。科伯针对德国48所大学以及10个社会有关成人教育工作者的教育培训课程,就四个方面即教学—方法的知识、跨文化知识、教学—方法技能以及跨文化技能进行调查。结果显示,"跨国以及跨文化元素无论是在大学的教育项目还是社会的培训项目中都体现得不够。"[21]魏克特(Weickert, 2013)研究全球化的路径以及文化特殊性这看似两极的方式如何在跨国的成人教育培训课程中呈现。罗巴克(Robak, 2013)同样提出面对文化特殊性与全球化相互冲突的环境,德国培训师如何面对文化冲突在中国的企业中实施培训工作。

总之,在全球化的今天,讨论成人教育工作者专业化问题避免不了"跨国"以及"跨文化"这两大因素。应该在宏观的政策制度层面及微观的课程设计、课程传授等方面将"跨国"以及"跨文化"因素考虑在内,模糊国家界限,弱化文化冲突,使得成人教育工作者在跨国工作中减少来自当地文化的冲突,更加能在全球化的大背景下胜任自己的工作。

(六)小结

综上所述,国外对成人教育工作者专业化的研究主要体现出了以下几个特征:首先,界定成人教育工作者所要具备的能力档案以及制定相关专业标准是国外有关成人教育工作者专业化的研究领域的热门研究内容,学者们也较为一致地认为能力的界定与专业标准的制定将是促进专业化进程的重要推手。目前,各国学者在有关成人教育工作者所需能力的研究上还是体现出了较为"分散"的特点。例如,分别关注成人教育教师、成人教育促动师、成人教育课程设计师等能力界定。当然，这在一方面能够为我国从事各类角色的成人教育工作者的能力界定提供具体的内容参考。但是，另一方面也缺乏将这群工作者作为一个整体来考量，完整界定这个群体所具备的能力框架与内容。欧盟的相关研究就在一定程度上解决了这样的问题，提炼出了成人学习工作者所要具备的“能力档案”。笔者将在本书第三章中进行详细解读。此外，有关建立在欧洲甚至是全球具有可比性的能力档案和专业标准也是国外未来研究的发展趋势。其次，成人教育工作者专业化研究的另一个重要趋势就是对专业化体系建设的研究。学者们认为专业化的建设是一个系统的工程，其中卷入了众多的利益相关者，包括国家、大学、专业组织等。这些利益相关者发挥自身的作用，共同促进成人教育工作者的专业化进程。但是，目前的研究尚缺乏对这些利益相关者在专业化体系中作用的深入研究分析。第三，成人教育工作者的身份认同问题是成人教育工作者有别于其他普通教育工作者的研究重点，目前学者较为普遍的观点是发挥专业组织的作用，为成人教育工作者明确自身的专业认同。一方面尽可能多地吸引人才进入成人教育领域，另一方面树立专业地位与壁垒，帮助从业者形成专业认同，也是专业化建设中不容忽视的巨大挑战。最后，在全球化的大背景下，成人教育工作者在跨国跨文化中的专业发展也是国外研究的新趋势。

第三节　理论基础

一、专业社会学的发展概述

自 20 世纪以来，专业现象吸引了大量学者们的注意。对专业现象和发展趋势的关注，引发了学者们对专业的不断研究并逐渐形成了特定的研究领域——专业社会学。研究通过专业社会学的视角来探索专业以及其衍生词汇，如专业化以及专业主义的内涵与外延，主要关注人类社会中一部分知识含量极高的职业，如医生、律师、工程师和教师等。[22]专业社会学作为社会学的分支学科，已有50多年的发展历史。专业社会学在国际比较方面有着丰硕的成果。主要表现在两个流派：英美流派以及欧洲大陆流派。英美流派主要是关注职业封闭(closure)和形成所谓的“市场保护”(market shelter)。这个流派的研究认为专业要得到社会的承认和国家的保护就需要组织起来，形成专业团体、实现专业壁垒、获得市场保护。欧洲大陆流派主要关注政府对专业发展的干预。此外，该流派对于专业有着更广泛的理解，包括专业身份、职业轨迹以及专业教育与培训等。

专业社会学这一领域对我国的学术界来说，还是相对陌生的领域。事实上，专业实践在我国也是发展已久的，只有没有系统地加以理论总结。国内有关专业社会学领域的探究在新世纪以来逐渐发展起来。如赵康结合国内外资料概括出专业的六个属性，并发展了专业化运动理论，该运动理论可以对一项职业的专业化水平进行定量的测量；刘思达对西方专业社会学研究的基本概念、发展历程、研究流派、主要研究问题以及批判理论进行了评述，并着重对专业自主性以及国家干预的问题进行了研究。此外，国内将专业社会学的相关理论运用于各个职业的发展的研究也取得了一些成果。其中，有关教育领域从业人员专业化的研究不断涌现，既有对整个教师群体的专业化的研究，也有针对不同教育阶段和不同学科的教师和管理者专业化的研究。如刘捷对教师专业化的研究、张景美对成人教育教师专业化的研究、乔红心对成人教育管理人员专业化的研究、黄爱峰对体育教师专业化的研究等。

二、专业社会学视角下的“专业”

早期的西方社会将医生、牧师、律师称为“伟大的传统专业”。而如今，越来越多的职业开始有着传统专业的特征（Voller & Mills，1966），一些职业已经成功地获得了它们的专业地位，而另一些还正在朝着专业化的方向靠拢。威伦斯基（Wilensky，1964）曾提过一个关于如何定义专业的经典问题："医生和木匠，律师和汽车工人有什么不同，为什么我们认为医生和律师是专业而其他不是呢？"[23]数位学者都曾经用列举特征的方式来定义"专业"，即对专业的特征进行描述性定义，并以此将专业和其他行业区分开来（Wilensky，1964；Millerson，1964；Greenwood，1966）。卡尔-桑德斯（Carr-Saunders，1928）将专业定义如下：专业即通过有针对性的学习和专门的职业训练，获得充实的知识与熟练的技巧，从而为他人提供服务，进而获得报酬。布兰代斯（Brandeis，1933）年提出，相较其他职业，专业更为正式，专业的职业需要相当程度的智慧和学问，需要接受扩充知识的上岗训练。他进一步指出，专业与单纯的技能不尽相同，专业并非一种获得酬金的谋生工具，而旨在服务他人。因此，他认为不应该以经济上的收入来衡量专业从业者是否有世俗意义上的成功职业。1953年，科根则将专业的专业性提高到一个新高度，他指出专业首先需要对一种学科甚至科学的理论体系有深入系统的学习和理解[24]。休斯（Hughes，1963）虽然没有像科根一样强调理论的重要性，但指出专业从业者需要深刻了解自己的行业，才能够为顾客指点迷津、排忧解难。如果从业者的专业知识和行业理解没有远胜于顾客，则无法提供恰当服务。[25]事实上，正如上述的几种界定所展示给大家的，对"专业"如何定义的问题一直以来始终未能达成一致意见。由此可见，学术界主流研究都对专业的定义有着多种角度、不同程度的理解。弗赖森（Freidson，1994）在前人的基础上提出对专业的两种不同诠释：宽泛看来，专业的人群全体都通过高等教育而获得了扎实的知识结构和深厚理论基础，他们的专业知识和优秀学历使得他们具有优势，由此获得威信。从这点看来，教育背景的重要性胜于职业技能。而另一种诠释的范围更为狭义，认为专业还体现在独特的意识形态属性上，职业身份不同则思维方式不同，行业不同则制度不同。这种看法将每一个专业职业区分开来。[26]

无论是从不同的概念定义还是以不同理解方式来研究专业都存在一定的"缺陷"，因为这样的描述以及归纳的方法还不足以决定一个活动的专业地位，专业社会学的学者们开始思考是否存在着塑造一个活动进化为一门专业以及一群从业者进化成专业工作者的特定过程或者阶段。从 20 世纪 60 年代开始，西方学者们开始对专业化进行研究。这一时期的学者认为，通过列举特征的方法定义"专业"存在一定的困难，因为不同的学者对专业概念的列举就可能存在着本质的不同(Millerson, 1964)。贝克尔(Becker, 1962)认为"专业"这一名称从根本上说是一个符号，它的意义在于使一个行业专业自主性与从业者所享受的声望在社会中获得合法性。学者们认为关注专业化过程中知识的功能以及实现专业化的社会条件，比仅仅通过专业特征的列举来理解专业更加有意义(Roth, 1974; Klegon, 1978)。

三、 专业社会学视角下的"专业化"

在专业社会学的发展过程中，学者们于不同的时代背景、以不同的研究视角，通过专业化的四个特征来理解专业化即专业化的功能性特征、专业化的结构性特征、专业化的垄断性特征以及专业化的文化性特征(Abbott, 1988)。

(一) 专业化的功能性特征

卡尔-桑德斯等人(Carr-Saunders & Wilson, 1933)认为专业化的重要意义在于"以知识服务于权力"，主张专业在现代社会中已经逐渐成为社会结构的最重要组成部分。古德 Goode, 1957)将专业化的群体看作是一个通过共同的价值语言以及相同的认同感所约束的共同体,而这样一个共同体必须与社会相联系,社会通过给予专业团体直接的社会控制权力而实现其对这一共同体间接的控制。专业化的群体与社会之间有千丝万缕的微妙关系。专业化的群体间接地影响着社会,而正是由于该群体的专业性,社会才赋予它如此重要的影响力。弗赖森(Freidson, 1994)也强调了专业化过程中知识的地位。他认为,在专业化过程中,“一个组织起来的组织宣称从事这一职业需要具有特定功能的、深奥的能力才能保证工作的质量,并且该职业应该具备有造福社会的功能”。[27]由此可以看出,专业化具有很强的社会功能效用。

(二) 专业化的结构性特征

卡普洛(Caplow, 1954)认为专业化有四个步骤并且强调每一个步骤的排他性。这四个步骤包括:(1)建立专业协会;(2)为该专业职业命名;(3)明晰该职业的社会使命,规范该职业的道德准则;(4)将道德准则发展为法律。威伦斯基(Wilensky, 1964)认为专业化是一个秩序井然的过程,每一步的顺序都不可更改。他认为专业化的过程中最主要的两个步骤是建立培训学校和大学,如果在一开始不具备建立大学的条件的话,日后就需要尽可能发展。第二个步骤是成立专业组织。他认为成立专业组织有三大益处:第一,有助于对本专业的主要任务形成自觉;第二,有利于专业实践拓展国际视野;第三,便于与邻近专业进行竞争以最终形成具有排他性。接着,是规章制度、道德准则等各种结构性制度的建立,与相对概括和模糊的职业伦理相比,接下来则需要将笼统、模糊的职业伦理进行进一步细化和规范,有结构地建立起相应的规章制度,划定清晰的职业道德法则。这些结构性制度对专业化具有至关重要的意义。[28]具体来说,米勒森(Millerson, 1964)认为专业化的过程取决于以下几个因素:(1)专业工作者获得相对确定的知识与能力;(2)获得将知识与能力付诸于实践的机会;(3)专业工作者自我认同的实现;(4)社会对该专业的普遍认可。专业化是通过所谓“资格性组织”进行传播，这种专业组织通过对专业地位的追求和稳固、对从业者活动的约束和协调、对新知识技能的促进等方式来确保专业拥有共同的专业标准、集体性的声音以及符合职业理想的社会评价，为该专业在合法情况下发展划定专业界限。

（三）专业化的垄断性特征

对专业化的垄断特性的研究，主要借助了韦伯的社会封闭（social closure）理论来审视专业化现象，认为专业化指的是社会群体所采取的一种使其利益最大化的社会行动，即把资源和机会局限于小部分拥有特殊资格的人的范围内（刘思达，2006）。1977 年，拉森在她的《专业主义的崛起》这本书中提出专业化的关键首先在于专业教育对从业者的作用，其作用在“生产了生产者”。[29]这些“生产”出的从业者获得专业教育以达到标准和保持其在市场中的价值，并通过对服务市场中的收入机会以及专业地位与工作特权的垄断来巩固专业的社会结构和地位。标准化与垄断化的专业教育培训并维系着从业者的价值取向，而专业技能则被视为具有交换价值的商品，其价值通过专业教育的年限来加以衡量与比较。这些被专业化制度批量生产出的从业者接受了垄断的专业知识教育，因此在市场竞争中得以享受更多资源、获得更多回报。专业培训是专业技能商品化产业链条当中的第一环，从业者一旦获得了一定年限的专业教育，也就在市场中占有了垄断地位的一席之地，此时一切专业知识都可以通过其垄断地位进行高额变现。从业者作为既得利益者，也会自然维护行业垄断的现状，并通过工作特权进一步巩固本职业的社会地位。而这些资源和机会是普通人不能得到的。普通人没有接受专业培训和教育的机会，也就在整个局面失去了先机，难以打破壁垒进入该专业。阿博特（Abbott，1988）提出专家与顾客之间的“非对称性”关系（asymmetry of expertise）使得顾客必须信任专业工作者。他认为这样的“非对称的关系”必须有多样化的制度化模式来保障，这些制度化的模式包括专业协会、资格证书以及专业标准等。在这样的情况下，专业化是一种制度化控制的保障。贝兰特（Berlant，1975）将专业化的垄断性归纳为五个不可或缺的条件：（1）会员制度具有排他性；（2）会员规模受到限制；（3）削弱甚至根除竞争团队；（4）法律支持；（5）与其他垄断团体共谋利益。

（四）专业化的文化性特征

斯洛（Snow，1956）曾提出科学文化和人文文化两种文化，他同时认为，第三种文化即专业文化虽然在当时还未成型，却指日可待。[30]布莱德斯坦（Bledstein，1976）认为专业化是一种体现了民主的理念，它意味个体在某个社会领域中追求解放力量，并且在开放的社会环境中对其专业的能力进行自治和实施。[31]专业化意味着在非理性社会中客户对专业工作者的专业知识与能力的信任、尊重与依赖。在某种意义上，专业化的文化意涵促进了公众的消极的和顺从性的态度（刘思达，2006）。事实上，这种理念随着社会的发展发生了重大的变化，专业的从业者不再是一个独立工作的个人，而是越来越多地在组织化的工作环境中工作，无论是学校、医院还是律师事务所，都已经成为了大型的科层化组织，国家对专业生活的干预的不断加强也使专业化有了许多新的文化意涵。

综上所述，研究者处于不同的时代背景、采用不同的研究视角，追求不同的研究效能，发展出了对专业化的不同理解。专业社会学的视角，可以通过两个维度来进行对专业化建设的研究。

第一个维度，是基于“专业的知识与技能”这个要点展开的有关专业化举措的理解。无论是强调专业化服务社会的功能性特征还是强调专业化形成社会垄断的垄断学派理论视角都强调了专业知识与技能的重要性。正是因为专业人员拥有了“外行”所不具备的知识，才能展现其影响力，实现其服务于社会的功能以及形成专业“垄断”的局面。笔者认为，可以从四个方面来分析“专业的知识与技能”，即通过能力的界定来明确该专业需要哪些知识与技能、通过专业的教育培训来获得这些知识与技能、通过制定专业标准来形成对知识与技能的规范以及通过资格证书形成专业人员的排他和垄断地位。

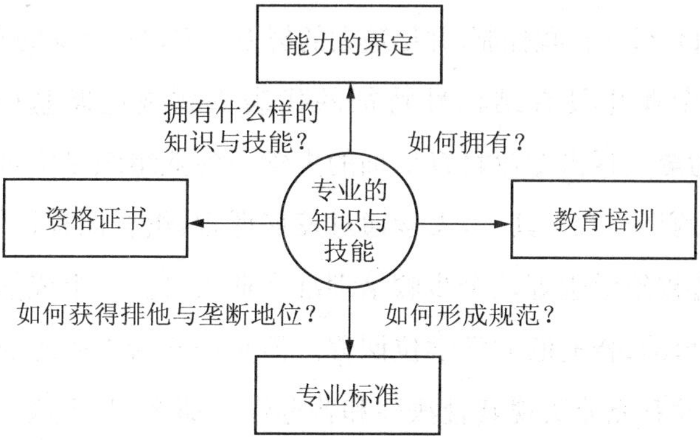

图 1.5　基于“专业的知识与技能”对专业化建设举措的理解

因此，基于以上的研究框架来对工作者的能力内容、专业标准、教育培训途径及资格证书制度的研究可以将“专业化”这个抽象概念的研究落到实际的举措层面。事实上，这些可以称之为举措的途径都需要有相应的主体来实施。基于此，笔者思考了研究专业化建设的第二个维度，即基于“专业化影响主体”的维度。

第二个维度，基于“专业化影响主体”这个要点来展开对专业化的理解。其影响主体主要包括：政府、专业组织、大学与社会（市场、客户）。

正如强调专业化垄断性特征的学者所认为的，高度专业化的知识与技能帮助专业工作者实现了市场的“垄断性”。但是这种垄断性并不是基于袒护专业工作者的利益，其目的在于保护公众。正是因为“外行”不具备提供专业服务的知识与技能，所以将不具备为公众服务的资格。这种垄断性的形成起到保护公众利益的作用。政府通过相关政策与法律给予专业工作者特许的“市场保护”，而政策与法律等作为市场保护的工具,通常起到“治理”和“保护”一个专业实践的作用。“治理”主要体现在规范专业工作者所需的教育等各种资格条件上,“保护”主要体现在对“非专业”的行为的制裁上。“市场保护”将成为一个积极的动力,将促使专业建立它们自己的专业组织,并且设立相关章程和行为守则、开发教育培训项目、形成自我控制,并尽最大的努力为客户和公众的利益服务。

强调专业化具有结构性特征的代表人物威伦斯基(Wilensky, 1964)认为成立提供专业教育培训的大学与专业组织是实现专业化的最重要的两个步骤。其一,大学通过发展课程、组合课程计划、确认课程计划、传授给学生等几个步骤培训准专业人员。一个成熟的专业应该具备系统的、普遍的大学学位课程。但是一些新兴的专业的知识体系可能还没有充分实现其合法性和普遍性。那么,对于这些新兴的专业来说,获得知识与技能的渠道将主要通过岗位培训或是持续专业发展这样的形式来进行。其二,专业组织在“保护和造就专业人员,标准化专业服务产品、保障客户和公众利益以及孕育和维持一个专业特定的正式和服务的意识形态等方面扮演着重要的角色”。[32]专业组织也进行相关的研究工作并且努力影响国家为该专业提供一个“市场保护”。此外,市场、客户对相关专业人员的需求、认可与信任也将影响着从业人员的专业化进程。因此,专业化的建设将涉及四大主体包括:政府、专业组织、大学和社会(如图 1.6 所示)。

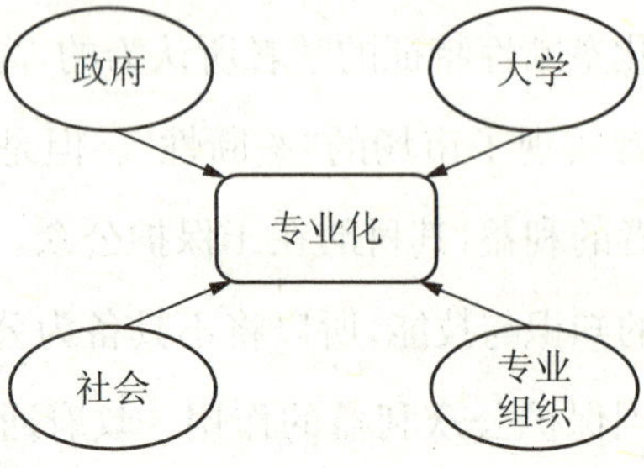

图 1.6 基于“专业化主体”对专业化的理解

以上的理论分析奠定了本书研究专业化的两大层面。其一，专业化举措层面。从业者需要通过专业、系统的教育培训获得“外行”所不具备的能力，达到一定的专业标准，获得相应的资格证书。这样，才能形成与顾客“不对称”的信任关系，在实现其造福社会的功能的同时，获得较高的社会地位与经济回报。其二，专业化主体层面。从业者需要有国家相关的结构性制度如法律法规等来规范专业发展及保障专业的垄断地位、专业组织对其专业地位的维护与巩固、大学以及培训机构为其提供专业的教育培训、行业外部也就是社会大环境对其专业的认可。

四、专业化水平的测量标准

我国学者赵康基于专业社会学的理论基础，开发出了一套可以衡量某项特定人类活动专业化水平的测量标准。该测量标准的要素主要基于六个测量的量纲，并且认为一项人类活动需要实现这六大量纲来成为一项成熟的专业。这六个量纲包括：建立一个志愿性的专业组织、具有专业组织的伦理法规、具有科学知识体系及教育培训机制、有极大的社会和经济效益、具有国家的市场保护、具有高度的自治功能。也就是说，某一项人类活动的专业制度的形成与实现必须经过一个特定的过程，在这个过程中一些量纲将会出现，标志着专业化运动的进化程度，那些发展了较多量纲特征的职业则被认为专业化程度较高。以这六大量纲为基础，一套测量人类活动专业化水平的测量标准被开发出来。周倩对赵康的测量标准进行了修订与完善，认为这套测量某项人类活动专业化程度（P）的标准包括六个变量：从事该活动人群的知能专门化程度（C）、实施该活动人群组织程度变量（O）、该活动知识来源状况变量（K）、该活动经济社会效果状况（E）、政府对该活动呼应行为变量（S）以及该活动人群自治程度变量（A）。

这六大变量与专业化程度的关系由如下数学公式所示：

$$P=C \cdot O \cdot K \cdot E \cdot S \cdot A$$

事实上，以上的公式展示出了一个多变量的复杂函数。要真正地使这个公式变得实用，就需要在每一变量规定的定义域内用插值法解开这一函数关系。专业化的水平可以根据公式中的每一个变量的插值进行测量，最低为1(各个变量插值均为1)，最高为15 625(各个变量插值最高值为5)。基于此，就可以对一项人类活动的专业化水平进行定性以及定量的测量。具体的可能插值组合以及所对应的专业化阶段如表1.2所示。

表1.2　专业化运动各变量可能存在的插值组合与对应的专业化阶段

变　量	插　值	插　值	插　值	插　值	插　值
知能专门化变量(C)	经验性知能(1)	零碎的高深知能(2)	非体系化的书刊出版(3)	出现的高校课程(4)	学科性专业(5)
组织程度变量(O)	寄生专业组织(1)	寄生或者准专业组织(1)(3)	寄生、准专业或者纯专业组织(1)(3)(5)	准专业或者纯专业组织(3)(5)	纯专业组织(5)
知识来源状况变量(K)	自我教育(1)	非高校教育或培训(2)	正式高校课程(3)	系统的高校课程(4)	普及、多层次的学位课程
社会(市场)效果状况变量(M)	经济、社会效益服务意识弱(1)	少量经济、社会效益、服务意识(2)	明显经济、社会效益、服务意识(3)	相当显著的经济、社会效益、服务意识(4)	重大的经济、社会效益、服务意识(5)
政府呼应行为变量(S)	仅承认存在(1)	少量承认、支持和帮助(2)	形式多样承认或支助，没有市场保护(3)	法律文本出现，多承认、多方支助，有限市场保护(4)	健全的法律体系，国家设置的市场保护(5)
人群自治程度(A)	依赖性极强，缺乏威信(1)	不独立，社会声望较弱(2)	趋向独立，一定社会威信(3)	独立，相当社会威信(4)	高度独立，崇高威信(5)
专业化指数	1	32/96	243/729/1 215	3 072/5 210	15 625
专业化阶段	出现的职业	半专业	形成的专业	初级专业	成熟专业

对于知能专门化这个变量(C),在最初的阶段,从业者根据亲身的经验实施一项较为专门的活动作为他们的主要收入来源。在第二阶段,该项职业实践积累了一定的专门化的高深知识和熟练技能。在第三阶段,这项职业实践所需要的高深知能部分出版发行。在第四阶段,这项职业实践需要的高深知能出现在高校的课程中。在最后的阶段,这项职业实践需要的高深科学知识体系已经被系统地整合成为高校的课程或学位课程计划。

对于组织程度变量(O),根据专业组织属性,分为"寄生专业组织""准专业组织"和"纯专业组织"三类概念。寄生专业组织针对一个专门活动的组织以下属组织形式寄生在另一个与其他活动有关的专业组织中,相对这一专门活动,呈现出寄生和非独立的特性。准专业组织针对一个专门活动以单位团体成员结合而成的独立专业组织,每一成员内部活动内容具有多样性。纯专业组织针对一个专业活动以个人成员结合而成的独立组织,这类组织往往设有为保障工作对象和社会利益而规范成员行为的组织章程和伦理法规。

对于知识来源状况变量(K),在第一阶段,不存在大学课程和其他培训项目,从业者根据亲身的经验来教育自己。在第二阶段,存在针对某一职业实践的非高校教育或培训。如专业组织提供的培训,标志着该专门活动科学知识体系处于初级阶段。在第三阶段,存在针对某一专业活动的必修或选修高校正式课程,显示该专业科学知识体系核心部分已经组织起来。在第四阶段,存在针对某一专业活动培训准专业人员的系统的课程,尚未普及且层次较低。在高级的阶段,一个专业的科学知识体系已经被系统地整合和设置为大学的学位课程,普及性较高,且学习层次齐全。

对于社会(市场)效果状况变量(M),在五个阶段中,职业(专业)实践的经济、社会效益以及服务意识逐渐递增。在最成熟的阶段,该专业活动具有重大的经济、社会效益并且从业者的服务意识极强。

对于政府呼应行为变量(S),在第一阶段,对从事某种职业的人所进行的专门活动,政府对该活动仅承认其存在。在第二阶段,对从事某职业的人所进行的专门活动,政府对该活动有少量承认、支持和帮助。在第三阶段,对从事某项职业的人所进行的专门活动,有形式多样的承认、支持和帮助。在第四阶段,对从事某项职业的人所进行的专门活动,政府通过制定法律,多方面支持和帮助,存在有限的法律保护。在最高级的阶段,对从事某项职业的人所进行的专门活动,政府形成相应的法律体系进行支持和帮助,特许形式的市场保护出现。

对于人群自治程度(O),在第一阶段,从事某项职业活动的人群极为依赖外部力量且缺乏社会威望。在第二阶段,从事某项职业活动的人群仍不独立且社会威望较弱。在第三阶段,从事某项职业活动的人群趋向独立,其享有一定的社会威望。在第四阶段,从事某项职业活动的人群显示出独立特性且享有相当社会威望。在最后一个阶段,从事某项职业活动的人群显示出高度独立的特性且享有崇高的社会威望。

第四节　研究设计

一、 案例选择

本书选择了超国家层面的欧盟委员会及 6 个欧洲国家,即英国、爱沙尼亚、德国、罗马尼亚、瑞士及奥地利的成人教育案例作为研究对象,分析欧洲层面和欧洲各国推进成人学习工作者专业化建设研究的成果与实践经验。首先将研究对象锁定在欧洲国家是因为近年来在欧盟委员会的倡导下成人学习和终身学习的理念在欧洲盛行,并且有关成人学习工作者专业化的研究与实践也随后紧密展开,在近一段时间来,取得了较为显著的成果。欧洲各国通过参加欧盟的各项研究项目,也促进了本国在该领域的发展。其次,选择欧盟以及六个欧洲国家案例的主要依据如下:第一,近年来,在终身学习理念的影响下,欧盟委员会大力推进成人学习领域及成人学习工作者的专业化是有目共睹的,也取得了丰硕的研究成果。超国家层面的研究成果具有较强的普适性与参考价值。第二,英国作为最早开展成人教育的国家之一,在终身学习领域中从业者有着国家层面的专业标准并且是欧洲少有的对该领域中从事教学角色的工作者有岗前培训资格认证的国家。此外,当下正在发生的有关专业化建设的激烈讨论与变革,也引人深思。第三,爱沙尼亚是欧洲唯一通过立法认可成人教育作为一个"专业"的国家,并且有着成人教育工作者专业标准和专业资格证书体系。第四,德国作为世界上成人教育最发达的国家之一,对成人教育工作者专业化的研究有着扎实的基础,并且在能力界定与学术教育方面的研究领跑欧洲。第五,罗马尼亚是欧洲唯一以立法的形式规定要在国家层面建议成人教育工作者专业化体系的国家,在成人教育工作者专业化体系及认定方面的研究处于欧洲的领先地位。第六,奥地利和瑞士是欧洲典型的两个具有成人学习工作者资格证书体系的国家,并且这两个国家在对成人学习的质量管理上也有着先进的实践经验。

二、 研究内容

本书的研究内容将关注两个层面:第一,举措与内容层面。笔者将深入挖掘及分析所选择的案例中有关推进成人学习工作者专业化进程的举措,包括能力界定、专业标准、专业化体系构建以及能力认定等方面的具体内容。第二,主要推进主体层面。本书基于专业化建设推进主体的框架来挖掘政府、专业组织、大学和社会在成人学习工作者专业化建设中的作用。这两个层面的研究内容相辅相成、缺一不可。举措层面的具体内容是实施专业化建设的抓手,而宏观的顶层设计能将各类主体整合起来"各司其职",促进专业化建设的进展。因此,本书将基于这两个层面,对我国推动成人学习工作者专业化建设具体举措及内容和顶层设计方面提供借鉴。

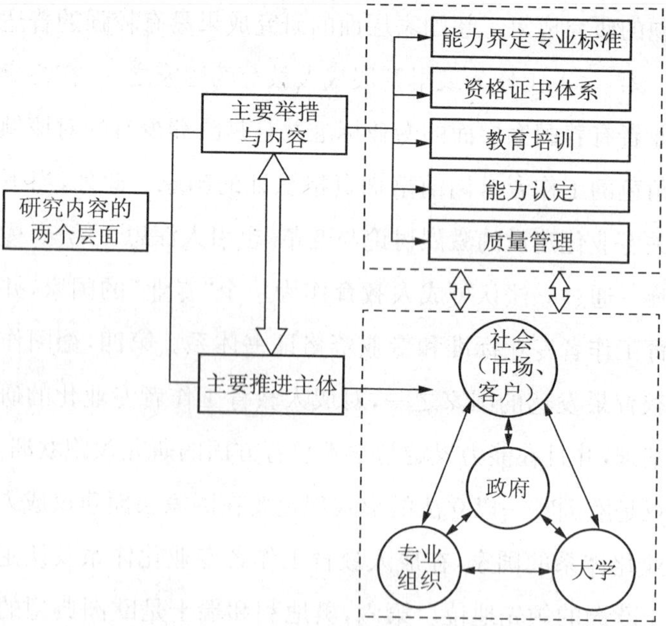

图 1.7　研究内容的两个层面

具体来说,本书着力解决以下问题:

(1)目前我国(以上海为例)成人学习工作者专业现状如何?专业发展面临什么样的困境与挑战?专业化水平处于哪个阶段?专业化建设目标有哪些?(2)欧洲国家有关成人学习工作者专业化建设方面有哪些理论成果与实践举措?这些成果和举措的具体内容是什么(如专业标准有哪些,资格认证体系是什么样的,专业化体系是如何构建的等)?四个主体(政府、专业组织、大学、社会)在促进专业化建设中发挥什么样的作用?(3)如何在借鉴欧洲经验和把握本土现状的基础上系统地规划我国成人学习工作者专业化建设蓝图?

三、研究思路

围绕以上具体的内容，本书的研究路线如图 1.8 所示。

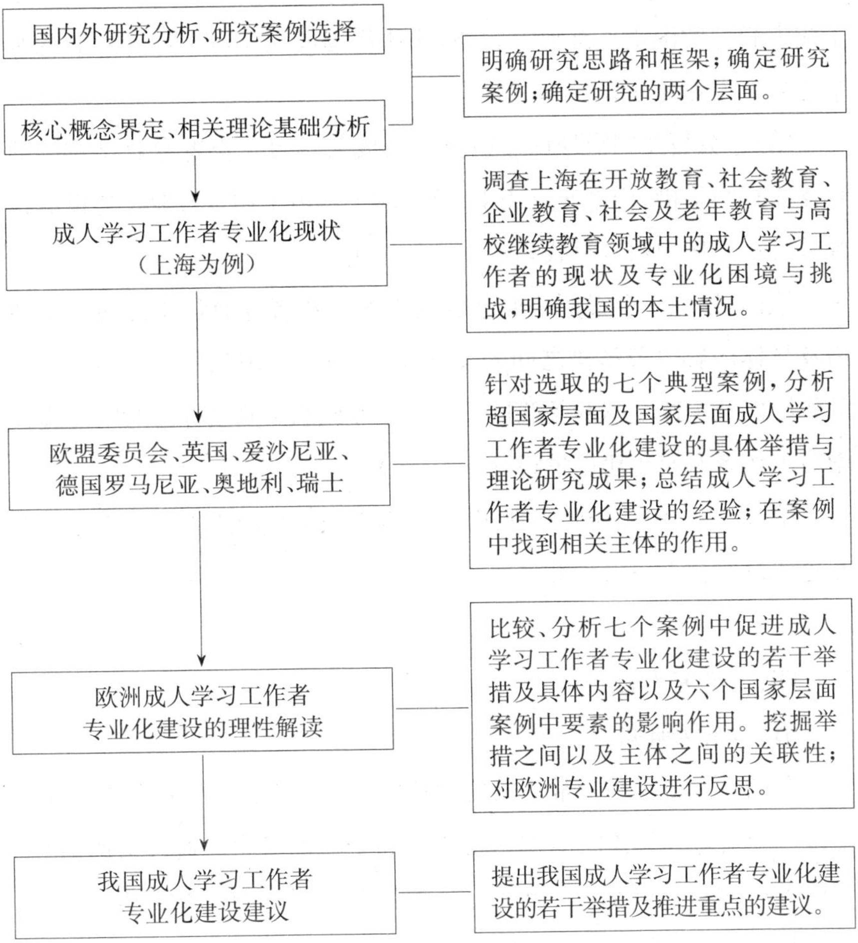

图 1.8　研究路线

第一，对成人学习、成人学习工作者、专业化、标准及能力等概念进行界定。进行国内外的相关研究综述，选择和确定研究案例，确定研究关注操作层面的具体内容和顶层设计的宏观把握两个方面，根据相关理论确定研究框架与思路。

第二，对我国成人学习工作者的专业化现状（以上海为例）进行初步的调查，分别调查在上海开放教育、社会教育、企业教育、社区及老年教育和高校继续教育领域从业的成人学习工作者的现状，明确我国本土成人教育的困境与挑战。此外，评估我国成人学习工作者专业化水平并确定专业化建设目标。

第三，分析超国家层面及国家层面成人学习工作者专业化建设的具体途径与举措、理论研究成果、总结成人学习工作者专业化建设的经验并且在案例中初步寻找相关主体的作用。

第四，提炼 7 个案例中促进成人学习工作者专业化建设的若干举措及具体内容以及举措之间的关联性，分析 6 个国家层面案例中主体的作用以及主体之间的关联性。运用专业化水平测量标准对欧洲成人学习工作者专业化建设进行反思。

第五，结合国际经验和现实国情，提出当前我国成人学习工作者专业化建设的若干举措和推进重点。

四、 研究方法

第一，案例研究法。

案例研究法是一个常用的定性研究方法。“这个方法适合对现实中某一个复杂和具体的问题进行深入和全面的考察。通过案例研究，人们可以对某些现象、事物进行描述和探索。”[33] 1984 年，罗伯特·K.殷提出案例研究作为一种实证研究，在不脱离现实生活的情况下研究当前正在进行的现象，并且认为待研究的现象与其所处环境背景之间的界限并不是十分明显。此外，他强调进行案例研究首先要有理论基础以指导资料收集与分析过程。本书将专业社会学作为理论基础，选取 7 个案例（欧盟、英国、爱沙尼亚、德国、罗马尼亚、奥地利以及瑞士）进行资料的收集。每一个案例中都呈现出成人学习工作者专业化建设的相同或不同的侧重点。基于此，本书将分析、比较以及总结这些案例中专业化建设的举措以及主要推动主体的作用。总体来说，本书的案例研究方法的过程主要分为三步：第一，界定与设计；第二，准备、收集资料及分析；第三，分析与总结。具体步骤如图 1.9 所示。

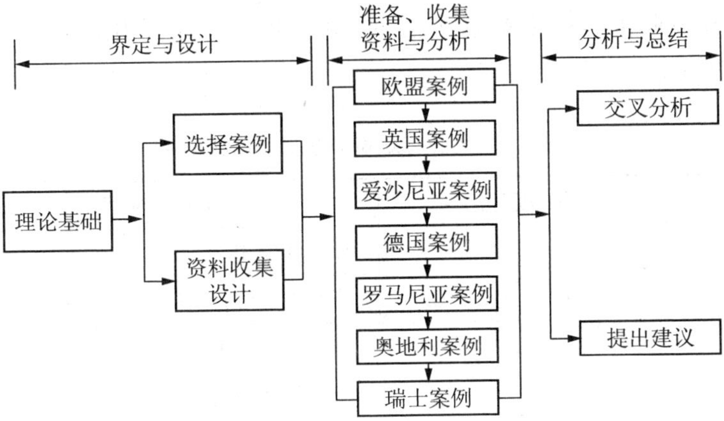

图 1.9　案例研究法的运用步骤

第二，比较研究法。

比较研究是教育研究中的一个重要方法，对经验事实材料进行比较分析研究，进而通过分析综合、归纳演绎、分类类比，从而揭示教育活动的规律。贝瑞德（Bereday，1964）在他的经典著作《教育中的比较方法》中提出了比较分析的四个步骤：(1)描述——收集整理有关对象的资料，客观地描述事实；(2)解释——多元地解释所描述的事实的含义；(3)并置——将事实加以整理、并列，对实施进行概况或细致的审视，提出假说；(4)比较——通过比较研究，验证所提出的假说，作出结论。[34]据此，本书的比较研究法可以分为以下四个步骤。具体来说，第一，描述。对所选择欧洲国家以及欧盟关于成人学习工作者专业化建设的支持举措以及内容进行描述。第二，解释。对这些举措与内容进行分析与解读。第三，并置。根据前文所述的研究内容，主要将欧洲专业化建设的举措与内容层面进行并置。第四，分类比较。将所选国家对成人学习工作者的专业化建设的举措进行比较，尝试分析以及归纳出具有普遍意义的影响成人学习工作者专业化建设的主要举措，完成从特殊到一般的归纳。

在专业化建设举措这个层面，笔者预先设定了比较的框架（如表1.3所示）。

表1.3　专业化建设举措层面比较框架

比较维度	具体内容
成人学习工作者的界定	称谓的使用
	分类方法（角色、岗位、活动）
成人学习工作者的能力档案	能力档案的维度
	能力档案的内容
成人学习工作者的专业标准	专业标准的制定主体
	专业标准的框架、维度与内容
	专业标准与资格证书体系的衔接
成人学习工作者的资格证书体系	资格证书体系的维度
	与国家级别相关资格证书体系的关系
	认证框架与过程
成人学习工作者的能力认定	能力认定工具
	认定的主体
成人学习工作者的质量保障	高等教育
	成人学习办学机构
	成人学习工作者教育培训机构

第三，文献研究法。

文献研究一般分为查阅、收集、鉴别、整理、分析等几个过程。本书的文献收集和查阅主要包括理论研究文献，欧洲国家有关成人学习工作者专业化发展的政策文本、研究报告及实践发展情况等，并对重要的文献进行梳理和总结、对重要的文本进行分析和解读。由于目前国内已有的有关欧洲国家成人学习工作者专业化的中文文献极少，因此本书需要查阅大量的英文文献资料及通过网络收集目标研究国家的有关成人学习专业和成人学习工作者专业化的最新情况，以求尽可能多地搜集相关研究成果，为后续研究奠定基础。

第四，调查研究法。

本书使用的调查研究法主要是半结构访谈法。笔者将根据本书所定义的成人学习工作者的五支队伍，选取这五个领域的专家、管理人员、实践者共 14 人（其中 4 名来自开放教育领域、3 名来自社会培训领域、3 名来自企业培训领域、2 名来自社区与老年教育领域、2 名来自高校继续教育领域）进行半结构性访谈，初步调查分析目前成人学习工作者专业化的现状以及专业化建设的困境。

注　释

[1] [法]保罗·朗格朗：《终身教育导论》，滕星等译，华夏出版社 1988 年版。

[2] "相关服务"的概念不仅仅局限于教学服务，还包括课程开发、评估、咨询、管理等其他服务。

[3] 参见欧盟报告《成人学习专业在欧洲》（Adult learning profession in Europe）（2008），《成人学习工作者核心技能》（Key compentence for Adult learning professionals）（2010）。

[4] 笔者笼统地将工作者分为了教师（讲师）和管理者，事实上，他们从事的活动将超出他们的称谓。例如教师的活动还包括提供咨询、课程设计等。管理者的活动还包括市场营销、公共关系等。

[5] 需要强调的是在进行研究分析时，笔者还是倾向于使用"成人学习工作者"这个称谓。

[6] European Commission, *Adult Learning: It is Never too Late to Learn*, Commis-

sion of the European Communities, 2006.
[7] UNESCO,"国际成人教育研讨会",http://www.cnier.ac.cn/adult.fayan/1393_4.html, 2018-08-01。转引自薛扬:《欧盟格龙维计划研究》,上海师范大学教育学系硕士论文,2012 年 4 月。
[8] 何光全:《我国成人学习基本状况调查》,《现代远程教育》2013 年第 6 期,第 58—69 页。
[9] 联合国教科文组织第六届成人教育国际大会中所呈现的国家报告中所用的概念均为成人学习与教育(Adult learning and education, ALE)。参见 Stephen McNair et al., "CONFINTEA VI: United Kingdom National Report: National Report on the Development and State of the Art Adult Learning and Education(ALE)", *Applied Economics Letters*, Vol.21, No.8, 2008, pp.533—535.
[10] 辞海编委会主编:《辞海》(缩影本),上海辞书出版社 1980 年版。
[11] 郑也夫:《代价论:一个社会学的新视角》,三联书店 1995 年版。
[12] 熊建辉:《教师专业标准研究——基于国际案例的视角》,华东师范大学博士论文,2008 年。
[13] Ingvarson, Lawrence, "Development of a national standards framework for the teaching profession", https://research.acer.edu.au/teaching_standards/7, 2018-07-25.
[14] 赵康:《专业、专业属性及判断成熟专业的六条标准——一个社会学角度的分析》,《社会学研究》2000 年第 5 期,第 32—41 页。
[15] 郑丹丹:《教师教育者及其专业标准的国际比较研究》,华东师范大学博士论文,2013 年。
[16] Organisation for Economic Co-operation and Development(OECD), *Definition and Selection of Key Competencies*, OECD, 2005.
[17] Paul Hager and Andrew Gonczi, "What is Competence?" *Medical Teacher*, Vol. 18, No.1, 1996, pp.15—18.
[18] 刘奉越:《我国成人教育专业化研究的回顾与反思》,《江苏技术师范学院学报》2008 年第 7 期,第 49—52 页。
[19] Susanne Lattke and Ekkehard Nuissl, eds., *Qualifying Professionals for Adult Learning in Europe*, W.Bertelsmann, 2007.
[20] 参见欧盟的研究项目《成人学习工作者核心技能》(Key compentence for Adult learning professionals)(2010)。
[21] Daniel Kober, "Intercultural Professionalisation in Adult Education", *Journal for*

the Study of Adult Education and Learning, Vol.2, 2012, pp.43—57.

[22] 赵康:《管理咨询在中国:现状、专业水准、存在问题和发展战略》,中国社会科学出版社 2008 年版。

[23] Harold L.Wilensky, "The Professionalization of Everyone?" *American Journal of Sociology*, Vol.70, No.2, 1964, pp.137—158.

[24] Morris L.Cogan, "Toward a definition of profession", *Harvard Educational Review*, Vol.23, No.1, 1953, pp.33—50.

[25] Everett C.Hughes, "Professions", *Daedalus*, Vol.92, No.4, 1963, pp.655—668.

[26] Eliot Freidson, *Professionalism Reborn: Theory, Prophecy and Policy*, Polity Press, 1994.

[27] Eliot Freidson, *Professionalism Reborn: Theory, Prophecy and Policy*, Polity Press, 1994.

[28] Harold L.Wilensky, "The Professionalization of Everyone?" *American Journal of Sociology*, Vol.70, No.2, 1964, pp.137—158.

[29] Magali S. Larson, *The Rise of Professionalism*, University of California Press, 1977.

[30] [英]查尔斯·斯诺:《两种文化》,纪树立译,三联书店 1994 年版。

[31] Burton Bledstein, *The Culture of Professionalism: The Middle Class and the Development of Higher Education in America*, W.W.Norton & Company, 1974.

[32] 赵康:《管理咨询在中国:现状、专业水准、存在问题和发展战略》,中国社会科学出版社 2008 年版。

[33] 孙海法、朱莹楚:《案例研究法的理论与应用》,《科学管理研究》2004 年第 22 卷第 1 期,第 116—120 页。

[34] 裴娣娜:《教育研究方法导论》,安徽教育出版社 2000 年版。

第二章
我国成人学习工作者的专业现状与挑战

1999年，上海率先在全国提出建设学习型城市的目标。经过政府和各种社会力量的努力与推动，终身学习在整个城市发展中的战略性、基础性和重要性越来越凸显，终身教育事业发展取得了长足的进步，成人学习作为终身教育体系的重要组成部分，对终身教育事业的发展有重要的推动作用。从事成人学习工作的从业者们的专业水平将直接影响到成人学习的质量。但是，从事成人学习工作的从业者成分复杂数量庞大，世界范围内也没有一个统一的统计方式，能够准确展示他们的职业基本状况。笔者以上海为例，针对成人学习的最主要的五个领域：开放教育、社会培训、企业培训、社区以及老年教育和高校继续教育进行了调查。调查主要采用半结构访谈的方式，通过对这五个领域的专家、管理人员以及实践者共14人的访谈（其中4名来自开放教育领域、3名来自社会培训领域、3名来自企业培训领域、2名来自社区与老年教育领域、2名来自高校继续教育领域）以期对这群工作者的专业现状以及专业发展困境和挑战有一个较为初步的了解。在本章中，笔者将结合相关调研数据与文献资料，对成人学习工作者专业现状与专业化建设的困境进行分析，最后运用专业化水平测量标准对我国成人学习工作者专业化水平进行初步的评估并且提出我国成人学习工作者专业化建设的目标。

第一节　成人学习领域的发展概况

一、开放教育

（一）开放教育及其从业人员概况

我国的开放教育主要指的是中国广播电视大学系统组织实施的一种教育形式，主要于 1999 年后开始运作。它通过覆盖了全国城镇的办学网络，实行注册入学、弹性学制和学分制的管理。开放教育最重要的特点就是整合包括普通高校在内的社会优质教育资源，向学习者开放。自 1978 年，邓小平同志亲自倡导并批准成立中央广播电视大学的 30 多年以来，全国广播电视大学为国家培养了 700 万应用型高级人才，培训各类非学历教育人数高达 5 000 万，已经成为世界上最大的开放学习机构，是我国开放教育的骨干力量，成为我国推进全民学习、终身学习的重要支撑。[1]2010 年，《国家中长期教育改革和发展规划纲要》曾明确提出："大力发展现代远程教育，建设以卫星、电视和互联网等为载体的远程开放继续教育及公共服务平台，为学习者提供方便、灵活、个性化的学习条件。"2013 年《上海市终身教育工作要点》也将深化上海开放大学内涵建设纳入了终身教育体系的完善工作中。由此可见，开放教育的重要性在政策层面日益得到了重视。

据笔者的调查，截至 2012 年 4 月，上海开放大学系统内专职教师 1 480 名，兼职教师 2 730 名。上海开放大学本部的从业人员主要包括三支队伍：专职教师、管理人员以及研究人员。总的来说，三支队伍的从业人员在年龄结构上以中青年从业者为主，在学历背景方面，拥有硕士学历的从业者居多，在职称方面，具有中级职称和副高职称的从业者较多。上海开放大学本部专职教师共104名，平均年龄为39岁，学历背景以硕士为主，具体表现为拥有博士学历的教师占19.2％，硕士学历的教师占63.5％，本科学历的教师占14.4％，大专学历教师占1.0％。职称结构中，具有正高职称的教师占2.9％，副高职称的占39.4％，中级职称的占46.2％，初级职称的占7.7％。管理人员共191名，平均年龄为44岁，其中25—35岁管理人员占26.2％，36—45岁的管理人员占到28.3％，46—55岁的管理人员占26.7％。学历结构以硕士为主，具体表现为拥有博士学历的管理人员占6.8％，硕士学历的管理人员占43.5％，本科学历的管理人员占12.0％，大专学历的管理人员占10.5％。职称结构中，以中级职称的人数为最多，占总数的36.1％，正高的职称的管理人员占总数的8.9％，副高职称的管理人员占19.9％，初级职称的管理人员占21.5％；开放大学的研究人员主要集中在发展研究部、科研处，共9人，平均年龄为37岁，其中博士、硕士、学士的比例为2∶6∶1，正高职称、副高职称、中级职称、初级职称的比例为1∶4∶3∶1。

（二）从业人员专业发展面临的问题

1. 从业人员理论知识薄弱

调研中发现，很多从事开放教育工作者缺乏对成人教育理论的理解，对开放教育、终身教育、非学历教育、继续教育等概念混淆不清。从业人员如若对自己从事的领域没有认识清楚，在思想上就会存在障碍，最终就会影响到开放教育工作的进一步开展，不利于创新性举措的推行与实施。

2. 缺乏系统的专业教育培训

就上海开放大学而言，其内部员工的培训多集中在新技术的应用方面，采用缺什么补什么的方式，培训缺乏系统性，尤其缺乏对成人教育理论的系统学习。目前从事开放教育的专职人员多从传统学科中走出来，缺少对其系统的专业培训，开放教育的相关理念、技术和知识，难以适应现代开放教育的发展。

3. 从业人员缺乏课程设计的能力

目前，从事开放教育的工作者要具备的基本的能力就是教学能力。但是随着开放教育的发展，对工作其他方面的能力要求也凸显了出来。其中，最为明显的就是对其课程设计能力的需求。目前从事相关课程设计的工作者缺乏专业的训练，导致开放教育领域中诸多丰富教学资源不能得到充分利用，更多的时候是采用“拿来主义”，简单地从外部高校引进课程。

二、 社会培训

（一）社会培训概况

随着经济的不断发展，我国的教育培训行业整体发展态势良好，总体产业规模和市场容量成倍增长，教育培训被广大人民群众所认可并接受。目前，我国的政策法规中尚无对“社会培训机构”的统一定义，中国教育年鉴中也没有与之直接相关的统计资料。据笔者调查，上海市培训类组织机构从性质上主要分为民办非学历教育院校、民办职业培训学校和经营性的培训机构三类。其中，民办非学历教育院校是由教育局审批，并由民政局法人登记，从事非学历教育培训的机构，上海市共有 1 350—1 400 所；民办职业培训学校是由人力资源保障局审批，由民政局法人登记，上海市现共有 400—450 所；经营性的培训机构在工商登记注册的上海有 4 000 多家，这类机构于 2013 年 7 月 10 日后执行新的登记和管理办法，由工商登记注册变为由人力资源保障局和教育局审核，并由工商局登记的教育培训机构。总体来说，上海培训类组织机构主要由非经营性培训机构和经营性的培训机构构成，其中非经营性培训机构由民办非学历教育院校和民办职业培训学校构成，并以民办学校的形式进行管理，而经营性的培训机构则以民办企业的形式进行管理。由于提供该类服务的进入门槛较低，从事培训类服务的从业者规模巨大，但其专业素质却参差不齐。

（二）从业者专业发展面临的问题

第一，从业人员专业能力薄弱。

调研发现，大多数从业者迫切需要系统的专业知识和专业技能，如对专业方法和流程的理解和掌握。行业中严重缺乏胜任的人才，人才的稀缺已成为制约行业发展的瓶颈。大多数从业者主要依赖于自学和实践中的摸索，缺少系统的理论和方法，在工作中“乱投医”式地看书积累，专业素质发展过程缓慢，而现有专业中培养的毕业生不能马上胜任该行业的素质要求，而且课程设置与市场需求严重不匹配，其成长仍需在工作场所中锻炼多年。行业的发展对于从业者的专业素质要求越来越高，现有胜任人才的稀缺性和人才供应的非及时性严重制约了该行业的进一步深入发展和细化。

第二，缺乏对从业人员的专业资格认证。

由于从业者的专业背景五花八门，而具有专业资格认证（如教师资格证、职业培训师等）的从业者比率较低，例如，具有教师资格证的比率仅为20%左右。近年来，各种国外机构的专业认证[如国际绩效改进协会（ISPI）的CPT认证，美国培训与开发协会（ASTD）的WLP认证等]纷纷进入中国市场展开业务，客观上，这迫切需要中国本土能构建出一条专业的、具有高社会认可度的认证体系，从而提高中国该行业从业者的专业能力。

第三，核心专业知识皆为拿来的“舶来品”。

因为中国大陆高校中没有对应的专业，实践中所需的专业知识都从国外直接引入（如版权购买、代为销售、著作翻译等形式）。行业中普遍意识是唯美国的研究成果马首是瞻，专业发展主要靠借鉴外国的理论成果，实践者缺乏本土创新，学术领域又缺乏相应的科研机构。整个行业的发展模式仅靠“拿来主义”和“工作中摸索”，从业者缺乏系统性的严格的职业训练。这种过度性的依赖也导致了中国该行业在国际舞台上缺乏竞争优势。在行业不断发展的过程中，如无有效举措改善现状，中国行业与国际行业的差距将愈加显著，而且更易被动性地受到整个经济波动的影响。

第四，行业的分化性发展加快，对从业者的专业能力要求越来越高。

该行业总体发展渐趋分化和细化，如不同客户群体的形成(高端、中端和低端)和课程体系化和定制化的需求增强。仅仅提供大众性课程的中介模式已渐显弊端，对专业性更高的咨询式学习方案设计的需求越来越显著。这对从业者的现有专业能力提出了更高的要求，需要他们具备数据收集、需求分析、问题诊断、方案设计、方案实施和效果评估等全面的专业能力，而这是现有咨询机构和大多数从业者专业能力的发展瓶颈。另外，信息技术对学习领域的改变，给培训机构也带来了发展的时代机遇和需应对的挑战，例如，多媒体课程开发、基于网络平台的课程开发的能力等。培训类咨询机构整体的从业人员的专业能力有待提升。

三、 企业培训

(一) 企业培训及其从业人员概况

企业培训是指企业组织试图使得员工在一个学习的环境中，改变自身的价值观、工作态度和工作行为等。目的在于使得其员工能够在工作岗位中表现达到组织的要求，为组织创造更多的利益。《企业培训师国家职业标准(2007 年修订)》对企业培训师的定义是：“指能够结合经济、技术发展和就业要求，研究开发针对新职业(工种)的培训项目，以及根据企业生产、经营需要，掌握并运用现代培训理念和手段，策划、开发培训项目，制定、实施培训计划，并从事培训咨询和教学活动的人员。”[2]根据上海企业教育培训课题组联合上海市统计局和中小企业发展服务中心在2011年做的一份抽样统计[3]来推测上海市的整体情况，具体情况如下：

第一，从业机构及人员规模。

从培训结构来看，就大中型企业而言，2011年的调研抽取了92家企业，其中41家企业有自己独立的培训机构，占调查单位总数的44.5%，也就说有一半的企业都有自己的培训机构。就中小型企业而言，2011年的调研抽取了52家企业，其中有8家企业有自己独立的培训结构，占调查单位总数的15.4%。

从专业人员数量来看，2012年，由上海市教育委员会终身教育处与上海市国资委牵头，以47家大型国有、控股、集团以及国资委系统的1 093家企业作为抽样统计对象，针对企业内部从事人力资源开发（培训）的专职人员的情况进行了调研：其中，(1)参与调研的企业职工总人数为586 826人；(2)从事培训的专职教师（不包括管理人员及服务人员）为1 960人；(3)从事培训的专职人员占职工总人数的比例为0.334%，也就是说平均每1 000名职工有3—4名专职培训人员。而根据上海市总工会在2013年5月公布的“上海职工队伍发展状况报告”显示，目前整个上海市的在岗职工人数大约有1 104.33万人。结合上面数据，我们可以大致测算出当前上海市从事企业培训的专职人员（不含管理人员）大约在3.5万左右。

第二，从业人员学历层次及受教育背景。

从学历层次及受教育背景的情况来看，从事企业培训的专职人员所受到教育情况明显要优于企业中的其他部门。根据上海市学习型社会建设白皮书公布的数据，我们可以知道，2011年上海市从事职工教育的专职教师，本科以上学历（包括硕、博）的人数占到80.53%。2012年上海市教委终身教育处提供的数据更细化，按照行业的不同进行了统计，其中，在制作业中，本科学历以上的专职人员占86.95%；在服务业中占81.17%；在建筑业中占68.16%。尽管如此，硕士与博士层面的专职人员所占比例还是相对较少，以宝钢、上汽等龙头企业为例，在所有从事职工教育的专职教师中，拥有硕士学位的也只在20%—25%左右，博士学位的只有1%—2%。其他规模较小企业更不用说了。从专业背景来说，企业管理专业的专职人员并不多，以宝钢为例，在管理人员中，这个比例也不到10%，若算上所有的专职人员，比例就更低。

第三，从业人员的专业发展需求。

从访谈中，笔者了解到相关从业人员的需求可以分三个角度来说：

一是从企业角度来看，大多数企业都鼓励人力资源开发的专职人员不断提升自身素质，每年都安排有大量进修计划，以适应企业战略的调整及新技术发展的需要。但由于企业是一个以利润为中心的主体，需要员工在提升自身素质的同时平衡好工作与学习之间的关系，因此，在岗培训、内部培训以及为了满足工作本身需要而参与一些资格证书的培训成为最主要的形式。

二是从个体角度来说，学历教育还是具有很大吸引力，不仅可以让学习者本身获得能力的提升，还可以拓宽其视野及社交网络。尤其对年龄在30—40岁之间的青年骨干，学历的提升对其职业生涯发展及职位晋升还是很有帮助的。

三是从学历层次来说，在从事人力资源开发的专职人员中，本科教育已经成为其入职的基本条件，但研究生层面的教育还有一定的需求，目前在职人员中拥有硕士学位的还不到四分之一。

（二）从业人员专业发展面临的问题

第一，从业人员相关理论建设薄弱。

很多从业人员，甚至包括一些主管领导常常不能理解企业培训的内涵，缺乏整体认识。建立一套完整的、清晰的理论体系，明确在终身教育体系下，企业教育培训的理论基础是什么，实践领域的目标是什么，还需要解决操作层面上应该做什么，怎么做以及如何评估与验证等一系列的问题。

第二，缺乏专业的企业教育从业人员。

主要体现在，一缺乏行业领军人物，在企业教育培训领域缺乏领军人物。从上海市来说，缺乏具有一定话语权和号召力的行业权威人士；从单个企业来说，缺乏首席学习官、首席培训师等既具有理论基础，又具备实践经验的从事企业教育培训的大师级人物。二是缺乏从事人力资源开发的高素质的管理人才。真正具有国际视野、熟悉国际企业教育培训新理念、新技术、新方法的人才还很少；能够将国际先进理论与本土企业文化相结合，从中国企业的实践经验中提炼出自有理论的人就更少。三是缺乏从事企业教育教学工作的从业者。专业化是未来企业培训专职人员发展的必经之路，目前企业中缺乏大量具备高素质、有理论基础又有实践经验的优秀专职教师、高级培训师、内训师等专业人才。

第三，相关课程体系建设有待提高。

目前在很多企业中，培训项目开发随意性强、培训课程开发缺乏系统性，且多数课程内容滞后于实践发展，致使企业培训项目效益低下，起不到为企业发展提供战略支撑的作用。提高项目开发、课程开发能力；推进核心课程、特色课程、品牌课程为中心的精品课程建设；提升企业培训在企业发展中的战略作用是一项长期而又急迫的任务，而这些都离不开对相关领域的优秀人才的培养。

四、 社区教育与老年教育

（一）社区教育与老年教育概况

1. 社区教育与老年教育机构概况

上海市的社区教育在全国属于领先的地位。2008 年起，上海市就建成了每个区县有社区学院、每个街道有社区学校的社区教育体系。上海市的社区教育不仅实现了目标和内容的多样化，也实现了教育途径和方法的多元化，不但成功开创各类有特色的管理方式，推出“百姓学习中心户”“宅基课堂”“流动课”等学习组织方式，还吸引了不同年龄、不同性别、不同职业的社区居民，织成了覆盖面极广的社区教育网络，堪称全国社区教育的典范。与此同时，上海城市老龄化进程也居全国之首，截至 2010 年底，上海市户籍 60 岁以上老年人口达 331.02 万，占全市户籍人口的 23.4%，高出全国十个百分点；预计到 2015 年老龄化将达到 29%，2030 年达到 40%，这势必造成社区和老年教育资源出现供不应求的局面。目前上海市约有 4 000 个社区教育教学点，教学点的覆盖率达到 76%，所有这些教育机构均由政府投资，且按行政区域进行了划分。目前上海共有 17 个区，每区设有一个社区学院，学院以下以街道为单位设立社区学校，社区学校以下还有学习点。除社区教育系统之外，上海市还设有五所专门老年教育机构，包括上海老年大学、上海市老干部大学、上海老龄大学、上海市退休职工大学、上海市开放大学老年教育学院。老年大学下设四所分校，要求四所分校带动下属的街、镇老年学校建设，称为“1＋4＋X”模式（其中 1 是指上海老年大学，4 是指“东、西、南、北”四所老年大学分校，“X”是指隶属于分校下面的街、镇老年学校）。老干部大学下设 24 所分校，设在各区县和企事业单位。上海市退休职工大学下设 6 所分校。

2. 社区教育与老年教育从业者概况

从社区及老年教育从业人员队伍总量来看，截至 2013 年 6 月，上海市共有 1632 名专职老师，包括社区学院、社区学校的教师和管理人员。从社区及老年教育从业人员受教育水平来看，绝大多数社区教育专职教师都拥有本科学历，研究生及以上学历拥有者不到 10%。以往从业者的年龄偏高，近年来有降低的趋势，年轻从业者的比例占到社区教育从业者数量大约为10%。据本次调研所获数据，如今每个区硕士及以上学历的从业者有3—4个人，很多人学校毕业之后就直接从事社区教育，多数高学历从业者有硕士学历，获得博士学位者较少，几乎没有，从分布来看，高学历从业者在郊区的分布比例较少。

（二）从业人员专业发展面临的问题

第一，身份认同的缺失。

目前上海社区教育与老年教育的从业者主要都是通过其他各级各类教育中转聘过来的。他们对自己的“新身份”的认同存在很大的缺失，无法正确树立起自己的专业身份。因此，阻碍了其专业发展。

第二，缺乏高素质的专职人员，尤其是年轻人员。

例如上海市老年大学，老年大学生源全市有一万多，但是老年大学在职工作人员不多，有四十几个工作人员，而且大多是上海市行政机构、高校等离退休老干部。近年来，尽管上海市也制订了一系列措施吸引高学历人才，但与现实需求相比还差得很远，尤其是研究生层面人才还有待补充。

第三，与老年教育和社区教育相关的理论研究还比较薄弱。

从业人员缺乏专业的教育培训，在相关理论的获得与应用方面还比较薄弱。从长远的视角来看，缺乏相应的理论指导将成为阻碍该领域发展的重要因素之一。

五、 高校继续教育

（一）高校继续教育概况

高校作为国家实施普通高等教育的办学机构，有着丰富的教学、科研资源，一直以来在推进我国继续教育事业发展的进程中起着举足轻重的作用，高校的继续教育形式一般分为成人学历教育和成人非学历继续教育两种。截至2012年12月，全国所有的“985”工程高校都有设置继续教育机构,“211”工程高校继续教育机构设置率也高达98.2%。除此之外,我国大部分普通本科高校也设有继续教育机构(胡天佑,2013)。目前,上海共有68所高校提供继续教育,其中高校继续教育学院的从业人员多是以行政岗在编,以管理和行政工作为主。其中,很多管理人员并不具备专业的教育学背景。工作人员的素质直接影响到作开展的质量和效率,调研采访中有高校领导表示,在聘任新的员工时,做行政岗的员工学历背景并不是考虑的主要因素,更重要的是员工做事能否认真负责,是否有成人教育的工作经验,是否具有从事成人教育工作的热情与兴趣,只要具备这个岗位所要求的专业素质,就很愿意吸纳他加入这个岗位。

(二)从业者专业发展面临的问题

第一,从业人员专业发展路径狭窄。

继续教育学院从事学历教育的专职人员多是以行政岗在编,受学校对行政人员职业晋升相关规定的影响,这类人员的职业发展路径比较狭窄,学校每年对职业晋升人员都有严格的名额限制,从业人员缺乏广阔的发展空间,并且缺乏相应的激励措施。

第二,从业人员的继续教育不足。

对于是否鼓励继续教育管理人员接受再教育,不同学校有不同的态度。有学校领导表示,学校并不提供相应的再教育机会,工作人员可以接受短期的讲座类培训,但是高层次的例如攻读硕博士的这种再教育机会则会对工作造成一定的影响,学校并不鼓励在职人员接受这种再教育。而也有高校领导则表示希望自己的职工能够接受这种继续教育,希望自己的职工能够获得更深厚的理论知识,希望他们能够对工作中遇到的问题做些研究以解决实际问题,同时也可拓宽将来的职业晋升路径。

第二节　成人学习工作者专业化建设的挑战

根据以上调查结果，笔者对上海成人学习工作者数量进行了估算，总结相关数据如表 2.1 所示。

表 2.1　上海成人学习领域工作者现状总结

成人学习领域	数　量	学　历
开放大学	1 480 全职教师 2 730 兼职教师	上海开放大学总部为例 19.2%拥有博士学历 63.5%拥有硕士学历 14.4%拥有本科学历
社会培训机构	约有 5 800 所社会培训机构 估算每所机构有 20 名员工，故共约有 116 000 名员工	20%的培训师有教师资格 开始卷入国际资格认证
企业培训	35 000 名全职培训师 65 000 名行政人员	80.53%的培训师有本科以上的学历
社区教育以及老年教育	1 632 名全职教师	大多数有本科学历 少于 10%有研究生学历
高校继续教育	有 68 大学提供继续教育 估算每所大学继续教育学院有 50 名员工，故共约有 3 400 名员工	多数是大学教师
总计	大约 225 000 名	

通过上表，我们可以看出上海市约有 20 万名成人学习工作者分布在不同的成人学习领域中。成人学习工作者队伍之巨大，以及队伍的集合性和复杂性是显而易见的。在一定程度上来说，“成人学习工作者”就是一个复杂、松散的集合体。按劳动力关系来分类，成人教育工作者可以分为全职、兼职以及志愿者；按工作场所来分类，成人教育工作者可以在大学、社区、培训机构及企业等工作；按工作内容来分类，成

人教育工作者可以从事教学工作、课程设计工作、咨询工作以及管理工作等。事实上，成人学习的复杂性不仅仅体现在从业者构成上，也体现在其面对的教育对象、工作性质、工作领域上。“正是由于成人学习各方面的复杂性和多样性，势必会导致其专业化的复杂性和差异性。”[4]总体来说，成人学习工作者的专业化建设将面临以下的挑战：

一、 成人学习工作者“边缘化”

成人学习工作者的“边缘化”问题，削减了专业化建设的力度。在我国，成人学习工作者在整个教育领域还是处于边缘的地位。“兼职”“临时”“不稳定”“非正规”似乎已经成为了他们的代名词。尽管吸收兼职从业者和志愿者参与成人学习的服务工作是世界范围内的通用做法，但是这些未经过专业教育培训的从业者可能会对整支队伍的专业化建设带来消极的影响。例如，兼职从业者的专业身份认同不明，对成人学习领域的特殊性不了解，可能无法很好融入教学的活动中去。成人学习工作者的“边缘化”还体现在缺乏对该群体的研究上。目前，我国在大力推广成人学习方面作了较多的研究与努力，制定了相关的政策。但是对为成人学习提供服务的从业者的研究却少之又少，也没有相关的统计数据。我们可以看到，如果不开展有关成人学习工作者这个群体的各方面的研究，就无法对我国成人学习专业工作者现状以及专业发展进行全面、深入的理解与思考。若是忽视了成人学习工作者的“声音”，那么专业化建设的成效就要大打折扣了。

二、 成人学习工作者能力界定不清

成人学习工作者能力界定不清，导致专业化建设方向模糊。成人学习工作者的能力水平通常反映其专业水平的高低。但是，目前对成人学习工作者核心能力界定不清，不利于专业化建设工作的推进。事实上，鉴于从业者队伍的复杂性，其要具备的能力常常根据不同的工作场所与工作类型进行分类界定。但是，这种通过分类来列举能力的方式常常是不全面的，另外，在不同类别的从业者中也常常会存在能力要求重合的问题，反而不利于全面地、整合地界定从业者的能力要求。2013 年出，我国颁布了《成人教育培训工作者服务能力评价》国家标准，该国家标准的颁布开启了对我国成人学习工作者进行能力界定的先河。该标准将成人教育培训工作者专业资格分为“成人教育培训师”资格和“成人教育培训管理师”资格两种。这两种资格的从业者都需要有相应类别、等级教育资格的同等学历，还需要一定年限的工作经验。并且将成人教育培训工作者的能力界定主要分为培训需求分析能力、设计和策划培训能力以及培训营销能力(项秉健，2013)。随着社会的发展，成人学习工作者正在面临着学习者越来越多的需求以及越来越高的要求，对其的能力需求的界定也应该更加全面，并需要不断被完善。因此，基于中国情境，构建成人学习工作者的活动以及能力档案才能为从业者专业发展指明方向。

三、 成人学习工作者专业教育培训不足

成人学习工作者专业教育培训不足，缺乏理论知识和专业能力。尽管成人学习工作者的总量巨大，但是国家对成人学习工作者的专业培训还不够重视也不够充分，导致这支从业者队伍缺乏理论知识和专业能力。1993 年，华东师范大学成立了全国第一个成人教育专业硕士点，全国只有 13 家成人教育专业硕士点，而成人教育博士点仅华东师范大学一家。截至目前，培养的成人学习专业人才也就不到两百人。从笔者的调查可以看出，我国成人学习工作者的专业资格主要来自高等教育。但是，不少成人学习工作者并没有教育学的专业背景，更不用说成人教育学的背景了。此外，我国成人学习工作者培训机构也很少。

没有进行有关成人教育高等教育的从业者，也没有足够的资源能够进行社会培训。我们可以想象这些缺乏专业教育培训、缺乏理论知识和专业能力的从业者在实施成人学习活动时将出现工作效率低、工作成效差、学习者不满意等问题。

四、 成人学习工作者专业标准和资格证书体系缺乏

缺乏专业标准和资格证书体系，难以规范成人学习工作者的专业化道路。目前，国内并没有成人学习专业工作者的资格培训与认证体系。因此，成人学习专业工作者专业化途径就非常有限。为了保证以及提高成人学习者的学习质量，制定成人学习专业工作者的专业标准和资格认证体系尤为重要。应国家规范的要求和从业者发展的需求，我国出台了若干成人学习工作者的国家标准。例如我国在2006年颁布的《中华人民共和国国家标准·社区服务指南(GB/T20647.3-2006)》中初步地建立了“社区专职教育人员”的职业标准。2007年，国家人力资源和保障部制定了《企业培训师国家职业标准(2007年修订)》，将企业培训师分为助理企业培训师、企业培训师和高级企业培训师三个等级，对企业培训师的职业标准进行规范。2013年，国家教育部职业教育与成人教育司发布了《社区教育工作者岗位基本要求》，该文件规定了社区教育工作者的工作分类、岗位职责以及岗位要求。但是，这些标准的权威性和传播度不高，尚未获得足够的认同。在资格认证方面，2013年，上海在全国首次对社区教育专职教师(高级)进行职称评定。但是，在实践推动中也暴露出了一系列的问题。例如，资格评定中对从业者的科研能力要求不够，资格评定的过程难于规范，没有体现出高级教师对初中级教师的引领作用等。[5]我国从事社会培训的一些培训师主要还是参与国外机构的专业认证证书体系以获得相应的证书认定，但是认证的要求与内容缺乏我国本土性特征，也会为从业者顺利开展实践

活动带来阻碍。从专业化建设的角度而言，没有规范的、受到认可的专业标准，从业者的专业化建设将流于表面。此外，我国的一些成人学习工作者，其专业能力是来自实践的经验与探索，并没有正规的文凭或证书。因此，国内缺乏对成人学习工作者先前经验的认定工具与途径。成人学习工作者以往在非正规、非正式场所获得的相关知识、技能与经验无法被认定与“显性化”。

第三节　成人学习工作者专业化阶段与建设目标

根据专业化水平的测量标准来看，我国成人学习工作者是否是一项专业呢？或者说成人学习工作者处在哪个专业化阶段呢？事实上，如果完全严格地按照专业化水平测量标准对照所有专业，恐怕没有一个专业完全符合要求。但是，我们可以根据这个理论对某项人类活动的专业化水平的高低做一个相对准确的判断，并且可以根据这个理论为某项人类活动的专业化建设制定目标。本节中，笔者首先将对我国成人学习工作者专业化阶段进行评估，接着基于专业化水平测量标准的理论，明确我国成人学习工作者专业化建设的目标。

一、成人学习工作者专业化阶段

从知能专门化(C)这个变量来看，尽管我国的成人教育专业普及程度不高，但是在一些地区也形成了高校的课程。因此，在这个变量上可以赋值3分或4分。在组织程度变量(O)上，我国的成人教育领域专业组织有全国性的专业组织如中国成人教育协会，也有省、市、自治区的以及行业的专业组织。这些专业组织属于寄生或是准专业组织，赋值1分或3分。在知识来源状况(K)变量上，我国已出现了正式的高校课程，但是大多数的从业者接受的还是非高校教育或培训，赋值2

分或 3 分。在社会(市场)效果状况(E)变量上，成人学习工作者在终身学习理念盛行的今天，将带来较为明显的经济、社会效益，赋值 3 分或 4 分。在政府呼应行为(S)变量上，政府对成人学习工作者的承认与支助还是较为少量的，或者说有一些支助但是没有形成市场保护，赋值 2 分或 3 分。在人群自治(A)的变量上，从事成人学相关服务的从业者应该处于不独立或是趋向独立的阶段，赋值 2 分或 3 分。基于以上的分析，根据专业化运动理论公式：P＝C・O・K・E・S・A，专业化水平的最大值为 432，最小值为 36。形成的专业的专业化指数区间为 243—1 215，半专业的指数区间为 32—96。因此，我们可以认为成人学习工作者在我国终身学习推广得较为成功的地区(如上海)是处于形成阶段的中下游水平，但总体来看，我国成人学习工作者的专业化水平尚处于半专业阶段。

二、 成人学习工作者专业化建设目标

(一) 专业的知识与能力体系：成人学习工作者专业化建设的核心

促使成人学习工作者具备专业的知识与能力是专业化建设的核心，是专业人员从业的依据。可以通过图 2.1 来理解成人学习工作者专业知能的相关维度。

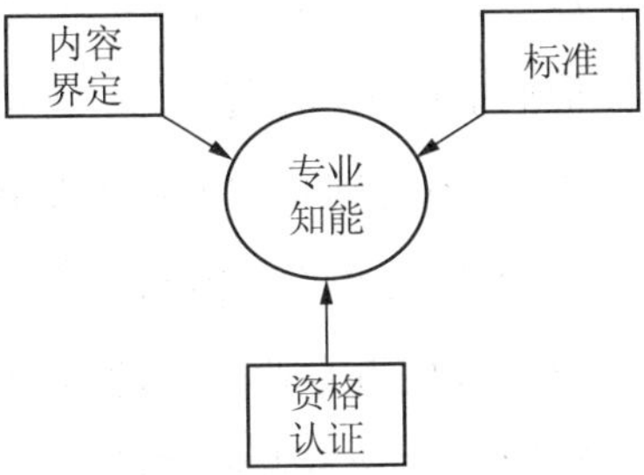

图 2.1　专业的能力的理解维度

若要形成专业的能力，就需要界定成人学习工作者需要具备能力

的内容。成人学习工作者这个群体包罗万象，界定其所需要的能力是专业化建设的重要基础。基于界定的成人学习工作者所要具备的能力的内容，制定相应的专业标准以及构建相应的资格证书体系，是明确从业者的准入要求以及持续专业发展的必要步骤。因此，成人学习工作者专业能力的界定、专业标准的制定以及资格认证的构建是专业化建设的最基础的重要环节。

（二）健全的教育培训机构：成人学习工作者专业化建设的载体

目前，我国有高校提供成人教育专业的硕士以及博士学位，但是普及率很低。许多从业者并不具有教育学背景，更不要提成人教育学的背景了，大多成人学习工作者是通过“自学”“边做边学”等方式进行专业发展。若要将成人学习工作者作为一个专业来发展，那么就要逐步搭建健全的教育培训机构。威伦斯基（Wilensky, 1964）提过若一开始不具备形成普遍大学课程的条件，就要从建立专业的培训机构开始，再逐渐发展成为普遍的大学课程。此外，成人学习工作者还需要在整个职业生涯中进行持续专业发展，获得接受教育与培训的机会，进而才能跟得上成人学习领域的新进展。

（三）自治的专业组织：成人学习工作者专业化建设的突破口

“公认的专业都有一个强大的专业组织，它可以保证专业权限，保障专业水平，提升专业地位，并防止某些专业人员利用专业头衔破坏专业声誉，以此相互担保他们的能力和荣誉。”[6]所谓自治指的是专业组织依法建立，具有组织章程，不受到其他方面的干预。成人学习专业发展成熟时，专业组织需要制定完善的章程和伦理法则来规范成人学习工作者的行为，界定专业人员从事专业活动的恰当与不恰当的行为，其目的在于保障服务对象，即成人学习者的利益。

（四）政府的法律法规保护：成人学习工作者专业化建设的关键

成人学习工作者的专业地位需要通过其专业组织以及其带来的经

济与社会效益来影响政府，由政府制定法律法规以及政策来保障其合法的权利。政府通过法制对专业进行市场保护，那么就意味着社会对这个专业的明确认可以及专业化建设的充分成功。成人学习工作者专业化建设的重要目标就是需要获得政府的最终认可，通过政府制定的法律法规为其提供专业地位的保障。

（五）服务大众、创造效益：成人学习工作者专业化建设的终极目的

大多数社会学家都强调了专业活动的利他性与服务性。弗里德森(Freidson，1994)称多数专家还是认为专业是服务大众的荣誉公仆。成人学习工作者服务的是所有成人学习者，他们应该把服务对象以及整个社会的需要和利益放在首位。一个专业首要的社会目的就是提供专业服务。成人学习工作者接受了教育并且利用其知识和技能为不具备这些知识和技能的受众服务，专业工作者的内心要有为大众提供服务的倾向，有义务以道德为起点来运用复杂的知识和技能。因此，从长远来看，成人学习工作者通过服务满足工作对象的需求，其存在价值在于其重要的社会与经济效益。

注　释

[1] 田秀莉：《国内外开放教育发展现状与启示》，《内蒙古民族大学学报》2011年第17卷第6期，第59—60页。

[2] 中国劳动社会保障出版社主编：《企业培训师国家职业标准(2007年修订)》，中国劳动社会保障出版社2008年版。

[3] 该抽样报告的信息由受访者提供。

[4] 何光全：《国际视野下的成人教育工作者专业化之困境及出路》，《开放教育研究》2007年第4期，第59—63页。

[5] 来自上海终身教育研究院《社区教育专职教师职称评定存在问题及对策研究》课题成果。

[6] 时伟：《当代教师继续教育论》，安徽教育出版社2004年版。

第三章
欧盟成人学习工作者专业化建设

20世纪70年代，朗格朗在《终身教育引论》中充分肯定了成人教育对构建终身教育体系的重要意义，认为："成人教育是整个终身教育体制的'火车头'。"[1]成人学习工作者在将终身学习理念转化为实践的过程中发挥着不可小觑的作用，他们帮助成人学习者在其一生中获得知识、发展技能。在欧洲范围内已经广泛认可了成人学习工作者专业化是促进成人学习质量提升的关键影响。欧洲各国在成人学习工作者专业化建设方面也有不同程度、不同方面的理论以及实践的进展以及成果。笔者将在本章中重点介绍与分析欧洲成人学习和终身学习政策以及由欧盟委员会资助的若干以成人学习工作者为研究对象的项目研究成果。随后，在第四章至第九章对英国、爱沙尼亚、德国、罗马尼亚、瑞士以及奥地利这六国在成人学习工作者专业化建设的案例进行阐述与分析。

第一节　欧盟终身学习及成人学习政策背景

欧洲各国的教育，特别是成人教育长期以来是在彼此相对隔绝的情况下发展起来的，因此形成了多样化的、发展不平衡的局面。随着欧盟一体化的发展，在欧盟层面制定面向各成员国的终身学习政策就成为欧洲国家发展终身学习和成人学习的必要举措。从20世纪90年代开始，欧盟就大力推广终身学习理念，多次出台相关政策和举措，并且重视进一步的完善工作。迄今为止，欧盟已经形成了较为完整和统一的政策框架体系。

一、《里斯本战略》

《里斯本战略》为欧洲终身学习发展正式拉开序幕。2000年3月，在葡萄牙首都里斯本，欧盟举行了特别的首脑会议。在这次会议中，欧盟委员会对《里斯本战略》达成一致。该战略规划了欧洲10年的经济发展方向与策略，强调“到2010年前将欧盟建成世界上最富竞争力和以知识经济为基础的最具有活力的经济体”。《里斯本战略》对欧洲的四个领域即经济、就业、社会融合和教育培训的未来发展作了重要的政策阐述。其中，强调教育培训领域的一个关键点就是要“调整现有的教育和培训系统，使其有能力为任何年龄的个体提供一体化的学习机会，使其通过对公民的知识增长和能力发展的投资提高全民的就业能力和社会的包容性，促进全民信息社会的创建和公民的自由流动”。为了实现这个宏伟的目标，就要推动包括成人学习体系在内的终身学习社会的构建。可以说，《里斯本战略》是指导、规范和促进欧盟发展终身学习的纲领性政策文件。在《里斯本战略》的引导下，欧盟相继发表了一系列文件，不断阐发了其促进终身学习的政策理念。同年10月，欧盟委员会提出《终身学习备忘录》，并将其作为委员会工作文件。欧洲各国在该文件的基础上，积极讨论了终身学习的相关议题。其中包括促进公民基本技能的学习、完善国家学习环境的构建、规范公民学习认证的途径、提供终身学习指导服务和充分利用ICT技术等。

二、三大欧盟通告

三大欧盟通告将欧洲终身学习的理念与实践推向高潮。2001年，欧盟通告(communication)在《实现终身学习的欧洲》再一次强调终身学习对全欧洲人们的重要性。其中，最重要的一个信息是："必须对传统的教育系统进行改革，要构建一个更加开放以及灵活的系统。在这个系统中，学习者可以通过根据自己需求以及兴趣定制的教育途径进行学习。因此，他们才能够真正利用好生活中的每一个机会。"[2] 2006年，欧盟通告《成人学习：永远都不晚》主要传递了六个核心信息：第一，消除参与成人教育的障碍；第二，提高成人教育的质量以及效率；第三，加快成人学习认证以及认定的过程；第四，保证充足的资金投入；第五，实行有效的监督管理；第六，促进成人专业工作者的专业化建设，包括最初教育以及持续专业发展。通告认为成人学习工作者的专业化将是保证欧洲民众终身学习与教育的先决条件。[3] 2007年，欧盟通告《成人学习行动计划——成人学习正当其时》的制定的主要目标是为了执行《成人学习：永远都不晚》通告的六个核心要求。这三个通告的发布进一步完善了终身学习政策，并且将政策规划和行动计划相融通起来，将政策落实到了实践推进中去。

三、《终身学习行动计划》

《终身学习行动计划》使得欧洲终身学习推进工作统一且融合。进入新世纪以来，欧盟实施了两个阶段的终身学习行动计划(2000—2006年，2007—2013年)。这两个阶段的终身学习计划的开发与实践，标志着欧盟正式开始实施将全部教育计划整合一体、面向所有年龄段全民的终身学习战略。欧盟针对欧洲教育基础教育、高等教育、职业教育与成人教育这四大领域，分别实施了"美纽斯计划""伊拉斯谟计划""达芬奇计划"及"格龙维计划"这四个终身学习计划。其中，"格龙维计划"是针对欧洲成人教育领域发展而制定和实施的计划。“格龙维计划”主要的目的包括：第一，研究欧洲各国成人教育与管理的经验，选择先进经验进行推广；第二，促进欧洲各国成人教育机构联系与合作；第三，关注弱势群体，保障其参与成人教育的权利；第四，大力发展以信息通讯技术为基础的教育内容、教学方法和实践。欧盟通过这四大计划的两个阶段的实施，达到了兼顾不同学习对象、场所、内容和形态，关注跨越人生全程的学习活动的目的。[4]

四、《欧洲教育资格框架》

《欧洲资格框架》促进了欧洲公民的跨国流动。2008 年 4 月欧盟制定了名为“欧洲资格框架”(EQF)的欧洲统一的学习与培训资格框。EQF 框架包含各类教育和培训体系，主要通过知识、技术和能力这三个维度对学习者的教育培训成果进行等级分类。2010 年，欧盟各成员国已经实现将各国的“国家资格框架”(NQF)与欧洲资格框架衔接的举措。将 EQF 与 NQF 进行衔接一方面可以提高学习者的跨国流动灵活度，另一方面也使得公民个人的学习和培训资格能够获得欧洲范围的认可。

从欧盟终身学习政策的发展沿革可以看出，欧盟委员会推广终身学习理念的严谨与决心。欧盟有关终身学习的每一项教育政策都有后续的跟进措施和执行的细则说明，正是因为有如此的系统性与连贯性，才能使一些核心问题在多年多项的政策制定中始终如一地体现。并且在系统连续的发展中，终身学习政策趋于稳定与完善，基于政策的实践可以持之以恒地发展。

我们不难发现，在欧盟一系列成人学习以及终身学习的政策中并没有大篇幅地阐述成人学习工作者的专业发展问题。但是，需要指出的是，欧盟委员会带领成员国已经开展了一系列有关成人学习工作者的研究,这也体现出了欧盟对成人学习工作者专业化的重视。欧盟的多本成人学习研究报告[5]都以这样的句子作为开头:"成人学习工作者是使终身学习变为现实的重要角色"[6],足以见得成人学习工作者在欧洲终身学习的发展中的受重视程度。本章的第二节将具体分析近年来欧盟对成人学习工作者的相关研究成果。

第二节　近年来欧盟有关成人学习工作者的研究成果述评

在欧洲范围内已经广泛认可了成人学习工作者专业化是促进成人学习质量提升的关键影响要素。在这样的共同理念上,欧盟委员会带领各成员国进行了一系列有关成人学习工作者的研究,并发布了相关议题的国家层面和欧洲层面的研究报告。笔者总结了欧盟 2004 年至今对成人学习工作者的研究报告(见表 3.1)。

表 3.1　欧盟有关成人学习工作者的研究报告汇总

研究项目名称	简　称	时　间
一个合格的成人教育工作者在欧洲	AGADE	2004—2006
成人教育工作者非正式以及非正规的心理—教育能力的认定研究	VINEPAC	2006—2008
成人和继续教育行动者的认证研究	Q-Act	2008
成人学习专业在欧洲	ALPINE	2008
教学认证研究	QF2TEACH	2009—2011
成人教育工作者从欧洲资格框架中 6 级升至 7 级的专业化途径	Flexipath	2010
成人学习工作者的核心能力研究	无	2010
教学与培训能力的评估模式研究	TEVAL	2010
发展成人学习领域——成人学习领域的质量	无	2011—2013

在研究发展趋势方面,这些研究报告展示出目前欧洲有关成人学

习工作者研究的发展趋势体现在以下几个方面:第一,欧盟对从事成人教育方面的这群人的称谓从成人教育工作者逐渐转向成人学习工作者。这一概念的改变,一方面突出了这项工作的日趋专业化的特征,另一方面也体现了从教育到学习的一种导向性理念的转变,而这种理念的改变也给从事这方面工作的实践者提出了更高的要求。第二,欧洲对于成人学习工作者的研究从最初的仅仅就成人教育工作者教学角色专业化的探讨逐步扩展到了成人学习工作者各种各样的任务和活动中,如咨询顾问、培训、管理者、评估、课程开发、政策制定等。第三,正如欧洲资格框架的推出一样,为了提高欧洲劳动力市场的流通,建立欧盟委员会认可的,在欧洲具有透明度、可比性和流动性的成人学习工作者资格证书体系也是诸多研究致力解决的问题。第四,欧洲对成人学习领域的质量保障的重视程度也越来越高。质量管理体系开始被引入成人学习领域。

在研究内容方面,2004 年,《一个合格的成人教育工作者在欧洲》项目作为欧洲最早的以成人学习工作者为研究对象的研究开启了欧洲有关成人学习工作者的一系列研究。这个研究项目的开展一方面开始展示出在欧洲范围内对成人学习工作者这个群体的重视;另一方面其研究成果对后续的研究有着指导性的作用。这个项目首次提出了成人教育工作者的能力标准及基于能力标准的培训课程。其目标群体是担任教师、指导师、促动师及培训师角色的成人教育工作者,但是没有管理、项目培训等角色。如上文提过的,对这些角色的研究在后续的研究中有了补充与体现。这个项目开启了欧洲范围内对成人教育工作者前所未有的关注与重视。随后的 20 年间,欧洲有关成人学习工作者的研究报告主要集中在三个部分的内容:第一,成人学习工作者以及成人学习工作者现状分析;第二,成人学习工作者的专业化资格认证途径研究;第三,成人学习工作者的能力标准以及评估认证体系研究。具体来说，这些研究主要集中解决关于成人学习工作者各个方面的问题，包括他们是谁，他们如何被雇佣，他们需要具备哪些能力、技能以及资格，他们的具体角色以及任务有哪些，他们的雇佣状态如何，他们如何进行专业发展，如何认证以及评估他们以及如何使得他们的职业具有吸引力等。我们可以看出，成人学习工作者专业化的研究可以通过多途径进行。一些途径是为了寻求最好的方式进入该专业以及研究这个专业如何通过继续及最初教育发展，如 AGADE 以及 VINEPAC 项目。这些项目实施后，研究者又发现需要对这个群体的本身现状有更深入的理解，如工作条件、职业生涯轨迹等，又催生如 Q-ACT 及 ALPINE 项目的进行。另外，对其所需的核心能力的界定也是界定成人学习工作者的重要途径之一，鉴于此，Research Voor Beleid 项目有关核心能力的研究及 QF2TEACH 项目也尝试解答了这个问题。

下文将针对欧洲成人学习工作者现状、成人学习工作者活动领域与能力档案及欧洲成人学习工作者能力认定这三个方面对欧洲该领域的研究成果进行述评。

一、 成人学习工作者的“服务市场”与“学习市场”

成人学习的一个最重要的特点就是具有明显的多样性，成人学习工作者需要通过实施各种不同的教育活动来满足多样化的群体的不同的教育需求。2008 年，名为《成人学习专业在欧洲》的欧盟的研究项目对欧洲成人学习专业的现状、发展趋势等重要议题进行了研究。研究将成人学习工作者的工作环境进行分析，笔者称之为成人学习工作者的“服务市场”，具体见图 3.1。报告认为通过对成人学习工作者工作环境的分析，可以更加准确地确定研究的对象以及其相关特征。

<table>
<tr><td>专　家</td><td colspan="2">内　容
基本的技巧、语言、科技、个人能力、与年龄、
工作相关的培训、健康教育、体育、
文化、手工艺、交流等</td><td>需　求</td></tr>
<tr><td>供给/提供
通过私人公司、
当地政府、
非盈利组织、
当地学习机构、
自愿组织、
学校等</td><td>供给/提供
培训
辅导
监督
指导
手册、指南
行动
开放以及远程教育
虚拟学习环境
课件

供给/提供</td><td>需求
基本教育
为工作做准备
重新培训/学校教育
个人发展
特殊技能培训
文化兴趣
政治活动
创新需求
本土需求
体育、健康等
需求</td><td>需　求
弱势群体、
重新进入专业
的人员、
特殊群体、
老年人、
移民、
在职学习者、
重新学习
的人群、
失业者等</td></tr>
<tr><td>办学机构</td><td colspan="2">课程、研讨会、培训课程、表述、活动、小组工作、
学习圈、项目学习、作业、激励等
方法/形式</td><td>目　标</td></tr>
</table>

图 3.1　成人学习工作者的“服务市场”

如图 3.1 所示，纵向的最左一栏表示的是潜在的提供成人学习服务的提供者，也就是成人学习的办学机构，包括私人公司、当地政府、非盈利组织、当地学习机构、资源组织、学校等。最右一栏表示需要进行成人学习的潜在“客户”，包括弱势群体、特殊群体、老年人、在职学习者、重新进入某个专业的工作者、失业者等。横向的上方一栏中，展示的是成人学习的内容，下方一栏展示的是成人进行学习的方法以及形式。此外，图中的四个角落表示的是成人进行学习时可能涉及的四个方面，包括参与的专家、需求的满足、目标的设定和办学机构的选择。成人学习工作者的“服务市场”主要展示的是成人学习的提供者以及其所提供的学习教育服务内容。而被笔者称为成人学习工作者的“学习市场”使用类似模型描述了成人学习工作者进行专业学习与发展的环境。

构建成人学习工作者的“学习市场”的预设就是，成人学习工作者所处的生活和工作环境会为其提供学习的机会。研究显示，大多数的欧洲国家都提供相关的成人学习的教育项目，而且许多国家都有大学与成人学习机构合作的例子，这种合作机制的优势在于能够达到将教育实践与理论知识相统一的目的。除了高等教育之外，社会上的一些成人学习协会、私人公司都为成人学习工作者提供短期的培训以帮忙其发展专业能力从而促进其持续专业化发展。成人学习工作者的“学习市场”如图 3.2 所示。

专　家	**内　　容** 相关学科培训、教育与培训方法、 先进的科技技术、培训师能力、交流能力、 课程开发能力、评估以及评价的能力等		**需　求**
供给/提供 通过教师 培训学院、 雇主、 社会组织、 私人机构、 教育研究机构、 大学、 教育协会 以及团体	**供给/提供** 培训 辅导 监督 指导 项目资料 咨询 开放以及远程教育 虚拟学习环境 课件 已经获得能力的认定 **供给/提供**	**需求** 岗前培训 培训工作的介绍 新晋合格员工培训 在职培训 职业发展 组织重构 重新受教育 个人发展 专家化 特殊技能培训 **需求**	**需　求** 新入行的教育 工作者以及 培训师、 重新进入行业 的从业者、 持续专业发展、 公司、 工会、 协会以及 群体等
办学机构	课程、研讨会、培训课程、口头表述、活动、 小组工作、学习小组、项目学习、作业、激励等 **方法/形式**		**目　标**

图 3.2　成人学习工作者的“学习市场”

如图 3.2 所示，成人学习工作者可以通过培训学院、雇主、社会组织、私人机构、大学、专业组织等机构进行教育培训。教育培训的需求包括岗前培训、在职培训、个人发展等方面，这些需求可通过培训、辅导、咨询以及对已获得能力的认定等方式实现。

成人学习工作者"服务市场"与"学习市场"的构建，有助于对成人学习者工作环境与专业发展环境的全面的理解，基于此，可以进一步分析其在这"两个市场"中所要具备的能力。

二、 成人学习工作者能力档案的构建与运用

（一）成人学习工作者活动领域与能力档案

近些年来，欧盟针对成人学习领域的研究具有很强的多样性特征，研究包括以不同的成人学习工作者为研究对象、研究成人学习的不同课程、研究成为成人学习工作者的不同的专业途径、研究成人学习工作者不同的雇佣状态以及在这领域工作所需要的能力等等。这些研究的多样性为整体发展这个领域以及发展这个专业带来了一定的难度。为了在一定程度上解决研究多样性的问题，界定成人学习专业工作人员的共同的工作内涵以及从事他们核心活动所需要的核心技能成为了研究的关键。2010 年，欧盟研究发布了欧盟国家成人学习工作者的一套能力档案，通过能力定义、能力模型建立以及能力评估三个步骤构建能力标准体系。提出在欧盟环境下成人教育工作者 7 大综合能力以及 12 大特定能力的标准要求。其中，定义成人学习工作者的工作活动是界定其能力档案的基础。成人学习工作者的工作活动全貌如图 3.3 所示。

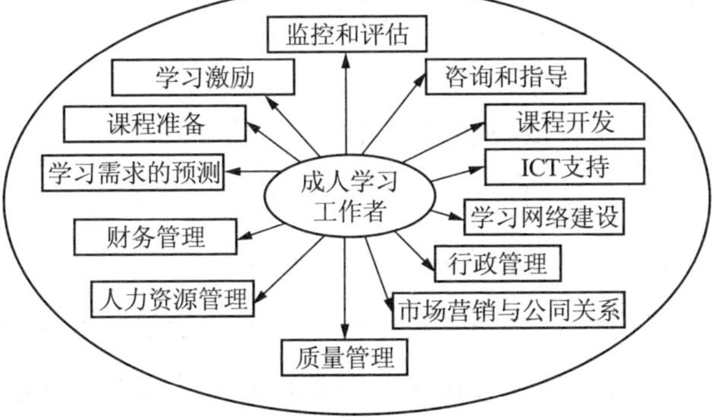

图 3.3 成人学习专业工作者活动全貌

此外，分析成人学习工作者在什么样的工作情境中提供教育服务很有必要。这将影响到准确地定义该名成人学习工作者所需要的能力以及对这些能力的重要程度进行排序。可以通过回答以下四组问题对成人学习工作者所处的工作情境进行描绘。第一，学习者是谁？提供教育培训服务的是谁？第二，是否已经有现成的培训项目？是由谁开发了这培训项目？第三，所在机构的组织架构是什么样的？员工的入职标准是什么？第四，所在机构的发展目标是什么？是否有员工持续专业发展的政策？在明确了工作情境与活动全貌的基础上，就可以分析成人学习工作者所需要具备的能力。

为了获得欧洲成人学习工作者的能力档案，实施的研究方法主要分为三步：第一，能力定义。对各类有关成人学习工作者的综合职责、任务、责任、角色及工作环境的资料进行整合、编辑，以定义其所需的相关知识、技能和态度。这些都是在欧洲范围内已有的能力档案、工作描述、教育培训项目和学术文献的基础上进行的；第二，能力建模。在编辑好的相关资料的基础上，开发出一个完整的成人学习工作者能力档案。这部分的工作由欧洲各国的专家和利益相关者来完成；第三，能力评估。检测这一套核心能力档案是否完整、连贯并且是否对行业、工作者及其他利益相关者适用。这个步骤主要通过在各国召开专家咨询会议的方法来进行。成人学习专业工作者 7 项综合能力以及 12 项特定能力见图 3.4。

成人教育工作者核心能力的界定主要是基于两个维度，即其工作的情境和其工作活动的全貌。这种界定方式打破了传统的根据工作场所的不同对成人教育工作者进行分类，进而分别提炼出各类工作者（如培训师、社区教育工作者等）所需能力方法的禁锢。而选择通过具体的、不同的工作情境对成人教育工作者的主要活动进行概括，再基于概括所得的活动全貌来界定成人教育工作者所需要的能力。这种方式一

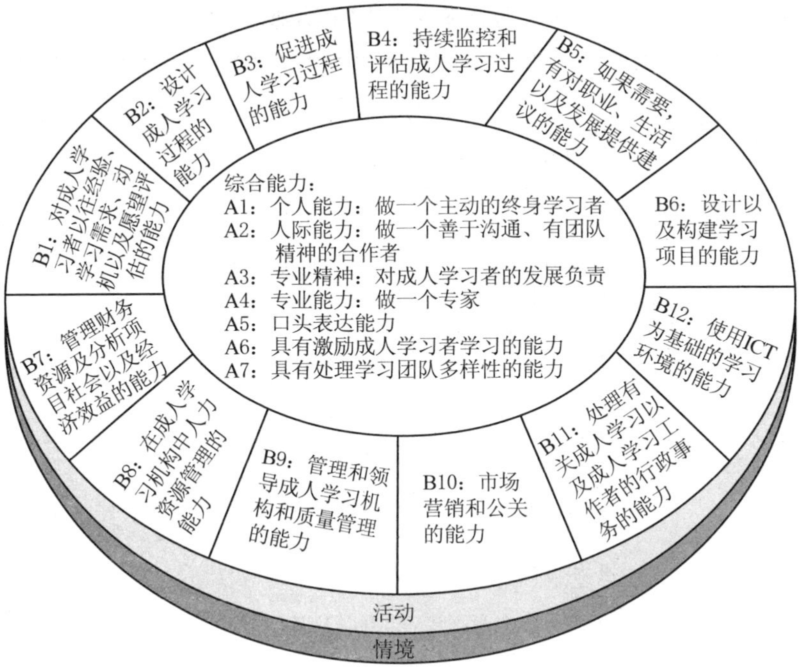

图 3.4　成人学习专业工作者核心能力档案

方面能够较为全面地、准确地界定成人教育工作者所需的能力；另一方面也巧妙地回避了成人教育工作者多样性以及难以全面分类的特点，更具有实际操作性。这个框架是为欧盟国家提供一个参考的框架以服务各国自主制定与开发相关的专业标准。表 3.2 是欧盟研究的成人学习工作者能力档案的细化展示。

（二）能力档案的解读——与其他教育工作者的异同

成人学习领域与其他的教育和培训领域有着紧密的联系，如职业教育与高等教育，有很大一部分在成人教育领域工作的专业工作者也同样在其他教育和培训领域中服务。正是因为成人学习领域与其他教育培训领域存在着重合，其工作者所需要的能力也是存在着一定的相似之处。与此同时，有一些能力要求（如行政支持、管理等）也并不是特别针对成人学习领域的。

表 3.2　欧洲成人学习工作者能力档案

A:综合能力	
A1:有对自身的实践进行系统反思、学习以及个人发展的能力:**做一个完全主动的终身学习者**	**知识:** ● 知道机构中自己的角色 ● 知道如何对自身专业实践进一步开发的知识 **技能:** ● 能进行自我反思 ● 能对自身专业实践进行批判性思考 ● 能评估自身的学习需求 ● 能管理自身的学习过程 ● 能组织自身的工作与实践 **态度:** ● 真实一致地表达自己的观点 ● 对自身的专业发展有兴趣
A2:有与成人学习者、同事以及其他行动者沟通以及合作的能力:**做一个沟通者及合作者**	**知识:** ● 知道如何与成人学习者、同事以及其他行动者建立信任关系 ● 知道相关的沟通技巧 **技能:** ● 能与成人学习者、同事以及其他行动者进行沟通 ● 能在团队中工作 ● 能与他人交换知识与经验 ● 能定义问题并且寻找解决方案 ● 能提供以及接受成人学习者、同事以及其他行动者反馈意见 ● 能运用反馈意见提升自己的专业实践 **态度:** ● 正直 ● 尊重他人不同的背景 ● 以积极的态度面对合作
A3:有关注以及为成人学习负责的能力,无论成人学习发生在哪一个层次(机构、部门以及社会等):**为成人学习的进一步发展负责**	**知识:** ● 知道所工作的机构中的制度化设置 ● 知道机构、部门的角色以及人物,知道专业在社会以及在欧洲终身学习情境中的角色 **技能:** ● 能对机构、部门以及专业的发展负责 ● 能参与到社会变动中并影响专业以及机构的变革 ● 能参与人际网络 ● 能与行动者交流、协商以及寻找问题的解决方法 **态度:** ● 对自己的专业忠诚 ● 坦然面对变化 ● 积极寻找解决问题的方法 ● 关注成人学习的各个社会维度 ● 关注成人学习的可能的政策以及宗教维度

续表

A:综合能力	
A4:有运用自己专长以及可利用学习资源的能力:**做一个在学习和实践领域的专家**	**知识:** ● 知道学习以及实践领域的知识 ● 知道自己领域学术的近期发展 ● 知道如何运用成人学习者所带来的学习资源 ● 知道如何运用学习资源,包括促进成人进行自主学习 **技能:** ● 能收集正确的学习资源 ● 能选择以及协调学习资源以符合个体成人学习者及小组学习 ● 能运用成人学习者所带来的学习资源 ● 能激励成人学习者运用其建议的学习资源进行独立学习 **态度:** ● 关注自身专业领域的近期发展 ● 对新的学习资源有开放的心态 ● 对如何促进成人学习者独立学习的资源选择上表现出创新精神
A5:有运用各种不同学习方式、方法以及技术(包括新媒体等)对这些方式、方法以及技术进行评判性评价的能力:**有能力在进行成人学习工作时运用不同的学习方式、方法以及技术**	**知识:** ● 知道运用与成人学习者学习过程相关的学习方式、方法 ● 知道运用与成人学习者学习过程相关的学习技术(ICT,新媒体、社交网络) ● 知道新媒体以及其他可能的支持学习过程的新开发技术 **技能:** ● 能运用学习方法支持成人的学习过程 ● 能运用学习风格支持成人的学习过程 ● 能运用学习技术,包括新媒体、ICT 等支持成人的学习过程 ● 能根据个体学习者以及学习群体调整不同的指导学习过程的方法 **态度:** ● 自信运用不同的学习方法、方式以及技术 ● 有积极并且评判性的视角对待方法、方式以及技术的新进展 ● 对新的科技变化有开放的接受心态 ● 对在学习过程中运用不同的方法、方式以及技术激励成人学习者有着创新的精神 ● 有批判并且自审的态度对待各类信息并且对各类信息的使用负责
A6:有能够使成人学习者学习并且支持他们自己发展的能力,促进他们成为一个完全的终身学习者:**成为一个促动者**	**知识:** ● 知道运用方法以及技术去激励、促动成人学习者学习以及开发自身 ● 知道成人学习者的不同文化背景 **技能:** ● 能激励、促动成人学习者 ● 能在一个广泛的层面与学习者沟通与学习过程相关的内容 ● 能把日常生活带入学习中 **态度:** ● 具有同理心 ● 对成人学习者有启示鼓舞作用

续表

A:综合能力	
A7:有处理学习小组成员背景、学习需求、动机以及以往经验的多样性的能力:**有处理学习小组多样性的能力**	**知识:** ● 知道学习小组中多样性的价值 ● 知道成人的人力资源开发的阶段 ● 知道处理小组的动态关系 ● 知道如何处理可能的矛盾处境 **技能:** ● 能意识到背景的多样性 ● 能意识到多样性的价值 ● 能处理多样性 ● 能分析不同的行为 ● 能意识到问题以及可能的冲突 ● 能战略性防止或管理这些冲突 **态度:** ● 可靠 ● 保持一致 ● 可以被信任 ● 尊重不同背景的学习者
特定能力	
B1:有评估成人学习者以往经验、分析学习需求、动机以及愿望的能力:**能分析成人学习者的学习需求**	**知识:** ● 知道运用评估技术 ● 知道人力资源开发相关知识 ● 知道成人学习者的相关文化、社会以及宗教背景以便理解成人学习者的学习发展需求以及动机 **技能:** ● 能运用大量的评估技术 ● 能将成人学习者的以往经验以及知识运用于学习过程使得学习者能够自主学习 ● 能认真倾听 ● 能评估非语言的交流 ● 能处理可能的语言上的困难以及其他的不利因素 ● 能运用大量的教学策略 **态度:** ● 对成人学习者的动机研究保持兴趣 ● 对成人学习者所带来的知识、技能以及经验保持开放的心态 ● 关注成人学习者的生活以及背景,并把这些作为成人学习者的学习资源
B2:能为成人学习过程选择合适的学习方式以及教学方法:**有能力设计成人学习过程**	**知识:** ● 知道大量的能够运用于成人学习过程的学习方式与教学方法 ● 知道如何设计课程 **技能:** ● 能在学习过程中运用学习方式以及教学方法 ● 能将学习目标转化到学习过程中 ● 能根据个体学习者以及群体学习者的需求调整学习过程 **态度:** ● 有创造性 ● 对学习过程中新的策略和变化保证开放接受心态

续表

特定能力	
B3：能促进成人学习者的学习过程：**成为成人学习者自身发展的促动者**	**知识：** ● 知道成人开发以及人力资源开发的相关知识 ● 知道不同的教学方法 ● 知道不同的学习方式 ● 知道不同的技术，包括 ICT 的知识等 **技能：** ● 能运用不同的方法 ● 能运用不同的方式 ● 能运用不同的技术 ● 能处理小组中成人学习者的多样性 ● 能指导和促进成人学习者独立学习 ● 能把日常生活带入学习中 ● 能协调成人学习者的学习过程和日常生活世界 ● 能通过提供情境化的任务与作业控制成人学习者的学习过程并且对成果进行评估 **态度：** ● 关注成人学习者的不同背景以及不同的学习习惯 ● 根据成人学习进程以及需求调整以及改变学习过程
B4：能持续监控和评估成人学习过程的能力：**成为成人学习过程的评估者**	**知识：** ● 知道不同的监控以及评估技术 ● 知道如何通过评估结果提升学习过程以及学习战略 **技能：** ● 能运用不同的技术 ● 能仔细倾听 ● 能对监控或者是评估的结果进行解读 **态度：** ● 自我反省 ● 愿意为进一步发展进行投资 ● 愿意提升学习过程以及战略
B5：如有需要，有对职业、生活以及发展提供建议的能力：**成为咨询师**	**知识：** ● 知道成人学习者的职业以及工作环境 ● 知道成人学习者人力资源开发的步骤 ● 知道如何运用测试 ● 知道提供专业帮助以及支持的组织 **技能：** ● 能为成人学习者的职业、工作、进一步开发以及相关的教育机会提供咨询 ● 能运用测试获得成人学习者的信息以及特征 ● 能知道哪些成人学习者需要专业帮助以及支持 **态度：** ● 愿意沟通 ● 可靠 ● 诚实 ● 能够与成人学习者建立信任关系 ● 尊重成人学习者的背景

续表

特定能力	
B6：有设计以及构建学习项目的能力：**成为项目开发者**	**知识：** ● 知道如何将全面的课程设计、成人学习理论、资源以及方法运用到学习项目的传授中 ● 知道全面的评估技术 **技能：** ● 能根据相关的成人学习理论以及成人学习者的需求来设计以及构建学习项目 ● 能运用评估技术 ● 能指导成人学习工作者使用该学习项目 **态度：** ● 关注灵活学习项目的需求 ● 调整学习项目以适用于成人学习者的状况 ● 关注其他将与该项目合作的人
B7：能管理成人学习机构中的人力资源：**成为一个管理者**	**知识：** ● 知道成人学习领域的人力资源管理、选拔以及招聘政策以及实践 ● 知道团队构建的相关知识 ● 知道评估的技术 ● 知道员工持续专业发展的相关知识 **技能：** ● 能评估员工的工作以及能力 ● 能理解小组的进展以及员工的肢体语言 ● 能构建团队 ● 能选拔合适的员工 ● 能领导他人 **态度：** ● 具有权威 ● 可靠 ● 关注个体行为、小组过程以及人力资源开发
B9：有管理以及领导成人学习机构的能力：**成为一个整体的管理者**	**知识：** ● 知道组织以及机构的组织规则 ● 知道质量管理以及相关的政策 **技能：** ● 能规划以及维护机构的使命 ● 能根据机构的使命管理以及领导机构 ● 能实施组织过程以及质量管理系统 ● 能理解社会以及成人的学习需求以调整机构的发展目标 **态度：** ● 权威 ● 关注这个领域的特征 ● 领导力 ● 开放的心态 ● 关注机构所处领域的政治情境

续表

特定能力	
B10：有市场营销以及处理公共关系的能力：**能够达到目标群体并且促进机构发展**	**知识：** ● 知道公共关系和市场营销等方面的知识 ● 知道目标群体的特征 ● 知道行动者 **技能：** ● 能运用不同的公关以及市场营销战略 ● 能发现新的项目以及方向的机会 ● 能与行动者以及相关组织进行沟通 **态度：** ● 对新的机会、可能性以及发展敏感 ● 能在一个大的情境下批判性地评估机构的角色 ● 善于沟通 ● 关注政治细微的变化
B11：有处理有关成人学习者以及成人学习工作者行政事务的能力：**能为相关行政事务提供支持**	**知识：** ● 知道行政事务相关的系统、项目以及软件使用 ● 知道机构的责任义务 **技能：** ● 能使用行政事务的相关系统、项目以及软件 ● 能处理行政工作 ● 能处理提出的以及潜在的成人学习者以及成人学习工作者的要求 **态度：** ● 严谨精确地处理行政工作 ● 友好地、合作地处理问题以及要求
B12：促动以 ICT 为基础的学习环境并且支持成人学习工作者以及成人学习者运用 ICT 技术：**成人 ICT 促动者**	**知识：** ● 知道 ICT 的设计以及基于 ICT 的学习环境的特征 ● 知道 ICT 学习环境以及相关支持软件的运用 **技能：** ● 能设计以及促进基于 ICT 的学习环境 ● 能支持成人学习者在基于 ICT 的学习环境中学习 ● 能评估学习环境的有效性 **态度：** ● 关注成人学习者在基于 ICT 学习环境中的行为 ● 批判性地思考 ICT 的运用以及 ICT 的运用对成人学习者以及成人学习工作者的行为所带来的影响

其中，成人学习工作者所需要的能力与其他教育领域工作者所需要的能力最重要的重合点体现在以下两个方面：第一，专业主义。如上表所示，A1、A2、A3这三个部分的能力要求都描述了一种对自身专业实践的专业态度。因此，这三个部分所描绘的能力要求与其他教育领域的能力要求并无差异。第二，管理与支持：B7—B12不论是在成人学习机构还是在其他教育培训机构中担任管理者，都有些相似的职责以及义务。这些能力要求的不同主要是取决于该教育培训机构的大小而并非是属于哪一种教育类型。

除了以上的一些相似点，还是存在一些成人学习工作者所需要具备的特定的能力。其中最重要的影响因素有两点：第一，成人学习群体的多样性；第二，需要使用各种不同的教学方法。成人学习工作者常常要面对的是成人学习者的多样性，各类成人目标群体有着完全不同的教育背景、社会背景、家庭背景、收入情况、雇佣状态以及宗教信仰等。除了不同的目标群体外，教学方法也存在着极大的不同。成人学习关注的是通过学习者为中心的方式鼓励成人学习者参与学习并且提升他们的表现与工作成果。因此，无论是考虑成人教育项目还是评估他们的学习成果，都是把成人学习者放在中心。这个重点关注的不仅仅是提供学习的手段，更重要的是为学习者提供一个更广泛的学习概念，这个概念包括注重激励学习者、促进学习者的转变，而不是对其进行塑造。具体来说，可以为学习者提供一个适合的学习环境、加强积极的学习态度以及鼓励提高独立学习的技巧等。此外，在学习过程中，提倡成人学习工作者使用不同的教学方法以照顾到学习者不同的需求。

在欧盟所提出的成人学习专业工作者的能力中以下6类能力具有很显著的成人学习特征：

A5：针对成人学习者的教学能力。当然在其他教育领域的教育工作者同样也需要相关的教学能力。但是，这里提到的教学能力是将不同的教育方法运用到不同的成人学习者身上，并且关注自我导向学习和指导。

A6：使成人学习者能够自主学习。激励学习者使得其学习过程与其日常实践相结合以及在学习过程中考虑成人学习者的先前经验和专业特点。

A7：有能力处理学习小组中的多样性和多元化。成人学习工作者同样常常需要面对他们的成人学生多样化的背景。拥有不同工作、生活经验与教育背景的成人组成的学习小组很有可能出现一些冲突与分歧，因此，成人学习工作者要有能力处理小组学习中的多样性特征。

B1：评估先前经验和需求。在其他各级各类教育中，学习者的需求以及先前经验是已知的。但是成人学习却不同，因为成人学习者将他们大量的生活以及工作经验带入学习过程。因此，成人学习工作者必须要有能力评估学习者先前经验并构建一个与此相关的学习策略。

B3：促进学习过程。与其他各级各类教育不同，成人学习表现出很明显的成人学习者导向特征。成人学习工作者需要具备相关的学习方法、方式以及技术能力，将其"应地制宜"地运用到不同的成人学习者身上。

B5：提供咨询以及建议。成人学习工作者不仅要提供新的知识与技能给成人学习者，还需要能够为其进一步的专业发展以及生活进步提供咨询与建议。

从以上的分析可以看出，在成人学习领域工作的从业者所需要的能力与在其他教育领域工作的从业者所需要的能力并不是脱离的。这个研究所呈现出的成人学习工作者所需的能力要求并不低于在其他教育领域的工作者的要求。

（三）能力档案的转化利用工具

开发了一套核心能力档案是基础，更重要的是要保证这个能力档案服务于成人学习领域的政策的制定与该领域总体服务质量的提升。一共有 19 个不同的工具可以用来提升成人学习领域员工的质量，并且可以在专业者、雇主、培训提供者、部门、国家以及欧盟等不同的层面进行利用，总结如表 3.3 所示。

表 3.3　能力档案的转化利用工具与利益相关者

序号	利益相关者 / 工具	专业者	雇主	培训提供者	部门	国家	欧盟
1	自我评估和评价						
2	选择培训课程						
3	行动研究和行动学习						
4	专业工作者网络						
5	专业协会						
6	同行学习						
7	劳动合约						
8	资格证书发展						
9	教育项目发展						
10	新员工培养						
11	能力评估						
12	继续专业发展						
13	机构自我评估						
14	开发机构认证标准						
15	实施标杆以及外部评估						
16	发展质量证书以及标准						
17	立法						
18	国家以及欧盟职业认证框架						
19	欧盟工具						

从上表可以看出两个主要的特征：第一，大多数工具可以在雇主(机构)层面被执行。因此，这些成人学习工作者的雇主(机构)在提升

员工的素质方面扮演着关键角色。第二，有一些工具涉及所有或几乎所有层次的利益相关者，例如搭建专业工作者网络和发展质量证书或质量标准。因而这些工具需要进一步综合协调和更加一致的举措来提升员工的素质。值得指出的是，该研究认为专业协会是转化、运用能力档案的工具。但是，本书更偏向认为专业协会是运用能力档案工具的利益相关者。

欧盟委员会所资助的研究项目提炼出了这套成人学习工作者的核心能力档案，并为不同的利益相关者提供了利用这套能力的各式各样的方式。可以看出，正是利益相关者决定了核心能力的使用的方式和目的。研究还发现欧洲各国有"将一套能力档案嵌入各层次政策制定过程中的趋势。"[7]此外，为了支持利益相关者，需要制定具体的传播策略从而将开发的一套能力档案引入公共领域的具体实践中。当能力档案在常规性政策中主流化后，随后要进行的就是传播过程，要鼓励利益相关者使用核心能力档案来制定政策并进行监督。扎里夫(Zarrif，2013)认为可以采取以下措施来进一步地利用这套能力档案和促进欧洲各国的成人学习工作者的专业发展。第一，传播能力档案。将开发出的这套能力档案分发给所有的利益相关者，从而展开大范围的关于成人学习工作者所需要能力的讨论。通过开放传单、开发网站、组织会议、在政策文件中提及各种核心能力等方式来实现。基于此，尽可能多的利益相关者可以进一步了解该套能力档案，并且从他们所处的特定情境出发来进行讨论。第二，反馈信息收集。监控执行能力档案的过程和收集所有部门层面的利益相关者的反馈信息。通过这种方式，可以评估能力档案的可行性和吸引力。尤其需要征求那些向成人教育从业者提供教育项目的机构的意见。第三，关注与各国现行惯例中的重合。这套能力档案是在现行惯例的基础上发展起来的。其中的一些元素也被包括在其他国家/部门/组织的能力要求概要中。欧洲各国可以将该套能力档案和现行惯例进行比对，可以标记出重叠与差异，进一步开展有关哪些能力是成员国所渴求的、被需要和要求的相关讨论。另外，这也可以使得本国现行惯例在欧洲更有可比性。第四，认可最佳实践。认可成员国之间使用和传播核心能力标准的最佳实践。认可最佳实践并传播它们可以鼓励其他国家也来利用核心能力档案。第五，提供财政支持。为测验不同情境下的核心能力开展、筹划与核心能力相关的培训课程提供财政支持。建立实践共同体，开展与核心竞争力相关的培训项目，交流意见，测验不同情况下跨部门的核心能力标准，这些活动需要有财政支持才能得以进行。

三、 成人学习工作者的能力认定

认定（validation）指的是一个过程，在这个过程中定义、评估以及认可专业工作者在正式、非正式以及非正规环境中所需要以及获得的知识、技能以及能力（Sava, 2009）。在大多数的情况下，成人学习工作者为成人学习工作做出了巨大的贡献，但同时他们也正处于非常不稳定的状态中，他们在相关教育机构中往往扮演着多重角色，需要面临来自多方面的压力和复杂的环境。这些复杂的情况和综合的压力不仅仅是来自成人学习者以及学习内容需求的多样性，同样也来自成人学习日益提高的质量保障的需求（Nuissl, 2009）。为了应对不同角色工作的要求，成人学习工作者不仅需要进行深入的教育与培训，同时他们也需要证明自己有能力应对成人学习的各种任务。成人学习工作者在正规教育之外所获得的能力（如通过工作经验、参与社会培训等）也需要有合法的方式进行认定。

（一）欧洲政策中能力认定

2004年，欧洲委员会通过了非正式/非正规学习能力认定的基本原则。基于这些原则并配合长期的经验与实践，欧洲职业培训发展中心(CEDEFOP)于2009年在欧洲开始推行“欧洲非正式/非正规学习能力认定指导方针”,其中包括十项具体建议[8]:(1)能力认定应该被视为国家学历认定系统的一部分,应该制定明确的认定流程,与国家认定系统相一致;(2)必须建立认定结果与正规教育文凭间的互通转换系统;(3)能力认定的结果既是一种标准,也是能力发展的参考;(4)个体(学习者)是能力认定进程中的核心,他们应该能在有需要的时候获得相应的指导,并能主动地参与认定过程的讨论,同时进行自我评价、反思等活动;(5)由于能力认定的过程及其结果可能涉及个人的态度等敏感内容,因此伦理问题需要被首先考虑,相关的个人信息也必须得到保护;(6)有效的评估通常需要整合多种评价技术,因此采用多技术整合的评估工具包是认定的核心原则;(7)保证认定结果的正确性和有效性是树立认定过程信誉的关键;(8)应该对采用能力认定后的经济收益进行财政数据上的分析;(9)对于一些目前尚没有能力为非正式学习/非正规学习能力认定建立大型数据库的国家,可以建议其首先从小型项目开发开始;(10)对于管理和执行认定人员的指导与培训是促进此项工作专业发展的必要保证。

为了使认定过程能够顺利实施,欧洲职业培训发展中心的报告提出了一些进行能力认定的基本原则[9]:为认定的实施与操作提供足够的资源与支持,为实施认定的工作人员提供足够的培训,在设计相关预调查的时候尽可能进行全局性的考虑,要在相关利益人、利益团体间建立起良好的合作关系,要向相关企业公司展示能力认定能够为他们带来的利益,加强对非正式/非正规学习能力认定概念的理解,提供更清晰的认定过程信息。

2009年,欧洲职业培训发展中心的报告(CEDEFOP, 2009)指出,对正规、非正规以及非正式的学习的认定正越来越多地受到包括政策制定者、专业团体、雇主等相关人员的关注,这被认为是一种具有可操作性的但又有别于正规证书评价的认证方式，也是用以进一步理解终身学习核心理念的重要途径。能力认定被认为是一种用以帮助个体反映他们自己所学知识，了解自身能力与成就的具体方式，并以最终强化个人实力、促进个体发展为目标。[10]在新的教育、培训及雇用系统中，能力认定已被证明是与正规的证书系统最为接近的系统，并且在服务处境不利人群方面更具有开发的潜力。认定通过衡量个体的潜在能力、促进个体的能力发展以及展示能力发展所带来的优势，促进人们更多地投入学习过程。有学者认为这是一种用来满足专业标准的快捷便宜通道，也有学者(Bjornavold, 2000)的调查发现，当正规学习无法达成预想目标时，能力认定就成了可以用来替代的促进个体专业化的正确之路。

（二）成人学习工作者能力认定工具

目前欧洲关于成人学习工作者的认定的研究为正规证书途径的专业标准认证提供了另一种可能。罗马尼亚成人教育研究院(IREA)和德国成人教育研究院(DIE)联合欧洲其他相关研究机构，在全欧洲针对有关成人学习工作者能力认定方面展开了合作研究，开发出的认定工具受到了欧洲范围内的认可和尝试实践。欧洲主要的两个涉及成人学习工作者能力认定的研究是 VINPEC 项目和 Flexi-path 项目。第一个开发有关成人学习工作者能力认定的工具是“认定包”(Validpack)。这个能力工具是由欧洲项目 VINEPAC 开发的。“认定包”的使用主要分三个步骤:第一，自我评估，即通过思维图以及标准化评估表格帮助个体来反映以及记录其学习自传以及已获得的能力;第二，外部评估(为了增加认定的客观性)，即外部评估通过与被访者的访谈以及 3 小时的教学观察来进行评估。评估专家将结果记录在一个标准化的评估表格中，并且撰写一个整体的描述性评估。第三，合并，成人学习工作者和评估专家针对自我评估和外部评估的结果进行比较和讨论，若有不同的意见，应当进一步说明以达到统一的结果。这个合并过程的结果将记录在最终标准化的评估表格中并且由成人学习工作者和评估者签名（如图 3.5 所示）。

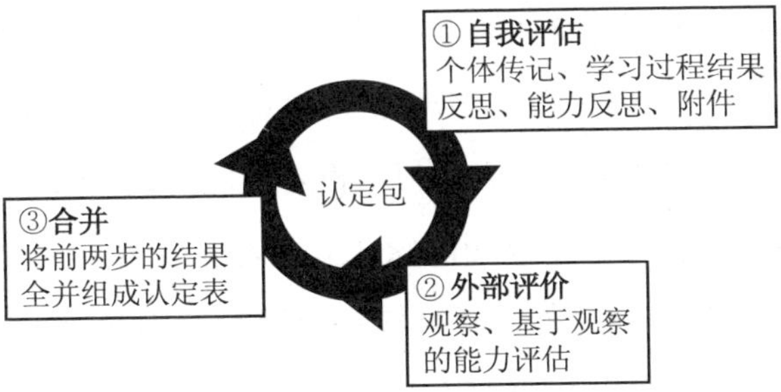

图 3.5　认定包的使用流程

VINEPAC 项目主要关注的是成人学习工作者的教学能力的认定。这个"认定包"工具在原则上可以用来获得一个正式的国家资格认证。但是，首要的前提是国家需要有一个权威机构有能力来颁发类似的资格。其次，该权威机构需要认可这个"认定包"工具及其提出的能力要求的档案。事实上，在目前阶段，这两个重要的前提在很多国家还实现不了。值得指出的是，"认定包"不仅仅是一个自我评估的主要工具，而且还是未来欧洲范围内成人学习工作者能力认定的重要参考。[11]

如果说 VINEPAC 项目是为成人学习工作者的能力认定提供的一个初步的构想与方法，那么走向专业化的"灵活路径"(Felxi-path)就更近一步地、较为系统地规划了成人学习工作者的能力认定内容与模型。Flexi-path 是一个服务于欧洲层面的成人学习工作专业化途径的研究项目，研究对象是在成人学习领域有经验的高水平人才。他们在成人学习领域中主要"通过工作经验而不是通过专业学习而获得专业声望"。[12] Felxi-path 的主要目的包括[13]：第一，是为了增强成人学习工作者在非正式以及非正规场所学习所获得的能力的认可度并且对其获得的能力进行的质量评估；第二是为了促进成人学习工作者资格在欧洲范围内的透明度、可比性以及流动性。这个项目将帮助成人学习工作者提升相关知识以及技能，并且能够有能力计划进一步的专业发展。Fliexi-path 主要有特征如下：(1)来源于欧洲资格框架，能够将国家级别的认证等级转移到一个普遍的欧洲标准；(2)注重定义欧洲资格框架中等级六到等级七的成人学习工作者的能力；(3)这个专业化途径的首要任务是分析在各个欧洲国家成人学习工作者所需要的知识、技能以及态度，然后将这些能力整合成一个欧洲范围的要求；(4)这个专业化途径的主要目的是发展具有高透明度和可比性的专业化建设，并且加强成人学习工作者在欧洲劳动力市场的流动度。

Flexi-path 是一个过程，这个过程将基于一个工具，这个工具能够帮助它的使用者展示出他们在成人学习领域的基于工作的能力，而不是单独评估他们的知识基础或特定技术。Flexi-path 由欧洲范围内的成人学习专家开发，是为了给在成人教育领域相对较高层次的工作者提供一个标准化的方式来评估其能力。Flexi-path 提供分步骤的方法来分析工作者负责的专业情境，并就在情境中展示其所具备的能力。Flexi-path 构建了一个成人教育工作者的能力框架。在这个框架，能力被分为三个类型：与学习相关的能力、与人相关的能力和与实践相关的能力。每一个类型中的能力又被分为了 11 个项目，每一个项目中都有针对 EQF 等级六和等级七的描述。成人教育工作者可以根据相应的描述来对自己不同类型、不同项目、不同等级的能力进行判断，评估是否具备了对应的能力。成人教育工作者根据能力框架进行评估后形成 Flexi-path“文件袋”(portfolio)。该“文件袋”将使得工作者的工作经验得到认定并能展示出个人简介及面试无法显示出的个人能力。

具体来说，Flexi-path 认定工具的使用主要分为 5 个阶段(如图 3.6 所示)。

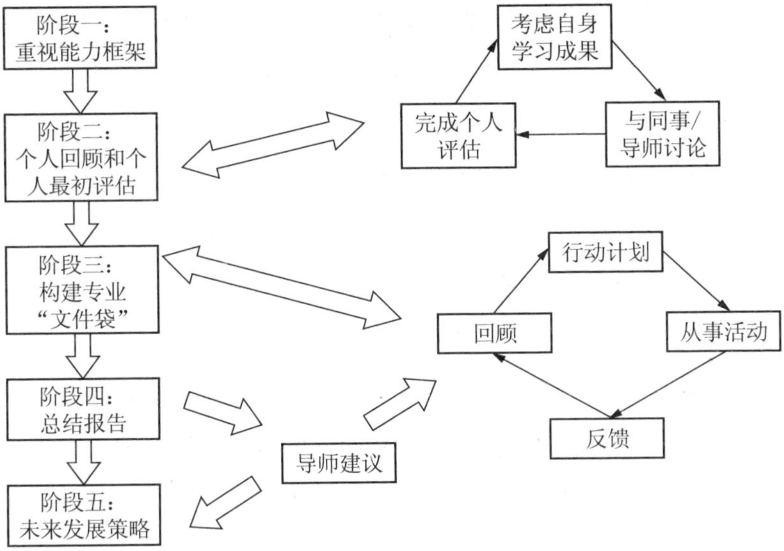

图 3.6　Flexi-path 工具的使用流程

总的来说，这两个能力认定工具的开发为成人教育工作者的自我评估与认证提供了具体的操作方法。Validpack 开发的目的主要是基于国家层面的，有赖于国家的资格认证框架以及国家权威机构对该工具的认可。使用的对象主要是从事“教学角色”的工作者。Flexi-path 的认定工具主要针对欧洲资格框架六级到七级的高级成人教育工作者，帮助他们对其基于工作的能力进行认定，其目的还包括增强从业者在欧洲范围内的流动度。

第三节　欧盟研究重点小结

欧盟在超国家层面对成人学习工作者专业化建设的研究对欧洲各国的研究有着引领性的作用，特别是在能力界定与能力认定方面的研究是具有创新性、突破性与可借鉴性的。总体来说，欧盟对成人学习工作者的专业化建设主要体现在以下几个方面。第一，关注成人学习工作者的“声音”。具体来说，包括要全面了解成人学习工作者的现状，包括其服务的“市场”与学习“市场”的理解。第二，界定与运用能力“档案”。通过工作情境与工作活动构建成人学习工作者的核心能力档案并且挖掘利用这个“档案”的工具与利用者。第三，开发能力认定工具。帮助成人学习者利于有效的认定工具，对自身的能力，特别是从非正规、非正式场所中获得的能力进行认定。

值得指出的是，超国家层面的发展视角对我国发展成人学习工作者专业化也有很大的启发。我国成人学习工作者专业化建设的进展较欧洲一些国家来说是相对落后的。我们可以借助与欧洲国家构建合作网络，共享教学培训资源，借鉴标准及资格认证体系，开放合作与咨询，在更广阔的国际平台中谋求助力。

注　释

[1] [法]保罗·朗格朗：《终身教育导论》，滕星等译，华夏出版社1988年版。

[2] European Commission, *Making a European Area of Lifelong Learning a Reality*, Commission of the European Communities, 2001.

[3] European Commission, *Adult Learning: It is Never too Late to Learn*, Commission of the European Communities, 2006.

[4] 杨平等：《欧盟终身学习政策与实践新进展》，《教育发展研究》2010年第17期，第83—87页。

[5] 报告有《成人学习专业在欧洲》(2008)、《成人学习工作者核心技能》(2010)等。

[6] Bert-Jan Buiskool et al., *Key Competences for Adult Learning Professionals: Contribution to the Development of a Reference Framework of Key Competences for Adult Learning Professionals*, Research voor Beleid, 2010.

[7] Bert-Jan Buiskool et al., *Key Competences for Adult Learning Professionals: Contribution to the Development of a Reference Framework of Key Competences for Adult Learning Professionals*, Research voor Beleid, 2010.

[8] CEDEFOP, “European Guidelines for Validating Non-formal and Informal Learn-

ing", www.cedefop.europa.eu, 2018-08-01.

[9] CEDEFOP, "European Guidelines for Validating Non-formal and Informal Learning", www.cedefop.europa.eu, 2018-08-01.

[10] Simona Sava and Raluca Lupou, "The Adult Educator in Europe: Professionalisation Challenges and the Alternative of Validation of Learning Outcomes", *Procedia-Social and Behavioral Sciences*, Vol.1, No.1, 2009, pp.2227—2232.

[11] Anne Strauch et al., eds., *Flexible Pathways Towards Professionalisation*, W. Bertelsmann Verlag, 2010.

[12] Boye Gooding, *Flexi-Path Toolkit: A Guide to Creating a Professional Protfolio to Demonstrate the High Level Competences of Adult Educators*, Editura Waldpress, 2010.

[13] 参见 Flexi-Path, http://www.flexi-path.eu/project.htm。

第四章 英国成人学习工作者专业化建设*

第一节 英国成人学习概述

英国是世界上最早开展成人教育的国家之一，早在18世纪，英国诺丁汉就成立了世界的第一所成人大学，素有“现代成人教育发源地”和“世界继续教育之乡”之称。英国成人教育有以下两大特征：第一，实行“全国体系，地方分权”的管理体制，保证地方实际需求。这种管理体制一方面能给予地方政府足够的自由来实施符合当地现状的成人教育，调动地方以及各方面的积极性和主动性；另一方面，也保证了国家对成人教育的宏观调控，便于各个地区、各级教育机构能保持经常性的联系与合作。第二，依靠、发挥各高等院校和民间组织的作用，护航成人教育发展。大学和民间组织成人办学的蓬勃发展不仅为英国政府减轻压力，更推动了英国成人教育多样化的发展。本部分将重点介绍英

* 当下，英国继续教育、终身学习、学习与技能领域正经历着翻天覆地的变化。曾经一度被大规模使用的继续教育领域和终身学习领域教师的资格认证体系受到质疑，甚至是取缔。因此，一定程度上说，“英国经验”正在被英国推翻。但是，笔者认为这些经验还是值得我们了解与借鉴。此外，笔者将在本章末对促使英国推翻这些“经验”的政府报告进行解读，以期带来一些思考。

国成人学习的法律与政策沿革以及成人学习的主要办学机构。

一、成人学习的政策与法律背景

英国是典型的民主法制国家。但是一直以来，英国并没有专门针对成人教育的立法，有关成人教育的法律法规散见在其他一些法律法规之中。例如，1944 年颁布的《教育法案》将成人教育确认为“一个重要的教育政策与手段”，并纳入有关条款之中。1957 年颁布的《继续教育条例》规定，政府服务的成人教育课程资助主要针对那些刚离开学校，需要在地方学院学习初级职业技能或商业知识的人。1964 的《工人训练法》和 1973 年的《就业与训练法》是针对成人职业培训方面的法案。这两个法律的颁布推动英国制定了一个国家培训政策，其基本目标包括把培训与广泛的经济和技术发展及需求联系起来、提高培训质量、使各公司较公平地承担培训费用等。1988 年颁布的《教育改革法案》第一次区分高等教育与继续教育的区别，并且界定了地方政府在义务教育阶段后教育的角色和责任，还将所有非高等教育领域的成人教育活动都纳入继续教育领域中。

20 世纪 90 年代以来，终身教育的理念席卷欧洲甚至全世界，“终身学习”“成人学习”等字眼以强有力的姿态进入了英国的政治议程。成人学习作为终身学习的重要部分得到了前所未有的重视。1998 年，英国政府制定了《学习时代》绿皮书，首次明确提出成人学习对个人、社会以及经济发展的重要性，作为第一部认可发展“后学校”教育培训领域重要性的政策文件揭开了英国成人学习的发展序幕。1999 年，英国政府颁布了《走向成功》白皮书，引入学习与技能委员会来资助在成人学习领域的教育培训活动。2000 年，英国政府出台了《学习与技能法案》，该法的目的是推动终身学习以及学习型社会的建设，提高国家竞争力。这部法律的出台使英国终身学习的推广有法可依，也对日后的相关法案的出台奠定了基础。2003—2007 年,英国政府又连续颁布了四部法案来促进成人学习领域的发展。2003 年的《21 世纪技能:挖掘我们的潜能》于 2003 年颁布,《技能:在我们工作和商业生活中获得》于 2005 年颁布,《世界一流技能:里奇技能报告的实施》以及《继续教育与培训法案》于 2007 年颁布。[1]

总的来说,英国这些法律政策的出台与实施实现的目标较为一致,主要通过为成人提供各项就业技能及其他社会生活的知识来促进英国经济、文化等各方面的发展。英国政府出台的成人学习相关法律与政策,在法律上确认了成人学习的地位和作用,规定了政府及各部门对成人学习应承担的责任与职责,保证成人学习的财政支持与经费来源,这些都将为促进成人学习的顺利发展提供保障。

二、 成人学习的分类

英国并没有独立、明确的"成人学习领域",成人学习和终身学习由多种多样的机构通过不同的场所进行。成人进行学习的主要场所包括第六学院(提供 16 岁以后的教育)、高等学院、继续教育学院(FECs)、成人和社区学习场所(ACL)、一系列公共和私人的场所(如社区中心、图书馆和博物馆、工作场所、工会、私人培训机构、一些志愿组织甚至监狱)等等。具体来说,英国成人学习主要分为以下几类。

1. 继续教育

继续教育学院是英国成人学习办学机构的重要组成部分。自 1992 年起,继续教育学院就不再受到当地政府的管制,而成为自主运作的机构。继续教育学院主要面向超过义务教育年龄(16 岁)的学生,提供全职和兼职的教育与培训。传统的继续教育学院主要向学生提供职业课程,而如今越来越多的继续教育学院已经扩展了办学范围,开始提供一般成人教育项目并呈现出不断拓展的趋势。在英格兰和威尔士，第六学院(sixth colleges)为16岁以上的学习者提供大量的全职的学术课程。高等学院(tertiary college)通常由继续教育学院和第六学院整合而成，承担着高级中学和继续教育学院的职责。总体来说，继续教育学院、第六学院、高等学院向成人提供传统的职业教育与培训(VET)课程和一般成人教育课程，有时候也与高等教育机构合作提供短期的高等教育课程。

2. 成人和社区学习

英国的成人和社区学习主要分为两类：第一，以就业为导向的学习，学习者进行这类学习的目的主要是获得相应的进入劳动力市场的证书。第二，是非证书类的休闲娱乐学习，学习者进行这类学习主要是为了个人和社区发展(PCDL)。近几年来，除了一些已经成立的成人教育中心，继续教育学院、社区中心和一些志愿组织等也开始提供成人和社区教育服务。例如，威尔士的继续教育学院就承担着大部分成人和社区学习的服务。北爱尔兰并没有独立的成人教育中心或者机构，成人教育有关的课程(包括学术的、职业的和休闲的课程)都是由北爱尔兰的16所继续教育学院提供。在苏格兰，政府将资金转移给32个当地政府机构，由这32个机构提供成人和社区学习服务。这32个当地政府机构共同构建成去区域性的社区学习战略联盟。

3. 高等教育

在英国，大学中的继续教育系(或者相似的院系)也为成人提供教育培训。终身学习大学协会(UALL)的报告称目前英国有超过60所高等教育机构为成人提供一系列的学习课程。[2]此外，英国的开放大学也为成人提供本科以及硕士层面的学历学位课程。

4. 远程教育

在英格兰和威尔士，产业大学(University for Industry)通过其供应商Learndirct提供继续教育课程。学习者可以在当地的教育中心或网络学习这些课程。开放大学及其他的一些高等教育机构通过远程方式为成人提供本科和硕士的课程。

第二节　英国继续教育领域(终身学习领域)改革历程

自20世纪90年代末以来,英国开始对继续教育领域进行改革[3],改革的核心目的是实现继续教育领域从业者的专业化。笔者将在本部分中介绍英国继续教育领域改革历程中的重大事件。

1997—1999年,英国教育与继续部(DfES)开始着手进行有关继续教育教师专业标准制定的广泛咨询。1999年,继续教育国家培训机构(FENTO)成立。FENTO是负责开发、质量认证和推广继续教育国家标准的国家培训组织,它的主要任务是制定英国继续教育领域的标准。FENTO由国家就业与技能部资助,其主要的工作是为从事继续教育工作的教师提供培训并授予资格证书。2001年,FENTO颁布了《在英格兰以及威尔士教学和支持学习的标准》,该标准为在继续教育领域从事教学与支持学习活动的从业者制定了一系列的专业标准。在此之前,继续教育领域的从业者并没有任何的专业标准。这个首创为继续教育领域的从业者的专业化建设开辟了道路。同年,国会通过了《2001年继续教育教师资格(英格兰)》,要求英格兰继续教育学院的全职教师拥有教师职前培训的资格。这个条例虽然只针对继续教育学院的教师,但是有关继续教育领域新教师培训资格体系初见雏形。

2002年,DfES发布了名为《全民成功:继续教育与培训之路》的报告,该报告提到要将提升16岁后成人的教育培训的质量作为继续教育的发展目标,并强调为了实现这一目标必须提高那些提供成人教育培训的工作者的质量。2003年,教育标准局Ofsted发布了名为《继续教育教师岗前培训》的报告,该报告指出:"目前继续教育教师的培训没有为他们的专业发展奠定一个良好的基础。尽管 FENTO 标准提供了一个基本的框架，但是没有清晰的定义新入职的教师需要具备哪些能力。”[4]这个报告的发布促使了政府新教师培训报告《为未来武装我们的教师》诞生。该报告于 2004 年由教育与技术部颁布，这份报告首次要求教师需要在岗前接受培训并获得相应资格，相应的资格由专业组织——学习中心(Institute for learning)授予。

终身学习组织(LLUK)及其辅助机构英国标准确认中心(Standards Verification UK)的职责是促进终身教育领域教师的专业发展。LLUK 是一个独立的、以雇主为导向的独立技能委员会。该组织由英国政府资助，是行业技能委员会之一(SSCs)。[5] 2007 年，LLUK 发布了《终身学习领域教师、导师以及培训师专业标准》，基于专业标准发展出一系列学习评估单元(unit of assessment)并构建了基于评估单元的资格证书框架。同年，《2007 年继续教育教师资格条例(英格兰)》和《2007 年继续教育教师持续专业发展和注册条例》出台，规定了所有继续教育教师(不仅仅局限于继续教育学院的教师)的岗前培训资格认证、强制持续专业发展等要求。这一系列的举措标志着英国终身领域教师专业资格框架真正确立起来。2011 年 4 月底，LLUK 停止运作，其职责和义务都移交至学习与技能提升服务中心(LSIS)。

2013 年是英国终身学习领域发生翻天覆地的改革的一年。终身学习领域教师资格证书体系被废除，强制的教师持续专业发展也被取消。新的基于英国资格与学分框架的资格证书体系 LSIS 于 2013 年 3 月开发。LSIS 是英国国家商业创新与技能部(BIS)的下属部门，其目的在于支持与促进英格兰地区继续教育与技能领域的发展。同年 8 月，LSIS 停止运作，教育与培训基金会成立。同样，教育与培训基金会也是由 BIS 资助的，其成立是为了雇主和专业者提供一个“包罗万象的机构”。但是，这个组织的成立被认为是为了实现政府对终身教育从业者专业化建设的“去规范化”(de-regulation)的载体。[6]

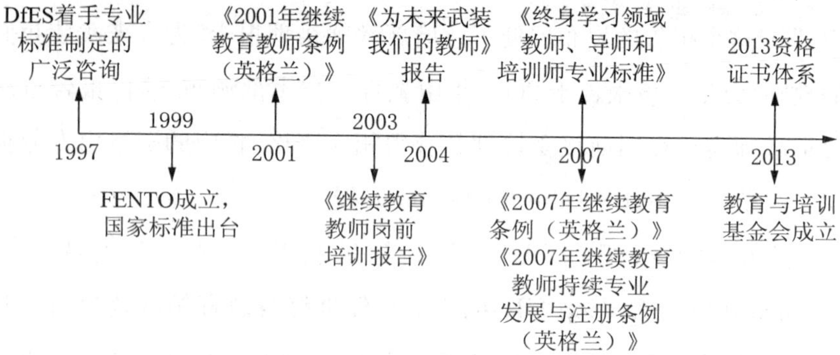

图 4.1　英国继续教育领域(终身学习领域)的改革历程

第三节　英国成人学习工作者专业标准

至 1997 年,英国有关成人学习工作者的专业标准主要有三类。第一,由英国继续教育国家培训组织(FENTO)制定的继续教育工作者教学与支持学习国家标准。第二,由英国终身学习组织(LLUK)制定的终身学习领域学习支持实践者国家职业标准。第三,同样由 LLUK 制定的终身学习领域的教师、导师以及培训师的专业标准。本节将分别对这三个专业标准进行解读。

一、继续教育工作者国家标准解读

英国继续教育国家培训组织是一个国家培训组织(FNTO),负责为英国的继续教育领域制定相关标准。FENTO 的主要任务之一就是开发继续教育领域的职业标准。职业标准的开发是基于在职业领域中从事的角色来构建的,例如教学、管理、学习支持等。FENTO 在继续教育领域所指定的职业标准包括了以下 6 类[7]:第一,教学与支持学习；第二，管理；第三，治理；第四，文员；第五，支持员工；第六，ICT 技术。FENTO 标准是英国第一个针对继续教育领域教学活动从业者制定的标准，对日后的相关标准的开发奠定了基础。下文将对教育与支持学习活动的从业者的国家标准进行解读。

《在英格兰以及威尔士教学和支持学习的标准》由 FENTO 于 1999 年颁布，2001 年生效，主要针对英格兰以及威尔士继续教育领域从事"学习与支持活动"角色的工作者，在成人学习领域被广泛使用。[8]这个标准通过广泛的咨询开发出来，咨询对象包括继续教育管理者、员工开发者和教师等。

这个标准主要包括以下三个部分[9]：

1. 专业知识以及理解

专业知识可以具体被细分为以下三种：(1)应用所有专业领域的广博知识；(2)关于每条标准的通用知识；(3)关于每条标准的必备知识。

2. 技能以及品质

"技能"可细分为：分析、评价、监控和回顾、计划、设立目标、管理时间、研究和学习、评判性自我反思、定义、解读以及运用特定知识于实践中、解决问题、创造性、决策能力、处理冲突、构建有效的工作关系、与他人有效合作、谈判与协商、管理人员与变革、呈现和传递信息等。"个人品质"可细分为：个人影响力、热情、自信、精力与坚持、可靠、适应性、思维的活跃性、诚实度、领悟力、奉献精神、对于学习者的学习过程与成果负责、现实性、对他人持开放包容的态度、接受不同的学习期望和学习风格等。

3. 教学的重点领域

包括以下 7 个重要的领域：(1)评估学习者的需求；(2)为群体和个体计划与准备教与学的项目；(3)开发和运用一系列的教学以及学习技术；(4)管理学习过程；(5)提供学习者支持；(6)评估学习成果；(7)反思和评价自己的表现并且计划未来的实践。

表 4.1 FENTO 标准的维度与通用知识要求

维　度	通 用 知 识
评估学习者的需求	评估学习困难者在内的所有学生的学习需求；掌握学生先前的学习经验与经验的信息；学生个体学习计划的需求；针对不同学习计划采取不同的学习计划；运用不同的培训方法和技术分析。
为群体和个体计划与准备教与学的项目	知道课程要求和学习项目的意义；学习的方法和相关学习策略；根据学习理论选择不同的教学方法；理解学习风格与学习成果之间的关系；区分个体学习与团队学习；知道学习者进入学习项目的潜在障碍并帮助其克服障碍。
开发和运用一系列的教学以及学习技术	理解学习理论及其如何影响教与学；知道如何根据学习理论选择合适的教学方法；运用不同的学习资料；评估的策略与方法；知道分析教学信息来修正未来的学习策略；知道评估学习项目的效率与效度。
管理学习过程	激励学习者的理论；构建和呈现信息和想法的方法；运用合适的媒介和语言形式呈现信息；不同的教学方法；组织的学习项目和可用资源；合理运用 ICT 技术；合理地将教学过程分段进行。
提供学习支持	知道在组织中的学习支持与指导的机会方法；将个体需求与可得到的机会相匹配；提供当地和国家范围内的有关教学、职业的以及个人发展机会的信息；知道运用 IC 系统为学习者提供指导支持服务；回顾过程以及行动机会的方法。
评估学习成果	知道运用公平的、有效的和可靠的评价系统；保障设计和实施评价过程的质量；确保评价过程是有条不紊的、连续的；确保学生理解评价的目的和特性；鼓励学生自我监督和记录他们的学习进展；在适当的时机，给学生提供有关学业成绩的明确而富有建设性的反馈意见，确保评价程序与组织的要求相一致。
反思和评价自己的表现并且计划未来的实践	知道组织的目标、政策以及其所提供服务的性质；运用合理的证据资源来评估自身的工作；根据工作要求来评估自身的经验；反思自身教学经验和学习者经验的方法；教育培训与开发领域最新的进展；组织的发展规划并参与决策决定的过程。

根据 FENTO 标准的 7 个维度和相关通用知识的解读，可以看出 FENTO 标准重视对教师传统专业知识的要求，即教学规划、教学实施和教学评价。这三个步骤一直以来是教学过程的重要“三部曲”，也是从事教学活动必须掌握的知识。

二、终身学习工作者专业标准解读

随着终身学习理念在欧洲的深入传播，英国也将对继续教育领域从业者的规范拓展到了终身学习领域。LLUK 将终身学习工作者分为三类角色：教师角色、学习支持角色以及教师相关角色。[10]其中教师角色又分为全教学角色与助理教学角色。全教学角色教师无论是兼职还是全职，都需对教学责任全权负责，要求教师具备专门的知识，具有课程实施、课程设计与开发以及课程创新的能力。助理教学教师无论是兼职还是全职都意味着教学责任显著少于全职教师。“此类教师不需要具备扩展知识、理解以及课程开发、课程创新和实施教学策略的能力。”[11]学习支持角色又分为通用学习支持角色和专门学习支持角色。[12]其中，担当通用角色的实践者需要终身学习各个领域广泛的知识和技能，并且能够为学习者的不同需求提供支持。担当专门学习支持角色的实践者需要在终身学习领域的某一个特定的领域有着专门的知识、理解与技能。实践者运用其专长提供专门的学习支持。教师相关的角色包括评估师、导师、管理者等。这些与教师相关的角色并没有承担教学的角色。在以上角色中，LLUK 为从事学习支持角色的工作

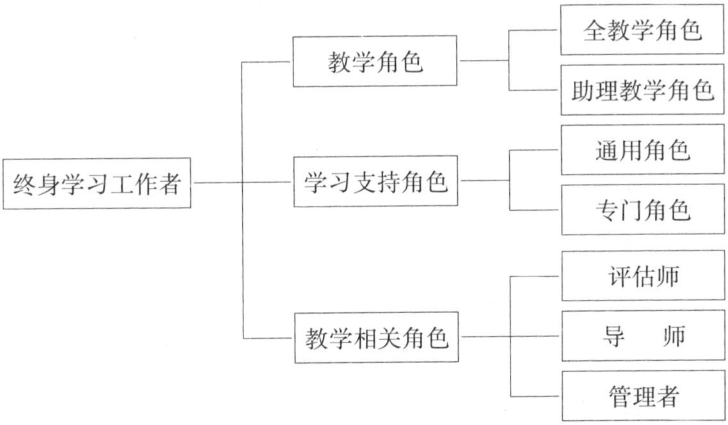

图 4.2　英国终身学习工作者的角色分类

者制定了国家职业标准，为从事教学角色的工作者制定了专业标准。在本部分中将主要介绍这两种标准的结构与内容。

（一）终身学习领域学习支持实践者职业标准

2007年，终身学习组织发布了终身学习领域学习支持实践者国家职业标准（NOS）。NOS描述了在终身教育领域提供学习支持的实践者所需要的技能、知识和理解力，制定这个标准是为了促进终身学习领域中提供学习支持服务的实践者的专业化，并为其提供一个自我衡量的标准。学习支持实践者是那些不直接参与教学活动的工作者，他们为教学活动提供支持，其中包括行政支持、技术支持等。[13]这个标准是欧洲第一个针对学习支持者这个经常被忽视的角色提出的专业标准，具有重要的创新突破意义。《学习支持实践者的角色描述》这份文件描述了学习支持实践者的六个主要职责：(1)为个体以及群体提供学习支持；(2)与他人合作提供学习支持；(3)促进学习者自主学习和自我负责；(4)促进学习者参与学习；(5)提升自我和组织的实践；(6)提供专门的学习支持。

NOS标准中分为A、B、C三种标准。标准A是为个体学习者和群体学习者提供学习支持。主要规定了终身学习工作者为个体和群体提供学习支持服务所需要的知识、理解和实践。标准A阐述了终身学习工作者的主要角色，即通过直接参与学习者的学习活动来满足学习者的需求以促进他们的学习。这个标准的重点在于要求学习支持工作者能够帮助学习者获得自主学习的意识并且能指引他们迈向独立学习。标准A重视终身学习工作者有关满足学习者文学、语言、识数以及ICT方面的需求的同时，也注重工作者自身在这些领域的技能的提高。

标准B是为学习支持提供计划和评估。主要细化了有关制定学习计划、实施学习活动计划、进行学习评估和学习支持成果评估所需要的知识、理解以及实践。这些活动将与学习者和其他同事一起完成，要求学习支持工作者能够帮助学习者成为计划和评估过程的核心，这个标准特别支持工作者使用个性化的方法帮助学习者进行学习。

标准C是提供专门领域的学习支持。主要为专门领域的终身学习工作者规定了特定一些领域的知识、理解以及实践。专家的角色相对于一般角色而言需要有一些额外的责任,这些额外的责任就要求专业的终身学习工作者能够提供有效的结合专门领域的学习支持。NOS的结构如图4.3所示。

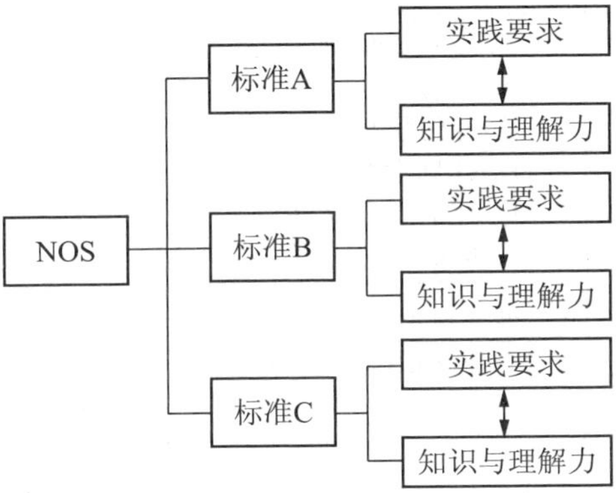

图4.3　NOS结构

(二) LLUK终身学习领域教师、导师及培训师专业标准

2007年,英国终身学习组织制定了终身学习领域从事“教学”角色的工作者的专业标准,即《在终身学习领域的教师、导师以及培训师的专业标准》。LLUK将终身学习工作者按照工作领域的不同,细分为以下几类人群:从事社区教育与学习的工作者,从事继续教育的工作者,从事图书馆管理、档案馆和信息服务的工作者。[14] LLUK标准适用于在以下机构中工作的实践者:继续教育学院、高级中学、专科学校、基于工作的学习机构、成人和社区学习服务机构、私人盈利培训机构。这个标准最大的优势在于,它获得了在终身学习领域的各个组织的认可。这些组织包括行业技能委员会、监管部门、雇主代表、工会、认证组织等。LLUK标准所受到的广泛认可意味着该标准的使用者可以有

足够的信心认为他们所运用的衡量标准在全英国是被普遍认可和接受的。LLUK 专业标准包含着三个维度，即等级、领域以及分类（如表 4.2 所示）。

表 4.2 LLUK 专业标准

等级	入门（获得在终身学习领域教学的准备资格认证） 助理教学教师（获得在终身学习领域教学的证书） 全教学教师（获得在终身学习领域教学的文凭）
领域	A. 专业价值观 B. 学与教 C. 专门学与教 D. 计划学习方案 E. 评估学习成果 F. 提供学习渠道和提升途径
分类	专业价值观 专业知识与理解力 专业实践

如上表所示，专业标准被分为了 6 个领域。其中第一个 A 领域，即专业价值，涵盖了其他 5 个领域中有关专业价值的内容。剩下领域（B 领域到 F 领域）主要涵盖的是各类专业活动的领域。在 A 领域中提及的专业价值还会在其他 5 个领域的相应部分再次被提及。从 B 领域到 F 领域，每一个领域中的专业标准都包括：第一，有关专业价值观的陈述；第二，有关承诺的陈述；第三，有关专业知识及理解的陈述；第四，有关专业实践的陈述。

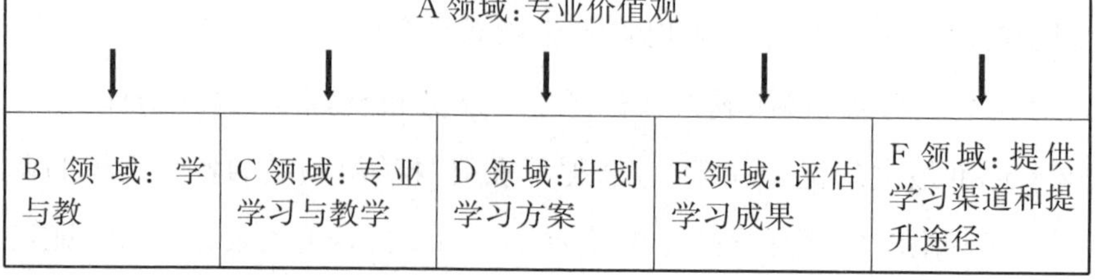

图 4.4 LLUK 专业标准领域解析

本书选取B领域的一部分内容进行解读，期望对此领域的解读可以看出整个LLUK专业标准的结构和内容。

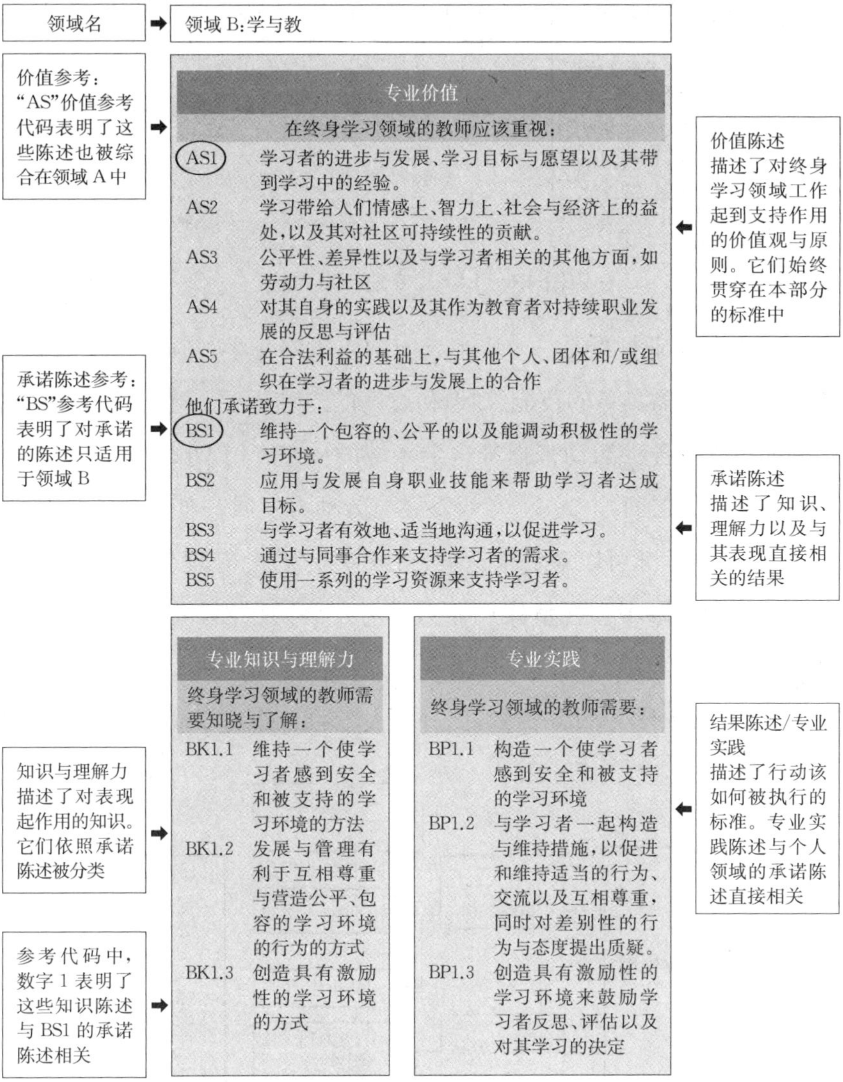

图4.5　B领域"学与教"专业标准的解读

笔者通过图4.6来呈现整个LLUK专业标准的组织结构。

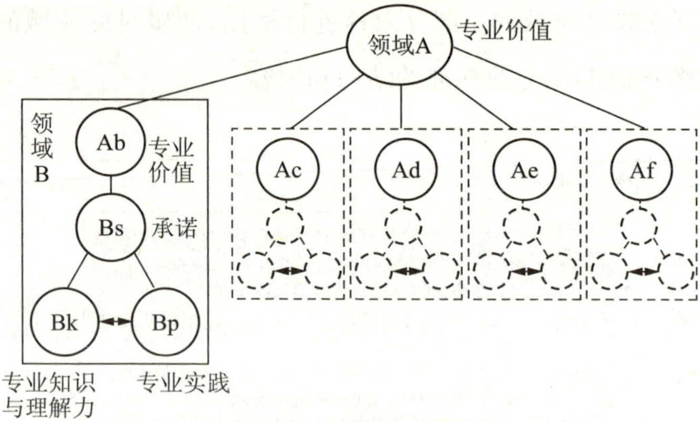

图 4.6　LLUK 专业标准结构

LLUK 专业标准是一个雇主导向的有关终身学习领域从事教学角色的从业者所需具备的技能、知识和态度的专业标准。这样的专业标准能够通过支持各种活动来提升这个领域的质量。LLUK 标准主要用途可以分为两个层面：个人 & 专业发展与劳动力发展。在个人 & 专业发展层面，专业标准可以对资格认证、持续专业发展、管理个人绩效、职业生涯发展提供参考。在整体行业劳动力发展的层面，可以在劳动力规划和组织开发与绩效管理提供借鉴。最终在推动这两个层面发展的基础上，提升成人学习服务质量，促进成人学习工作者专业化进程。

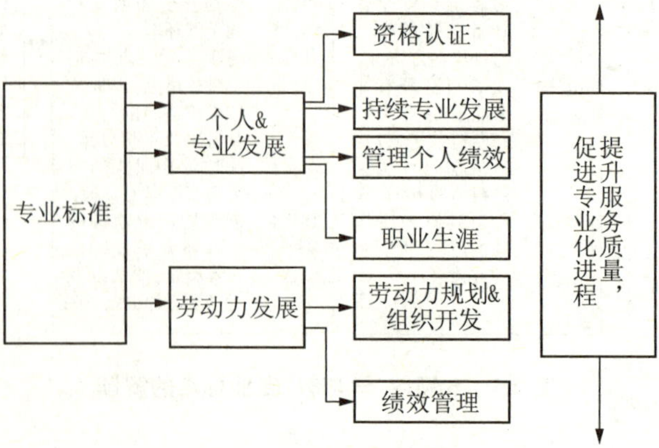

图 4.7　专业标准的用途

第四节　英国终身学习领域教师的资格证书框架

一、资格与学分框架(QCF)简介

终身学习领域教师的资格证书框架是建立在英国资格与学分框架(QCF)的基础上的。因此在本部分中,笔者将先对QCF进行一个简要的介绍。英国资格与学分框架(QCF)于2011年后全面取代了国家资格框架(NQF),成为英国唯一的资格框架。QCF与NQF最大的区别就在于QCF是基于学分的资格框架。QCF中有一些重要的元素,代表着框架的核心概念。(1)学分,是对学习量的衡量,一个学分相当于10小时的国家学习时间(National learning time)。[15](2)级别,是对学习难度的衡量。QCF从入门级别到1级再到8级,共分为9个级别。(3)学习量,根据学习量的不同,QCF中的资格分为三等:认证、证书和文凭。其中认证为1—12个学分的学习;证书为13—36个学分;文凭为37个学分以上。(4)学习单元,学分是根据学习单元授予的。所有的学习单元都使用相同的学习单元模板,包括学习结果和评估标准。每个学习单元都有一定的学分和级别。各个学习单位所获得学分可以被累积、组合以获得一个资格。[16]

在QCF里,所有资格的名称都遵循统一规范,包括资格级别、资格的学习量和资格的内容。每个资格都有自己的"组合规则",由行业技能委员会及颁证组织共同开发,详细规定了获得该资格所需要的学习单元。完成了相关学习单元后,学习者就通过"组合规则"获得该资格。

二、终身学习领域教师资格证书框架(2007)

制定LLUK标准的其中一个主要目的就是促进资格证书框架的构建,创建一个终身学习领域教师培训资格系统,提升在"后学校"教育

培训及教师的专业地位，帮助提供学习支持的工作者构建个人发展计划(Steward, 2009)。根据LLUK专业标准，LLUK基于QCF框架继而发展出一系列可供评估的学习单元。这些学习单元都有一定的学分与级别，共同集合起来组成了新教师培训资格证书体系。值得指出的是，该资格标准没有根据不同岗位不同角色设置不同标准，而是超越了教师所担当角色的简单差异。“一名教师，无论是在继续教育岗位工作还是供职于非正式社区教育岗位都必须遵守新标准框架。”[17]需要注意的是所有的评判标准都有最低要求的表述，来保证教学实践评估的顺利完成。2007年，《继续教育教师资格规定(英格兰)》和《继续教育教师职业发展和注册规定(英格兰)》开始实施。新教师培训资格认证系统包括三个资格等级：在终身学习领域获得教学资格的准备阶段(PTLLS)，终身学习领域教学证书(CTLLS)，终身学习领域资格文凭(DTLLS)。[18]

第一个资格等级：终身学习领域获得教学资格的准备认证(PTLLS)。

这个资格等级涵盖了QCF的三级和四级，即终身学习领域获得教学资格准备阶段三级认证和四级认证，这个资格等级的课程是概括性的，属于基本标准。课程由必修的6学分单元组成，包括：对读写能力、计算能力的初步评估和ICT的需要和计划；观摩性学习；在导师支持下制定自我学习计划的明确需要并有计划地实施。此外，教师需要有30小时的指导学习。

第二个资格等级：终身学习领域教学证书(CTLLS)。

担任助理教学角色的教师必须获得这个等级的证书。这个资格等级包括终身学习领域教育三级证书和四级证书。这个阶段主要涉及教学、规划及评估等方面。这个阶段由一个6分、一个9分以及一个3分的必修单元和一个至少6分的三级选修单元组成。此外，教师还需要有360个小时的指导学习和30个小时的教学实践。[19]具体内容如图 4.8 所示。

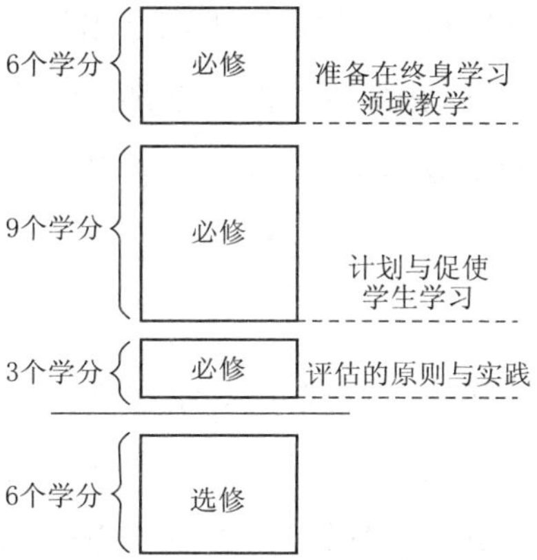

图 4.8　终身学习领域教学证书学分和课程要求

第三个资格等级:终身学习领域教学文凭(DTLLS)。

担任全教学角色的教师必须获得这个文凭。这个阶段至少相当于 QCF 的五级水平,即终身学习领域教学文凭阶段由两个部分组成,每个部分有 60 个学分,共计 120 个学分。每部分的学分由必修 45 学分和选修 15 学分构成。此外,教师还需要有 360 个小时的指导学习和 150 个小时的教学实践。[20]具体的课程与学分分布如图 4.9 所示。

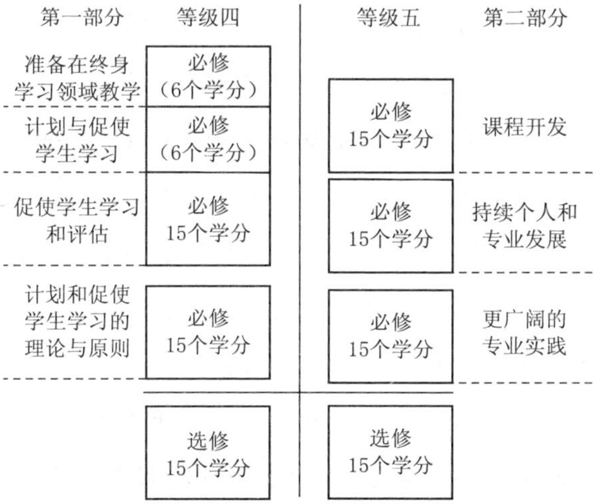

图 4.9　终身学习领域教学文凭学分和课程要求

教师的专业地位也可以分为两种：学习与技能助理教师(ATLS)和学习与技能教师(QTLS)。担任助理教学角色的教师在获得终身学习领域教学证书后，可以获得 ATLS 专业地位。担任全教学角色的教师在获得终身学习领域教学学历后，可以获得 QTLS 专业地位。这两种专业地位都由学习中心(IfL)授予。

三、 终身学习领域教师持续专业发展

学习中心(IfL)成立于 2002 年，是一个针对工作于各种的继续教育以及技能部门、组织以及机构中的教师、培训师、导师、评估师以及其他专业人员的独立的、会员制的专业组织。[21]会员主要来自以下领域：成人与社区学习、公共服务领域、继续教育学院、军队服务领域、第六学院、志愿部门以及基于工作的学习领域。作为一个专业组织，IfL 有促进教师以及培训师提升专业地位的作用。同样，作为一个独立的专业机构，IfL 由一个选举出的咨询委员会进行管理，且与一些行业组织、工会以及公司紧密合作。从 2007 年起，IfL 就承担起继续教育教师注册和促进教师专业发展的责任。从 2007 年 8 月到 2009 年 1 月，就有超过 18 万的教师、培训师等在 IfL 登记注册。

2007 年以后进入终身学习领域的教师，除了需要进行职前培训之外，还需要保持自己的持续专业发展(CPD)。IfL 针对教育的持续专业发展有以下的强制规定：第一，为了更新教师知识与技能，全职教师每年必须接受至少 30 小时的持续专业发展教育，非全职教师每年必须进行至少 6 小时的持续专业发展教育；第二，教师需要注册为 IfL 的会员，保持对自己持续专业发展的记录并向其单位和 IfL 提交。IfL 为在终身学习领域工作的教师专业主义发展方面提出了“双专业主义”(dual professionalism)的概念，即一方面要求教师具有相关专业领域的能力，另一方面要求作为一个专业教师的能力(如教学能力等)，也就

是要求具有双专业角色，即专业专家以及合格的教师。

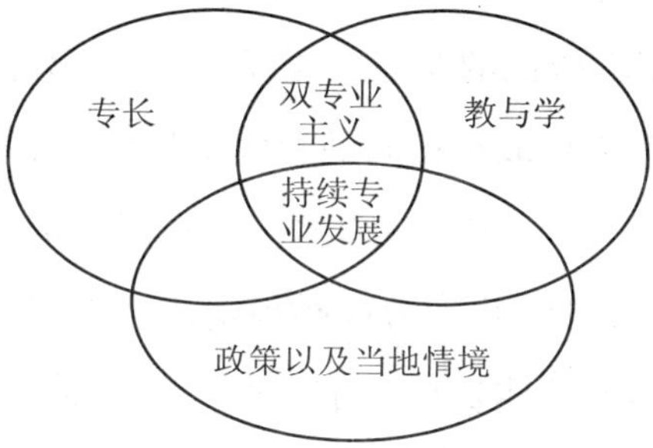

图 4.10　IfL“双专业主义”模型

IfL 认为持续专业发展能够保持、提升以及扩展从业者自身专业领域和教学的相关知识与技能，从而能够对教学实践以及学习者起到积极的作用。这种专业继续发展项目由协会通过其官网网站或者各种教学组织和培训机构来监督管理。IfL 建议实践者通过以下步骤实现专业发展循环。具体步骤如图 4.11 所示。

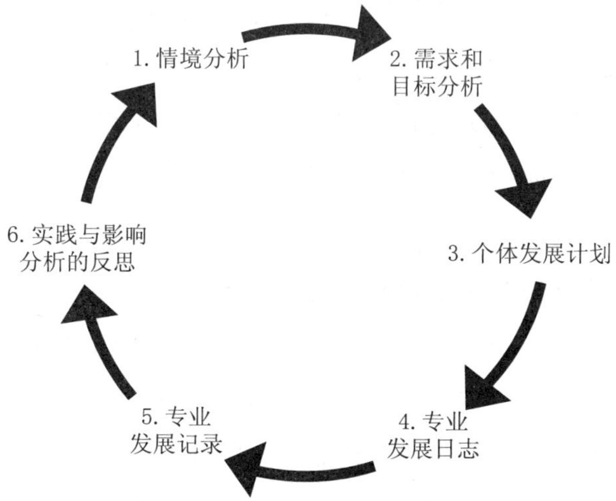

图 4.11　IfL 专业发展循环

2007 年后的资格证书制度和强制性持续专业发展要求并没有区

分教师教学具体的内容和工作环境，也没有区分正式或非正式学习以及专业还是业余的教育。一名专业教师（如机械专业）和一位在由学习与技能委员会（LSC）资助的非正式课程中从事业余爱好学科教学的教师（如手工课程）都需要取得相同的教学资格认证。2012 年，英国商业创新与技能部（BIS）进行的对继续教育教师岗前培训与资格认证体系的推进成果进行了评估，并认为这些规定还是带了一些成果。其中包括：第一，教师队伍的总体资格水平有所提高。研究表明，继续教育学院拥有的国家资格与学分框架五级或五级以上的教育资格教师从 2006—2007 年的 52%发展到了 2009—2010 年度的 57.2%。[22]第二，教师专业发展的专业文化不断显现出来。研究发现，教师追求专业化的愿望有所提高。在“追求专业化”的氛围中，越来越多的教师希望获得相应的资格，提高教学技能及反思能力，从而建立更强的专业信心及专业认同感。在规范的专业标准及资格认证系统下，每位工作者都可以清晰地规划自己未来的职业发展路径。但是，在实施过程中也出现了一些问题。例如，全教学教师和助理教学教师资格的界定不够明确，导致在实践中不容易操作。另外，从学生的角度出发，这个规定本身就存在一定的缺陷，因为任何学生都有权力获得全教学教师的教学服务。此外，学习中心向注册教师每年收取注册费的做法也受到质疑。[23]

四、学习与培训资格证书框架（2013）

林菲尔德（Lingfield）的中期和最终报告[24]发布以来，“英国继续教育领域、终身学习领域教师的专业化建设发生翻天覆地的变化”[25]。2013 年 3 月，学习和技能提升服务中心部门对 2007 年构建的终身学习领域教师资格证书进行改革，取消了 PTLLS、CTLLS 和 DTLLS 的资格认证体系，建立了最新的《英格兰继续教育与技能领域教学与培训的资格认证（2013）》。LSIS 的资格认证与 LLUK 的资格认证最大的不同在于继续教育教师的岗前培训与持续专业发展不再由相关条例进行规范，而是由教师和雇主来决定是否需要进行相关的培训与认证。

LSIS 开发在 QCF 体系内的资格认证包括以下几类：教育与培训三级认证、教育与培训四级证书、教育与培训五级学历、教育与培训（包括专家途径）五级学历、整合（包含两个或两个以上专业领域）五级文凭及独立专家五级文凭。[26]

本节将主要介绍教育与培训三级认证、教育与培训四级证书、教育与培训五级学历这三个等级的资格内容。

1. 教育与培训三级认证

这是一个入门、基于知识的没有教学实践要求的教学资格。因此，这个资格适用于那些还没有从事教学角色的申请者申请。但是，有一个最低要求就是有参加微教学（mircroteaching）[27]的经历。

这个资格证书的要求主要包括：（1）理解在教育与培训中的角色、职责和关系；（2）在教育中理解和运用教学方法；（3）理解教育与培训的评估。

2. 教育与培训四级证书

这个资格证书主要开发从业者的教学实践经验，并通过选修单元帮助教师在更广阔的情境下工作。这个等级的资格证书需要修满 36 个学分，并具有 30 个小时的实践教学经验。必修单元包括的内容有：（1）理解在教育与培训中的角色、职责和关系；（2）学习者的需求分析；（3）实施教学与培训；（4）评估学习者；（5）在教育和培训中运用各种资源。选修的单元包括辅导、指导等。

3. 教育与培训五级学历

这个资格提供给那些希望或者已经开始拓展教学角色的个体。这个等级的资格要求修满 120 个学分，并具有 100 个小时的实践教学经验。必修的单元包括的内容有:(1)规划、实施、评估和教学;(2)理解教育与培训的理论、原则和模型;(3)理解教育和培训中的专业主义和专业价值的影响。选修的单元包括行动学习、在学习环境中管理行为等。

新的资格证书体系的引入主要是基于国家继续教育、职业教育与终身学习部所开展的一项名为林菲尔德的旨在回顾继续教育领域专业化进程的报告所提出的研究成果建议而重新构建的。

第五节　专业化建设的“去规范化”

通过以上介绍,我们可以看出英国继续教育领域(现在推广至终身学习领域)教师的专业化建设也已经有 20 多年的历史了,从最早的针对继续教育学院的全职教师到后来面向终身学习领域的教师、培训师以及导师等,无不体现出英国在专业化建设中的不断推进成果。在不断推进终身学习领域的从业人员专业化建设的过程中,从业者需要取得一定教学资质才能进入终身学习领域成为政府管理该领域的必要步骤。而 2007 年推出的 PTLLS、CTLLS、DTLLS 成为政府在这一领域推行决定的一个高潮。2010 年,仅仅在继续教育学院,获得资格与学分框架 5 级教学资格的员工比例从 2003 年的 44%上升到了 2010 年的 57.2%。[28] 2011 年,英国继续教育、职业教育和终身学习部部长约翰·海斯(John Hayes)发起了对于有关专业化建设的回顾评估项目,由林菲尔德爵士负责,因此被称为“Lingfield Programm”。该项目的主要任务是对当下终身学习领域专业化的规范和制度进行回顾总结。进行这个评估项目的主要原因是终身学习领域中始终存在着对资格认证与强制持续发展的质疑,并且认为 IfL 作为一个管理资格认证的专业协会,并没有很好履行支持从业者专业化的职能,而是更多为行业雇主服务。这个项目关于中期报告的若干彻底改革的建议被政府采纳，在英国继续教育界引起了轩然大波。其提出的最主要的建议包括废除 PTLLS、CTTLS、DTLLS 三级资格认证和取消 IfL 有关继续教育教师强制持续专业化发展(CPD)的要求。林菲尔德称："应该由雇佣机构来决定适合其员工和组织的专业发展途径。"[29]

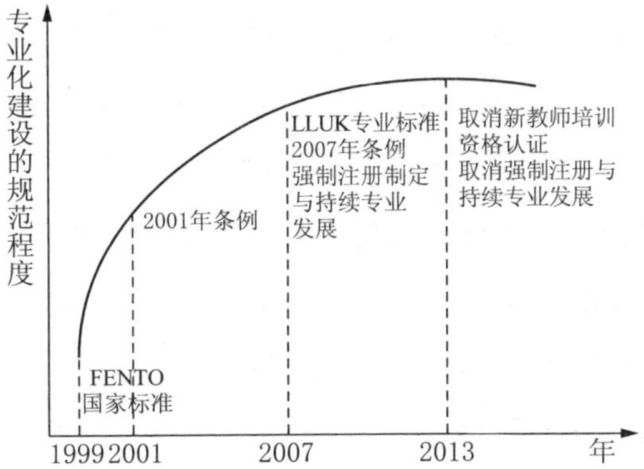

图 4.12　专业化建设的规范程度曲线

2012 年英国职业技能部(BIS)进行的终身学习领域教师职前培训评估曾表示"从 2007 年规定办法至今已有 4 年。而今，对于继续教育从业人员职业技能的强制性要求比起往年严格了很多，引发争议"。在 BIS 眼中，继续教育系统在提升社会流动性以及提升劳动力水平中发挥着关键性作用，助力于英国的全球贸易竞争。然而，林菲尔德于 2012 年 3 月发表的中期报告《继续教育专业化：独立审查小组中期报告》中却建议取消 2007 年推行的《继续教育教师资格规定(英格兰)》和《继续教育教师职业发展和注册规定(英格兰)》。林菲尔德报告中的第二条主线着重于 CPD。报告建议取消对于继续教育从业人员学习协会 30 小时 CPD 的要求，以及取消从业人员必须为 IfL 成员才能获得全教学资质的规定。中期报告指出 IfL 并没有成功履行其职责，而 CPD 应当由各教育学院为其员工自行安排，而不应当有强制性的因素。IfL将不再具备发行继续教育行业从业证书，以及对行业内CPD监督的职责，转而成为自愿型专业组织，并于2013年不再获得政府资助。林菲尔德建议成立一个全局性的组织指导继续教育，能够既代表雇主也代表员工。在他的2012年10月的最终报告《继续教育的专业主义》中，他争辩道中期报告中给出的初步总结和建议是必然的，虽然这对一些人来说“很遗憾”。中期报告中的几乎所有建议都是一经提出就立即被政府认可。而在报告的最后阶段，林菲尔德花了可观的时间用于阐述“在没有注册制度下，如何支持继续教育专业化并使其风格独树”。[30]然而从对这一问题的讨论可以看出人们对取消教学资格认证还存在很大的顾虑，担心一旦不需要强制性的CPD课程，那么很多教学人员将无法表明个人专业水平的提升。[31]

在英国，终身学习领域的教职人员的岗位有很大的差别，使得如何聘用、培训以及鼓励教员在专业领域成长成为讨论中最大的挑战。教职员人群多种多样，课程覆盖的领域也极广，从最基础的功能性技巧到高等教育层次，而学习者的年龄跨度也很广。事实上，林菲尔德有指出这一教育系统的复杂程度，并认为“复杂如继续教育系统，在英国民众的生活中占有很重要的位置，但仍旧不被重视，很显然要解决这一领域的问题任重道远”。尽管英国现行的推进继续教育专业化的现行系统存在各种各样的困境，但是不难想象，一些主要的专业机构对于林菲尔德项目的建议感到十分反感。例如，大学教师教育委员会成员詹姆斯·N.罗格斯(James Noble Rogers)认为该领域ITT和教师的专业地位将会被这些建议破坏殆尽。这一观点与2012年8月政府反馈的报告中更大范围的问询结果不谋而合。由于这一反馈的负面影响，原计划即将开始的放宽专业晋升和注册的规定不得不至少延期一年。

我们可以看出林菲尔德报告和政府BIS反馈报告之间存在着有趣的悖论。在林菲尔德中期报告发布的同时，BIS授权的报告给出了证据称新教师培训对其专业化建设很有帮助。这份报告指出，确保新教师或者刚刚获得该领域相关证书的从业人员能够获得优质专业的教学能力的工作有了很大的进步；不过报告也指出一些教师，特别是在成人和社区教育领域的教师，如果没有支持很难获得 PTLLS 之后的培训。这样的证据使得林菲尔德有关推进教师进行自愿培训的设想不攻自破。

许多有关专业化内涵的讨论，也是对林菲尔德报告中对专业发展更功能性理解的挑战。芬威克(Fenwick, 2012)等学者指出从业人员的工作环境发生了变化，开始注重专项审查和绩效评估，一种"顾客导向"，一种新的问责制度，使教员的工作接受客户及公共机构的审核。这些发展被视为与自主价值与自由决策背道而驰。[32]芬威克认为，实现专业化就是有能力在工作实践中贯彻、遵循和验证通用知识和既定惯例。然而这些知识和惯例却并非牢固，反而是受争议的并且处于一种持续变化之中。尽管我们的社会关系网本身具有信息丰富的特性，使发展和分享专业知识有着自然而然发生的潜力，然而频繁的变化节奏却使得获得的知识并不那么牢靠。在这种环境下，连续专业发展就显得至关重要。

普洛赖特(Plowright & Barr, 2011)则是在他们讨论专业化新的概念中将这一建议进一步深化。他们提出的新概念意在将这一领域的内容统一起来，而不是将该领域内的分化进一步恶化。他们提出的专业知识是在理性判断和思考的基础上进行实践性明智的切实推断形成的。他们所建议的新的专业化被描述为"整合性专业化"[33]。事实上，培育专业发展的一条有效途径是通过研究实践网络。这一网络不属于任何一个正式的 CPD 系统，并且不仅仅是向参加学习的人员简单地告知他们必须遵循的新的行业标准。这与普洛赖特等人有关整合性专业化的概念相一致。在这一概念中从业人员能够利用监管架构以及能力规范之外的替代性或批判性专业学习空间。但是这种网络十分脆弱，因为他们没有支撑并且资源不足。林菲尔德的建议被采纳，专业化的体系很可能会处于更加脆弱的境地，不再有强力支持CPD的员工机制，以及很有可能只有极少的新教师培训规范。这样的决定将进一步威胁原本就已岌岌可危的从业人员网络和从业人员实践研究机会。[34]

林菲尔德在最终报告中还给出了共享的身份认同和相互支持的概念。他认为雇主需要提供他们的雇员专业化的"道德和实际的支持"。通过在"行业契约"中列出职责，林菲尔德希望达成一种约束性的而不是强制性的专业化。最后，尽管林菲尔德没有涉及薪酬问题和服务条件，不过有迹象显示该行业薪酬不平衡以及大量使用临时雇员的情况亟待承认和采取措施。[35]因此，这份报告很有趣的情况在于，一方面加剧了从业人员脆弱的工作状态，另一方面又意图提升他们的利益。考虑到政府已经采纳并实施林菲尔德报告中的建议，我们可以预见接下来英国终身学习工作者的专业化建设的重大变革。

注 释

[1] 欧阳忠明、肖菲:《英国成人学习政策框架与实施效果》,《现代教育管理》2013年第6期，第123—128页。

[2] Michael Osborne and Kate Sankey, "Non-vocational Adult Education and Its Professionals in the United Kingdom", *European Journal of Education*, Vol. 44, No.2, 2009, pp.271—289.

[3] 改革首先针对继续教育领域，后又由终身学习组织(Lifelong learning UK, LLUK)推广至终身学习领域。根据LLUK的定义，狭义的英国终身学习领域包括：社区学习与发展(community learning and development)，继续教育(further education)，高等教育(higher education)，图书馆、档案与信息服务(libraries, archives and information services)及基于工作的学习(work based learning)。

[4] Ofsted, *The Initial Training of Further Education Teachers: A Survey*, Ofsted, 2003.

[5] 行业技能委员会(Sector Skills Councils, SSCs)是一些政府资助、行业导向的组织，这些组织包含了英国一些特定的经济行业。这些组织有四个主要的目标：减少技能差距、提升生产力、提升该行业的劳动力技能、增加学习提供。目前全英国有25个行业技能委员会。

[6] Lesley Doyle, "The Fragility of Professionalism in the De-Regulated Environment", http://asemlllhub.org/policy-briefs/united-kingdom-lingfield-report/#_ftn1, 2018-08-04.

[7] CEDEFOP, "The further education national training organisation", http://www.cedefop.europa.eu/EN/Files/2151-att1-1London_-_Windmill.PDF, 2018-08-01.

[8] Mark Bechtel, "Competence Profiles for Adult and Continuing Education Staff in Europe: Some Conceptual Aspects", in Ekkehard Nuissl and Susanne Lattke, *Qualifying Adult Learning Professionals in Europe*, Bertelsmann, 2007, pp.45—60.

[9] Further Education National Training Organisation (FENTO), *Standards for Teaching and Supporting Learning in Further Education in England and Wales*, FENTO, 1999.

[10] Lifelong Learning UK(LLUK), *Defining Teacher Roles and Responsibilities in the Further Education Sector in England*, Lifelong Learning UK, 2008.

[11] Department for Innovations, Universities & Skills, (DIUS) *A Guide to the Further Education Teachers' Qualifications (England) Regulations 2007*, DIUS, 2007.

[12] Lifelong Learning UK(LLUK), *Guidance for Awarding Institutions on Learning Support Practitioner Roles and Initial Training Qualifications*, Lifelong Learning UK, 2008.

[13] Lifelong Learning UK(LLUK), *The National Occupational Standards(NOS) for the Role of Learning Support Practitioner in the Lifelong Learning Sector (Draft)*, Lifelong Learning UK, 2007.

[14] Lifelong Learning UK(LLUK), *New Overarching Professional Standards for Teachers Tutors and Trainers in the Lifelong Learning Sector*, Lifelong Learning UK, 2007.

[15] 国家学习时间指的是普通学习者完成学习单元的所有学习结果的平均时间。

[16] 关晶:《从NQF到QCF:英国资格框架改革的新进展》,《江苏技术师范学院学报(职教通讯)》2009年第10期,第77—80页。

[17] Lifelong Learning UK(LLUK), *Guidance for Awarding Institutions on Learning Support Practitioner Roles and Initial Training Qualifications*, Lifelong Learning UK, 2008.

[18] Sue, "The New Teacher Training Framework in England", http://www.hotelara.com/england/2007/12/the-new-teacher-training-framework-in-england/, 2018-07-22.

[19] Lifelong Learning UK(LLUK), *Guidance for Awarding Institutions on Teacher Roles and Initial Teaching Qualifications*, Lifelong Learning UK, 2007.

[20] Lifelong Learning UK(LLUK), *Guidance for Awarding Institutions on Teacher Roles and Initial Teaching Qualifications*, Lifelong Learning UK, 2007.

[21] 参见 SET，http://www.ifl.ac.uk/。

[22] The Stationery Office Limited, *The Further Education Teachers' Qualifications (England)(Amendment) Regulations 2012*, The Stationery Office Limited, 2012.

[23] The Stationery Office Limited, *The Further Education Teachers' Qualifications (England)(Amendment) Regulations 2012*, The Stationery Office Limited, 2012.

[24] 笔者将在下一部分中对 Lingfiled 报告进行述评。

[25] Lesley Doyle, "The Fragility of Professionalism in the De-Regulated Environment", http://asemlllhub.org/policy-briefs/united-kingdom-lingfield-report/#_ftn1, 2018-08-04.

[26] Great Britain. Learning and Skills Improvement Service(LSIS), *Teaching and Training Qualifications for the Further Education and Skills Sector in England (2013): Guidance For Employers And Practitioners*, LSIS, 2013.

[27] 教师实习生相互之间进行的一个教学实践。

[28] The Stationery Office Limited, *The Further Education Teachers' Qualifications (England)(Amendment) Regulations 2012*, The Stationery Office Limited, 2012.

[29] Department for Business, Innovation and Skills(BIS), *Professionalism in Further Education: Final Report of the Independent Review Panel*, Department for Business, Innovation and Skills, 2012.

[30] Department for Business, Innovation and Skills(BIS), *Professionalism in Further Education: Final Report of the Independent Review Panel*, Department for Business, Innovation and Skills, 2012.

[31] Yvonne Hillier and Yvon Appleby, "Supporting Professionalism: See-Saw Politics and the Paradox of Deregulation", *Adults Learning*, Vol. 24, No. 2, 2012, pp.8—12.

[32] Tara Fenwick et al., "Sociomaterial Approaches to Conceptualising Professional Learning and Practice", *Journal of Education and Work*, Vol.25, No.1, 2012, pp.1—13.

[33] David Plowright and Glenn Barr, "An integrated Professionalism in Further Education: A Time for Phronesis?" *Journal of Further and Higher Education*, Vol.36, No.1, 2012, pp.1—16.

[34] Yvonne Hillier and Yvon Appleby, "Supporting Professionalism: See-Saw Politics and the Paradox of Deregulation", *Adults Learning*, Vol. 24, No. 2, 2012, pp.8—12.

[35] Lesley Doyle, "The Fragility of Professionalism in the De-Regulated Environment", http://asemlllhub.org/policy-briefs/united-kingdom-lingfield-report/#_ftn1, 2018-08-04.

第五章
爱沙尼亚成人学习工作者专业化建设

第一节　爱沙尼亚成人学习概况

一、成人学习的政策与法律背景

1991年8月,爱沙尼亚从苏联独立出来以后,经历了政治、经济、文化以及社会的巨大变化。因此,爱沙尼亚有关成人教育和学习的政策主要关注的是帮助成人面对变化、进行学习。2004年,爱沙尼亚加入欧盟组织后,爱沙尼亚出台了第一部有关成人教育发展政策文件即《2004—2006年度国家成人教育发展重点》,该文件主要为成人提供终身学习的机会,包括为成人提供回归正式教育系统的机会、保证成人培训机会、保障职业培训的质量、开发成人教育的投资模式和激励公司投资培训其员工等提供政策支撑。该政策文件的出台标志着成人学习与教育的发展正式成为爱沙尼亚教育政策的重要部分。[1] 自独立以来,爱沙尼亚最重要的一个有关成人教育发展目标的文件就是《2005—2008年终身学习战略》。鉴于终身学习以及成人教育需求的快速增加,爱沙尼亚教育部召集了一批专家进行研究并且制定了有关终身学习战略的发展计划,该发展战略从编写到颁布一共经历了4年的时间。

《2005—2008 年终身学习战略》在一个更广泛的层面描述了终身学习的原则和需求，明确关注成人教育的目标、测量手段和活动计划。这个战略的主要目标是为了增加爱沙尼亚公民参与正式以及非正式学习的机会以及动机，根据他们自身、社会以及劳动力市场的需求来提高他们的知识以及技能。具体来说，包括：第一，促进各个目标群体的学习动机；第二，提升爱沙尼亚在世界范围内的竞争力；第三，获得持续经济发展；第四，提升每个人生活的能力；第五，加强人民的社会正直感、发展人民的公民权利以及提高人民的生活质量。

2009—2013 年度爱沙尼亚成人教育发展规划是“LLS 2005—2008”的一个延续。这个发展规划的主要目标是为了提供成人更好的接受正规、非正规以及非正式教育的途径，由此提升人们的教育水平及将 25—64 岁之间人们参与终身学习的百分比于 2013 年提升至 13.5%。具体来说有以下九个目标：第一，根据成人的能力与需求为他们创造终身学习的机会；第二，构建透明的成人教育与培训财务机制；第三，鼓励非爱沙尼亚裔的成人参与爱沙尼亚的社会文化教育活动；第四，构建成人教育工作以及培训的质量保障系统；第五，构建成人教育培训以及就业服务的信息系统；第六，构建成人教育工作者的专业资格认证体系，保证终身学习质量以及劳动力在市场中的自由移动；第七，构建成人先前学习经验认定体系；第八，共同、私有以及第三产业机构都要卷入成人教育培训系统以及政策的发展过程中；第九，收集可靠的有关成人教育与培训的统计数据，定期做调查以此预测这个领域的未来发展走向。[2]

通过以上的一系列文件可以看出国家在推动成人教育发展的决心和力度很大，主要探求多种方式、机制推进爱沙尼亚成人的全民学习，提高其劳动力的竞争力。同样，也可以看到有关对成人教育工作者的资格认证的需求也越来越强烈。

爱沙尼亚在成人教育领域立法方面最重要的成果是国会于 1993

年 11 月通过了成人教育法(Adult Education Act),并于 1998 年、1999 年以及 2002 年更新修订。该法案确认了成人教育与学习的法律框架原则:第一,构建爱沙尼亚本国的成人教育模式,该模式将基于社会的发展需求以及保证成人获得终身学习的机会;第二,保证成人有带薪进行教育与培训的机会;第三,支持当地的有关成人教育的举措,提供离家近的学习服务,提倡共同的、私人的以及非政府的成人教育机构的合作;第四,在国家预算中拨款为成人教育教师和行政人员提供在职培训。

成人教育法构建法律保障和规定每个人都有权力进行终身学习。中央、当地政府和雇佣者都有义务支持成人教育的实施以及分配成人教育的预算:

第一,中央政府批准成人教育的国家优先权,分配国家预算中的必要的资源给成人培训所用;第二,地方政府要保证为其居民提供获得基础以及后续教育的机会并且促进与工作相关的教育以及大众教育;第三,雇主需要保证其雇员的雇佣合同中包括接受培训的权利。

二、 成人教育工作者

成人教育法规定在爱沙尼亚成人教育的概念总的来说不是以年龄来划分的,只要该名学习者的主要或者最重要的活动不是学习,都可以称他或她接受了成人教育。根据该法令,成人教育教育包括以下三个方面[3]:第一,在成人学校、职业教育机构和高等教育机构中的正规教育;第二,专业教育以及培训;第三,非正规教育。具体如图 5.1 所示。

表 5.1 爱沙尼亚提供成人教育机会的机构

分　类	具 体 类 型
正规成人教育	大学、开放大学
专业教育与培训	大学的继续教育院系、培训企业、非正式培训中心、民俗高中、职业学校的继续教育院系
非正规成人教育	社区、非正规培训中心、图书馆、俱乐部、学习圈

爱沙尼亚的成人教育工作者主要分为三类:第一,全职教育员工,这是正规教育机构中数量最大的一个群体。这类的工作者一般在继续教育机构和培训机构中任职并拥有固定的雇佣合同。第二,兼职教育员工,这些工作者有其他的专业或工作,在继续教育及培训领域做兼职工作。这是非正规成人教育中数量最大的一个群体。第三,行政人员,这个群体的工作者多是全职工作者,拥有固定的雇佣合同,从事行政和秘书工作。

第二节　爱沙尼亚专业资格证书体系

爱沙尼亚专业资格证书体系的构建始于1999年。2000年,专业法以立法的形式保证了爱沙尼亚专业资格证书体系(PQS)的合法性。2001年,爱沙尼亚专业资格证书体系由爱沙尼亚资格认证权威机构(Kutsekoda)[4]进行开发和完善,资格认证体系的结构组成如图5.1所示。

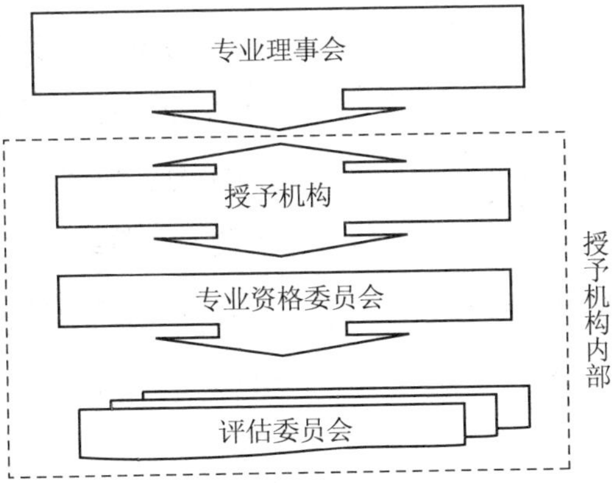

图5.1　爱沙尼亚专业资格证书体系的结构组成

这个体系由专业理事会、授予机构、专业资格委员会以及考试委员会这几个主要的部分组成。[5]专业理事会是由专业协会与政府部门的当局代表构成的合作机构。专业理事会的目标是收集来自不同机构的意见与建议,并且达到一个共识,共同开发和执行从业者专业资格认证体系。专业理事会委托各领域的专家构建该专业领域的主要活动,并开发专业标准。授予机构是一个具有法人资格的专业组织,由专业理事会授权为申请者颁发资格认证证书。目前,爱沙尼亚共有 27 个授予机构有资格为该负责领域的从业者办理资格认证证书。此外,授予机构还在机构内部设立专业资格委员会。由该专业的专家、雇主及教育者的代表组成,该委员会的目标是确保授予机构的质量和坚持公平公正的原则。专业资格委员会有权力成立一些评估委员会,这些评估委员会根据专业标准对申请者的专业能力进行评估。

爱沙尼亚专业资格体系的构建包括三个重要的方面:第一,是开发专业标准;第二,是制定专业资格证书;第三,是资格证书的授予。首先,在这个专业资格认证体系中,专业标准是一个文件,这个文件构建了要达到专业资格所需要的知识、技能、价值观以及个人特质等。专业标准的用途包括:决定从业者资格要求、准备培训课程与项目、开发考试要求,用于证明以及颁发专业资格证书、为国际资格比较提供基础、形成提高爱沙尼亚经济竞争力的先决条件等。其次,专业资格证书意味着在既定专业领域中的一系列等级的能力。最后,资格证书的授予指的是对申请者授予与其专业能力相当的专业等级证书。

爱沙尼亚专业资格体系有五个等级,具体的描述见表 5.2。

表 5.2 爱沙尼亚专业资格系统五个等级

等级	描　　述
1	完成在相似情景中的基础工作,有培训以及工作所需的主要的职业技能以及知识,在其他人的监督下工作,管理限定的任务以及特定的责任
2	除了有专业的技能和知识以外,还需要有能力以及经验。管理多样任务以及责任的能力,推测需要在团队合作中的合作技能

续表

等级	描　　述
3	成熟的专业以及成为专家，多面手的专业技能以及知识。随时准备着以专业技能以及知识提供引导，随时准备分配其他资源和安排其他工作人员的工作
4	除了专业的知识和技能以外，还需要相关能力、实践经验以及职业知识，在多变的环境中管理大量的、多样的以及复杂的问题，有责任安排资源和其他工作者的工作
5	有关于这个领域工作的基础的理论概念，并能将其运用于实践。能完成要求系统、发展的指导的任务，在多样的无法预计的环境中管理任务的能力，有责任做出决策

爱沙尼亚专业资格体系是将教育体系与劳动力市场联系起来的枢纽。从劳动力市场出发，依据工作者所有从事的任务内容提炼出所需能力档案。在能力档案的基础上形成能力标准。接着根据能力标准所规定的内容，选择国家课程。若没有对应的国家课程，则可以选择各类培训学习项目。学习结束后，再通过能力评估、认证后，获得资格证书。最终，从业者带着已经具备的能力进入劳动力市场（如图 5.2 所示）。

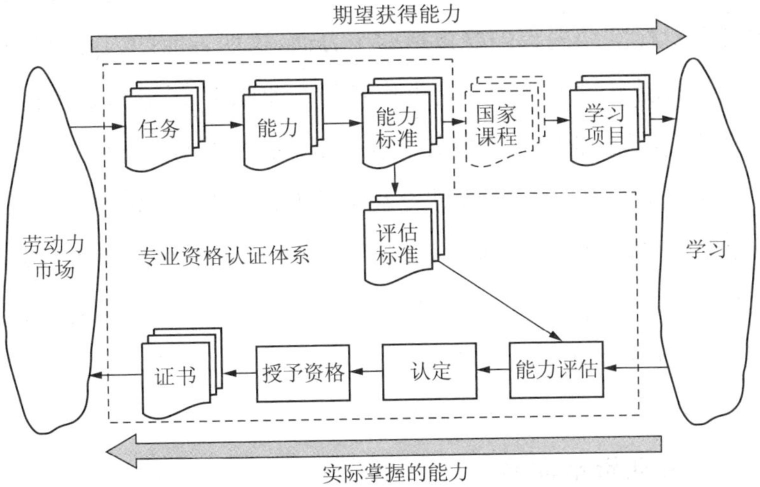

图 5.2　专业资格认证体系是联系学习与劳动力市场的桥梁

第三节 爱沙尼亚成人教育工作者专业标准与资格证书

一、专业标准

成人教育工作者作为一个专业,在爱沙尼亚于2004年就被专业资格标准认可并且规范。根据资格标准对成人教育的定义:“成人教育工作者是传授技能以及知识给成人的专业人员。在成人一般教育、工作相关的及继续专业培训及其他成人学习领域中帮助成人形成相关的理解和态度并支持其自我发展。成人教育工作者能够创造一个乐观的、积极的学习环境,使得学习者能够通过最好的学习方式来达到其学习的目标。”[6]

爱沙尼亚成人教育工作者的第一个专业标准是基于知识的标准,于2002年颁布,构建了成人教育工作者的三级到五级标准。2007年,基于能力的新专业标准也出台,在2002年专业标准的基础上新增加了成人教育工作者的二级水平,其目标在于激励那些刚刚开始成人教育职业生涯的工作者们(Jõgi & Gross, 2012)。新的爱沙尼亚成人教育工作者专业标准的内容主要包括两个方面,这两方面的内容都是基于专业等级而制定的。[7]第一,是工作者的专业职责。第二,是工作者的专业要求,包括专业能力的要求与通用能力的要求两个部分。

正如前文所提到的,该标准是基于成人教育工作者的能力需求,成人教育工作者需要具备的能力构建了成人教育工作者的专业等级证书认证的基础。成人教育工作者的能力包括专业能力与通用能力。并且,不同专业等级对应着不同的能力要求。

二、专业资格证书

爱沙尼亚成人教育工作者没有一个国家级别的岗前培训体系。因此，在职培训是爱沙尼亚促进成人教育工作者专业发展的很重要的途径。爱沙尼亚主要有两个提供成人教育工作者资格培训课程的机构——爱沙尼亚成人教育工作者协会以及爱沙尼亚非正规成人教育协会。这些课程的参与者必须具有一些在成人教育领域中的工作经验。爱沙尼亚的不同地区都可以组织这些课程，因此可以为更多的人提供学习机会。参与者可以在课程结束后申请专业资格。许多成人教育工作者把参与课程当作是申请获得专业资格的重要方法。此外，爱沙尼亚塔林大学的成人教育专业提供成人教育的专业课程。这个课程包含45 学分，能够作为本科生的课程之一，也可以作为一个单独的课程，供学习者通过开放大学系统进行学习。在开放大学系统中的课程并没有提供学历，这些课程的目的是给成人教育领域工作的人们创造获得知识和技能的机会。

爱沙尼亚成人教育工作者协会(Andras)是一个非政府的机构，于1991 年成立。Andras 是爱沙尼亚国家规定的 27 个有权力授予本专业领域工作者专业资格证书的机构之一。[8]该协会整合了爱沙尼亚各类成人教育供给者的代表，协会的主要目标之一就是提高成人教育工作者的专业能力。Andras 成立了由成人教育领域专家构成的专业委员会，该专业委员会有权力为成人教育从业人员颁发资格证书。申请专业资格认证是基于自愿的基础，申请者依据自己的意愿选择是否将他们的专业技能“正式化”，即获得官方的认可。从 2007 年起，申请者可以申请四个等级的专业资格。成人教育工作者的专业资格被定义为一个额外的资格认证，基本的资格认证来自他们自身的专业或者说专长(就是从业者所教授课程的专业资格)，这些资格认证主要是通过大学或者是在职业教育机构中获得(Milana，2010)。爱沙尼亚的教育工作者大概有 1.8 万，成人教育工作者的数量大约多 1 000 名。截至2013 年，爱沙尼亚全国已有 391 名工作者已经申请并且获得成人教育的专业资格证书。笔者将在这个部分重点介绍由 Andras 所授权颁布的成人教育工作者专业资格证书的相关情况。

爱沙尼亚的成人教育工作者包括成人教师、讲师、监督人、培训师以及咨询师等。从事任何职业的人员都可以申请成人教育工作者的专业资格证书，申请者可以是在职业教育行业、高校中的继续教育中心、培训或者咨询公司、成人教育中心或者是企业等机构中工作。其中成人教育工作者可以被授予的专业等级从专业资格体系的第二级开始，分别可以被授予“成人教育工作者Ⅱ”“成人教育工作者Ⅲ”“成人教育工作者Ⅳ”“成人教育工作者Ⅴ”这四类专业证书。具体内容如下：(1)成人教育工作者Ⅱ专业等级：支持成人获得知识与技能；(2)成人教育工作者Ⅲ专业等级：支持成人获得知识与技能，准备以及执行培训；(3)成人教育工作者Ⅳ专业等级：支持成人获得知识与技能，分析学习需求以及设计课程，参与传播终身学习的理念的行动；(4)成人教育工作者Ⅴ专业等级：支持成人获得知识与技能，分析学习需求以及设计课程，培训项目设计师，传播及设计爱沙尼亚成人教育系统，发起国际合作，参与成人教育的政策制定。

成人教育工作者的专业资格是在相关文件与专业考试结果的基础上被评估的。第一次申请成人教育工作者Ⅱ、Ⅲ和Ⅳ级的申请人需要通过专业考试。如果申请Ⅴ级，专业资格委员会需要在申请所提供的文件材料和申请者进行专业考试的结果的基础上对申请者专业资格进行证实。如果再次申请同一级别的专业等级，则不需要再进行专业考试。

申请者申请不同专业等级需要满足不同的要求。具体要求如下[9]：

申请“成人教育工作者Ⅱ”专业等级的申请者需要满足的要求有：(1)有职业、第二或者高等教育文凭；(2)至少一年在成人教育领域工作的经验；(3)至少有一门外语达到欧洲英语水平认证[10]的 B1 级别；(4)一封来自学习者的意见信。

申请“成人教育工作者Ⅲ”专业等级的申请者需要满足的要求有：(1)获职业、第二或者高等教育文凭；(2)完成成人教育认证课程或相同课程总量的其他课程(包括至少160个学时)或成人教育学的高等教育或有超过8年的成人培训经验；(3)至少在成人教育领域具有3年工作经验；(4)一封推荐信；(5)至少有一门外语达到了欧洲英语水平认证的B1级别。

申请“成人教育工作者Ⅳ”专业等级的申请者需要满足的要求有：(1)硕士学历或相等级别学历；(2)通过了成人教育领域的在职培训课程(若硕士专业非成人教育或相关专业，在3年内至少要进行40个学时的学术教育)；(3)在成人教育领域超过5年的工作经验；(4)精通两门外语，其中一门至少达到欧洲英语水平认证的B2级别；(5)在专业的或成人教育领域的会议中发表过演讲；(6)两封推荐信。

申请“成人教育工作者Ⅴ”专业等级需要满足的要求有：(1)博士学位或相等级别学历；(2)从事成人教育专业工作至少超过10年；(3)精通两门外语，其中一门至少达到欧洲英语水平认证的B2级别；(4)在国内外的专业或者成人教育相关的会议或者研讨会上发表讲话；(5)出版关于成人教育领域的专著(文章、书籍、教科书)；(6)两封推荐信，至少一封是关于外语环境的培训情况。

三、 特点分析

爱沙尼亚成人教育工作者的专业标准与资格证书具有以下五个方面的特点：第一，国家立法规定成人教育为一个专业，并将成人教育工作者的资格认证纳入国家专业资格证书体系。第二，专业标准适用对象广，资格证书的申请基于自愿的原则。爱沙尼亚成人教育工作者的专业标准适用于包括在职业教育行业、高校中的继续教育中心、培训或者咨询公司、成人教育中心或者是企业等机构的成人教育工作者。这种标准适用范围的设定就将在各种不同工作场所工作的成人教育工作者整合在了一起，赋予他们共同的专业身份认同——“成人教育工作者”。但是，目前专业资格证书的申请是基于从业者的自愿原则，并没有国家的法律法规进行强制规定。因此，完全是由从业者或者是雇佣机构来决定是否有进行资格认证的必要。第三，专业标准基于能力的要求。从爱沙尼亚成人教育工作者专业标准内容上可以看出，专业标准的构建是基于对从业者能力的要求上。6 条专业能力要求与 6 条通用能力要求共同组成了成人教育工作者的专业标准。第四，专业标准分等级，与资格证书衔接。专业标准中的能力要求是分等级来归纳的，因此，申请者可以根据自己申请的专业资格证书的等级来逐条寻找所要具备的能力要求。第五，具有明确的资格证书申请要求。对申请者提出了明确的申请要求，有利于规范工作者在学历、工作年限以及语言能力等方面的硬性要求。

第四节　塔林大学成人教育专业的质量管理体系

在爱沙尼亚塔林大学，成人教育课程和学习过程的内容与运作都是被持续评估的，评估的目的是进一步提高课程以及学生学习的质量。这个在本科和研究生层面的课程质量管理系统是基于质量评估的模式，关注学生、学生的经验以及支持学生的学术和专业发展。这个质量管理体系基于一个出发点，即各个参与部门都将担任不同角色，共同为了学生能够获得一个高水准的学术等级而努力。学生所获得的成果的质量高低取决于学习过程的组织、课程以及学习环境的同时，也取决于整个大学以及相关院系的制度和管理决定。达到高质量水平的重要的前提就是需要有一个基于自我分析的质量管理文化。这个文化要求在各个部门都有关于目标和质量要求的一致意见。具体质量评估方法包括：分析课程、教学以及学习组织方式、毕业论文分级、学生反馈、教职工情况、毕业生就业、学术成果、工作量以及进程。[11]具体流程见图5.3。

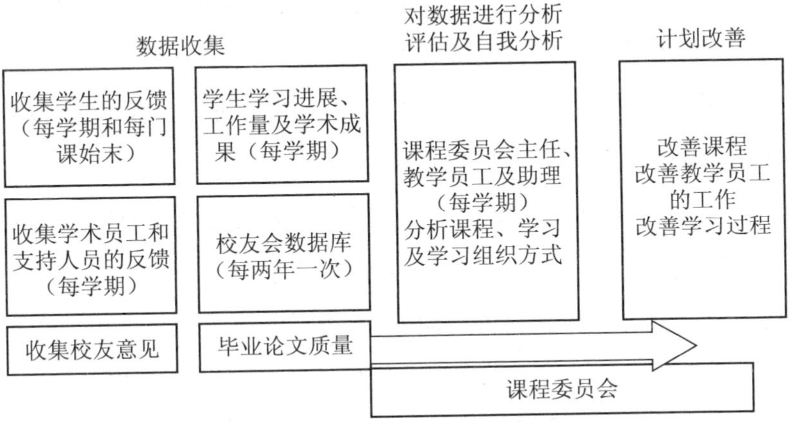

图5.3 爱沙尼亚塔林大学成人教育专业质量管理体系

第五节 专业化建设的特征

爱沙尼亚成人教育工作者的专业化建设案例主要体现出了“政府主导，专业组织辅助”的特征。政府在政策与法律上进行宏观引导，专业组织在专业标准与专业证书授予方面给予支持，共同推进成人教育工作者的专业化建设。

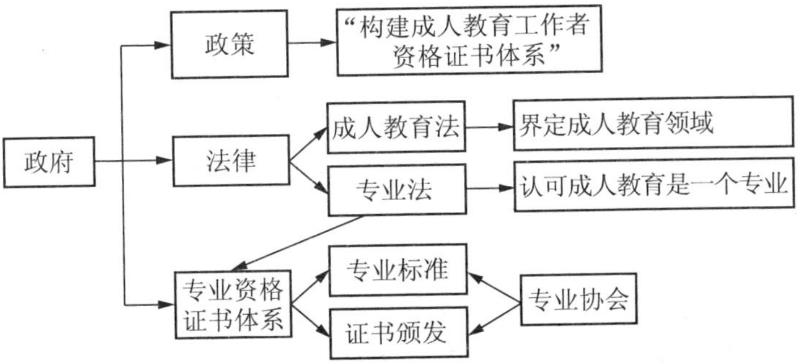

图5.4 爱沙尼亚成人教育工作者专业化建设模式

第一,法律政策支持成人教育工作者的专业发展。爱沙尼亚《2009—2013年成人教育发展规划》明确提出要构建成人教育工作者的专业资格体系,保证终身学习质量和劳动力的自由流动。此外,爱沙尼亚成人教育法也规定要在国家预算中拨款为成人教育教师和行政人员提供在职培训。在政策与法律的双重保障下,成人教育工作者的专业化建设才能够获得持续的推进与发展。

第二,立法认可成人教育为一个专业。爱沙尼亚专业法认可成人教育作为一个专业,并纳入国家专业资格体系中。由国家授权的培训机构为成人教育工作者提供培训课程,委托专业组织制定相关专业标准并为成人教育的工作者颁发专业资格认证。这样规范化的资格认证体系使成人教育工作者的资格认证有较高的认可度以及适用性。

第三,基于能力的分等级专业标准。爱沙尼亚成人教育工作者的专业标准是分等级、基于能力构建的专业标准。专业标准分为4个等级,每一个等级都有特定的专业能力、一般能力的要求和专业职责。这样的结构有利于从业者"对号入座"地根据自身所申请专业等级的不同查看所需要的能力与专业职责。此外,明确规定每一专业等级的申请者的资格要求,一方面规范了专业等级的申请门槛,另一方面也为从业者的专业发展方向提供了参考。

注 释

[1] The European Association for the Education of Adult(EAEA),"Country Report on Adult Education in Estonia", http://www.eaea.org/doc/pub/Country-Report-on-Adult-Education-in-Estonia.pdf, 2018-07-23.

[2] The Ministry of Education and Research of Estonian,"Development Plan for Estonian Adult Education 2009—2013", http://www.hm.ee/index.php?popup=download&id=9945, 2018-08-01.

[3] European Commission, "Country Report on the Action Plan on Adult Learning: Estonia", http://ec.europa.eu/education/adult/doc/estonia_en.pdf, 2018-07-27.
[4] 参见 kutsekoda, http://kutsekoda.ee/en/index。
[5] Kaie Kerem, "Estonia Professional Qualification System", http://www.kpmpc.lt/LTKS_EKS/Katrin_Kutsekoda_ENG.pdf, 2018-07-12.
[6] Ivo Eesmaa, "Analysis of Existing Qualification Frameworks and/or Systems for Adult Educators in the Partner Coutries-Estonia", http://www.adam-europe.eu/prj/3818/prj/FLEXI-PATH%20National%20Report%20Estonia.pdf, 2018-07-24.
[7] Andras, "Professional Standard: Adult Educator/Andragogue III, IV, V", http://www.emcet.net/download/products/req/standard_adult_educator_estonia.pdf, 2018-08-01.
[8] 参见 Andras, http://www.andras.ee/client/default.asp?wa_id=835。
[9] Andras, "Procedure of attestation and attribution of the III, IV, IV and V level Professional Qualification of Adult Educator", http://www.andras.ee/ul/KO_kord_andragoogi_ENGLISH.doc, 2018-07-24.
[10] 欧洲语言水平从低到高包括 A1、A2、B1、B2、C1、C2 六个等级。A 级为语言的基础使用者(basic user),B 级为语言的独立使用者(indepent user),C 级为语言的熟练使用者(proficient user)。
[11] Larissa Jõgi et al., "Quality Assurance System of Adult Education Curricula at Tallinn University", http://www.q-act-conference.de/english/materials_and_links/Posters/Estonia_q uality%20assurance.asp, 2018-07-29.

第六章
德国成人学习工作者专业化建设

第一节　德国成人学习概况

德国成人教育历史悠久，是世界上成人教育最发达的国家之一。成人教育在德国有着举足轻重的地位，与普通教育、职业教育、高等教育并列为教育体系的四个支柱（Dausien & Schwendowius，2009）。德国成人教育兴起于19世纪前半叶，1919年《魏玛宪法》就规定："继续教育是政府的责任，民众教育制度以业余大学为主，由联邦政府、州和社区共同来承办。"由此开始，业余大学在德国迅速扩张，短短十几年间就发展到了200多所，德国的成人教育得到了长足的发展。经历了纳粹时期的重创与低迷后，"二战"后的德国成人教育进入了全面发展的阶段。"政府开始采取一系列措施来支持和推动成人教育，其目的是帮助德国尽快实现民主教育，同时为成人提供全方位的科学知识训练，重振德国经济"。[1]

德国成人学习的办学机构具有多元化的特征。总的来说，联邦和各州通过开办公立成人教育机构，为转岗和再就业人员提供培训。此外，企业、教会、高校和一些私人组织也积极参与举办各种成人教育活动。办学主体主要包括 7 类：

（1）国民高等学校。德国的国民高等学校是“公立成人教育体系的核心和主题，在数量上遍布全国各地，组成了一个稠密的成人教育网”[2]。德国目前有近 1 000 所国民高等学校，面向社会各阶层开放，参加学习的人员不受年龄、性别、教育程度和职业经历的限制。（2）教会。德国教会开办成人教育有近百年的历史了，主要是由新教会以及天主教堂运行。它们有自己的国家范围内的网络，这个网络中包含着家庭教育中心、居民成人教育中心等，主要讲授宗教、哲学、历史、文化、家庭教育等内容。教会作为成人教育的办学主体之一，其规模仅次于国民高等学校。（3）工会。在德国最重要的成人教育机构之一是工会，传统的工会教育是在不同领域为工人提供教育。德国工会的两个总协会，即德国工会联合会（DGB）和德国职员工会（DAG），掌握着大部分的成人职业教育机构。（4）企业。各行各业的企业逐渐意识到员工培训对提高自身竞争优势的重要性，因此基于公司的成人教育也正在不断增长，一些公司逐渐建立起了属于自己的培训教育部门、中心，其规模甚至超越了一些国民高等学校。（5）商业机构。商业的成人教育机构也在不断成长中，这个机构的目标群体是那些有能力自己支付费用的成人学习者。（6）高校。学术性的成人教育主要由国家和私立的高校提供。1976 年联邦颁布的《高校常规法》规定，大学有义务参与继续教育活动，并提出与成人教育机构合作的相关计划。目前，德国大约有 50 所高校有继续教育中心，并与工会、企业等机构合作开展成人教育。[3]（7）远程教育中心。德国目前有三个大型的全国性的远程教育机构。其中一家已成立了几所国家承认的远程高等专科学校和一所综合性大学。

截至目前，德国有 35 个成人教育专业组织，其中最具有影响力和代表性的就是德国成人教育协会（DVV）。协会成立于 1953 年，有各州约 900 所民众高等学校联合组成的学术团体，同时有 4 000 多个分会，总部设在波恩。其代表和维护各种成人教育机构和民众高等学校的共同利益，促进德国成人教育及其组织的发展。该会于 1969 年成立国际合作部，旨在向非洲、亚洲和拉丁美洲国家提供成人教育方面的援助。[4]德国其他一些主流成人教育专业组织还包括天主联邦成人教育协会、德国新主教成人教育协会等。2008 年，这些主流成人教育专业组织的成员组织数量、开展研究会数量及参与人数总结如表 6.1。

表 6.1　德国主流成人教育专业组织

联邦协会	成员组织	研讨会数量	参与人数
德国成人教育协会(DVV) 社区成人教育中心的伞式组织	974	688 711	6 756 611
天主联邦成人教育协会(KBE)	601	60 588	1 081 139
德国新主教成人教育协会(DEAE)	480	55 657	11 136 552
“工作与生活”协会	162	7 240	119 632
德国教育研究院协会	98	5 502	118 277

第二节　德国成人教育工作者现状

一、成人教育工作者的基本情况

2005 年，德国经济研究中心(WSF)的调查显示德国有近 160 万的成人教育岗位。大约有 135 万的岗位与教学岗位相关。鉴于从事教学岗位的员工常常在多个教育机构中兼职，因此经估算大约有 65 万人在德国从事成人教育教师这个职业(WSF，2005)。

同年，WSF 对 1 531 个成人教育机构以及 4 847 位成人教育工作者进行调查，这些受访者主要是从事教学、咨询以及计划的工作，行政员工并没有纳入受访对象中。调查结果显示，有 65.3%的成人教育工作者属于自由职业者，只有 12.3%的成人教育工作者拥有永久的合同。也就是说，每 8 名工作者中只有一人获得了有保障的雇佣合同。而这些有正式劳动合同的从业者中，大约四分之一在私人成人教育机构工作。而在一些非营利的机构中，只有不到 5%的员工有正式的雇佣合同。

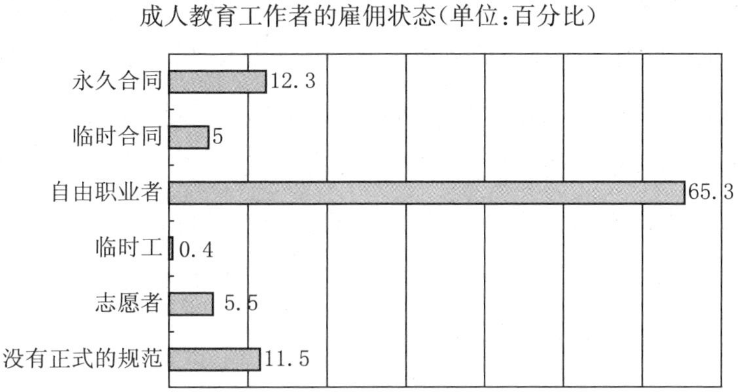

图 6.1 成人教育机构教师雇佣状态

调查显示，目前德国成人教育工作者面临的最突出的问题就是，学历水平与雇佣地位的巨大差异。大部分成人教育工作者都具有比较高的学历。大约 73%的工作者具有大学或者理工专科院校的学位，只有 1%左右的工作者没有获得任何的职业学位。具体如图 6.2 所示。

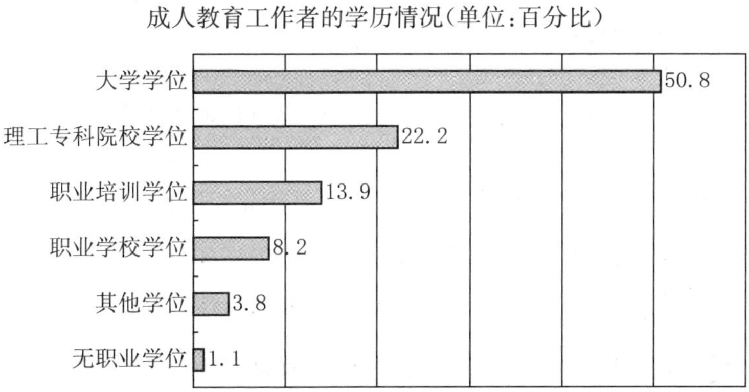

图 6.2 成人教育工作者学历情况

调查结果还显示不论是全职工作者还是自由职业者在进入成人教育领域工作前具有5—15年的与其专业相关的工作经验，平均开始在成人教育领域工作的年龄是34.2岁。尽管1981年的德国联邦教育部会议曾提出成人学习机构应该要为受雇用者提供长期的雇佣合同以及保障，但是，调查的结果却显示只有12.3%的全职工作者有永久的合同保障，并且有很大一部分的从事教学的员工是按小时付薪金，小时薪税后是大约10欧元。当然，薪金和其所在组织、区域以及授课的内容相关。与相对较低雇佣地位和经济收入相比，受访者对自身工作的满意程度却是出奇的高。数据显示，25%的受访者对自身的工作状态非常满意，57%的受访者表示满意，15%的受访者表示不太满意，只有3%的受访者表示不满意（WSF，2005）。

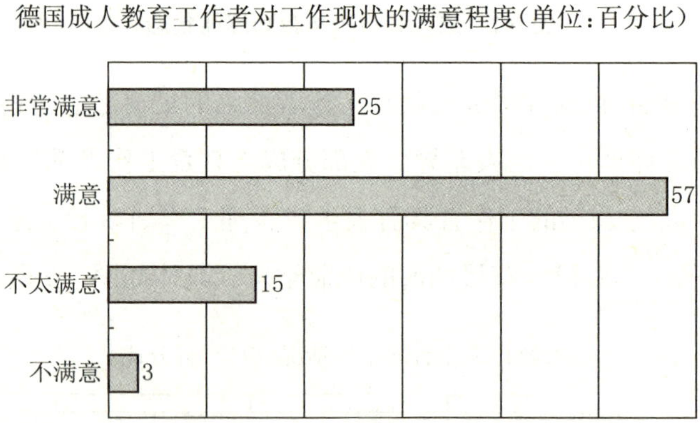

图6.3　成人教育工作者对工作现状的满意程度

总体来说，德国成人教育工作者的现状是，大多数有着较高的学历，却缺乏有保障的雇佣合同且收入水平较低。但是，受访者对自身的工作却有着较高的满意度。究其原因，主要是受访者认为能否独立地在相对舒适的环境中计划和实施教学是判断工作满意程度的重要标准。相较于此，收入水平以及雇佣保障等显得不是那么重要。但是，对于全职员工来说，收入水平以及雇佣保障仍然是他们考虑的重点。此外，WSF 的调查还显示工作者对其提升工作地位的期望与现实情况之间有着巨大差距。尽管工作者对目前其工作现状总体满意，但还是表现出了对提升其雇佣地位以及经济收入等方面的热切期望(WSF, 2005)。

二、 成人教育工作者的专业化途径

德国大多数成人教育工作者都是根据自己选择，改变原来的职业而进入成人教育领域。因此，他们有着不同的资格认证途径。从业者主要通过两种途径来获得成人教育领域的从业资格。第一，通过高等教育；第二，通过继续教育。

德国成人教育大学学位于 20 世纪 70 年代发展起来。目前有超过 40 所大学提供有关成人教育及继续教育的学术教育，其中包括 9 个本科学位专业(Egetenmeyer & Strauch, 2008)。自从德国引进学士—硕士学历结构后，一些大学也开始设立成人教育和继续教育的硕士项目。硕士学位的专业多是关注成人教育领域中的某个特定的专业领域，如成人教育管理、成人教育媒体等。值得一提的是，欧洲成人教育硕士学位(EMAM)由德国成人教育研究院(DIE)以及其他 8 所欧洲的大学合作建立。截至目前，有两所欧洲大学提供这个课程。这样学生们就有机会在不同的欧洲大学，通过来自欧洲不同国家的老师，学习同样的核心课程。

另一种途径就是通过继续教育。在德国，目前还没有国家层面统一的成人教育工作者的专业化模式。但是，却有许多从业者进行继续教育的机会。社会上有大量的培训机会，为从业者提供各种各样资格证书(Kraft, 2006)。这些资格证书有着不同的价值且不具有可比性。为了将这些培训内容和提供培训的机构信息整合在一起，德国成人教育研究院构建了一个名为 Qualidat 的数据库。该数据库为成人教育工作者(包括教师、培训师、课程指导师、讲师、导师、计划者、管理者及行政人员等）提供全国范围内的教育培训机构信息及培训项目、课程内容等信息。[5]但是，该数据库并没有对这些培训课程的质量进行描述、评价和分级，培训机构以及课程内容质量的好坏完全是由学习者来进行判断。

事实上，德国目前对成人教育机构的质量保障也是缺乏规范的，全国范围内并没有正式的规范成人教育机构资格的法规。德国联邦教育部大会在20世纪70年代出台了有关成人教育全职员工的专业岗位的建议稿，该建议稿认为劳动力可以分为3个岗位：管理者、教育/教学员工以及教育/教学助手。这3个岗位的从业者都必须拥有专业学位。如今，管理和全职教育员工仍然要求获得专业学位，但并不是一定需要有成人教育或者教育领域的学位。由于没有国家层面的规范标准，为了保障组织的教育服务质量，一些机构已经构建了自身内部的标准，例如要求教学员工参与教学资格认证课程等。此外，员工的专业培训及专业发展被认为是一件“自我负责”的事情，国家对成人教育员工的培训与专业发展过问的并不多。尽管有些州的继续教育法制定了全职以及兼职员工的相关工资待遇要求，但是员工的选拔和发展始终还是由雇佣机构负责。

第三节　德国成人教育工作者能力界定

一、成人教育工作者的分类

在德国，不同的成人教育机构对其员工有着不同的称谓。如社区成人教育中心，从业者多被称为教育员工或者讲师；在工会，从业者多被称为指导员；在公司以及社会培训机构中，则多被称为培训师或教育经理。总体来说，成人教育工作者主要可以被分为以下4类[6]：

(1) 全职成人教育经理。成人教育经理主要代表和运营该成人教育机构。他们的主要任务包括市场营销、公司关系、财务控制、人力资源管理以及开发、质量保障、网络关系、资源整合等。

(2) 全职教育员工(pedagogical staff)。全职的教学员工主要在宏观教学(macro-didactic)的层面上负责学习活动的组织、计划和安排。具体包括项目规划(确认需求、分析目标群体、规划课程)、执行课程计划(组织研讨会、将项目付诸实践)和评估。此外,他们的职责范围还包括为机构选拔教学员工,并向他们提供指导、咨询等服务以促进他们的能力建设。值得指出的是,最近在一项调查中显示的全职教育员工的新的职责包括进行市场分析、为组织和个人提供定制的课程计划等(Egetenmeyer & Strauch, 2008)。

(3) 教学员工(Teaching staff)/课程教师。他们的活动主要包括是在微观教学(micro-didactical)的层面组织和促进成人学习。他们的任务主要包括准备学习材料、媒体规划、教学、咨询、指导以及对学习结果进行评估等。

(4) 全职行政人员。他们的活动主要包括处理成人学习机构中日常的和教学的行政事务。

很显然,这样的描述显得过为简单了。首先,有关这些活动和责任的描述主要是根据在20世纪70年代有关成人教育劳动力分工的理论模式,并没有基于实证研究的成果。尽管这个组织模式对许多社区成人教育中心仍然有效,但是对于其他一些社会成人教育机构却不再受用(Dausien & Schwendowius, 2009)。根据组织的大小的不同,员工需要承担混合的责任,但是这些责任之间的界限常常是非常模糊的。例如,从事行政工作的员工所从事的活动常常超越了单纯的行政工作,也为学习者提供指导以及建议。同样,行政员工所从事的工作也卷入教育、计划和管理等方面。第二,研究表明成人教育工作者在不同成人教育中心、企业以及社会教育机构等所承担的责任也不尽相同。另外,全职教育员工以及教学员工之间的任务分工也不是很明确。例如，规划和管理岗位的任务也常常包括教学以及咨询等，并且也常常是在一个微观教学的层面中完成。第三，现实中，成人教育工作者的责任比上文所提到的更加复杂与多样。例如，有关咨询、指导和支持岗位的复杂程度就可见一斑。尽管相关的学习支持活动被认为在终身学习以及自我导向学习的框架中特别重要，但是支持活动并没有被认为是制度化能力档案中的一部分。此外，另外一类活动将在某些成人教育领域中变得越来越重要，即国内外的项目和关系网的管理。这包括协调网络（包括机构、公司以及事业单位等）、评估欧洲范围的合作和国家合作网络、监控国家以及欧洲的资助项目、撰写项目申请书、筹资以及公司有关技能规划的咨询等等(Dausien & Schwendowiu, 2009)。

若按岗位分类成人教育工作者存在弊端的话，还可以运用另外一个维度来对其进行分类。这就是按照成人教育工作者的主要活动领域来进行分类。德国成人教育工作者的主要工作活动可以分为七大类(Kraft, 2006)：教学、管理、咨询与指导、媒体使用、项目规划、支持服务和评估。

教学活动：教学活动是成人教育领域最重要的活动之一，但是"教学"这个词的含义也一直在变化。"教师中心"到"学习者中心"范式的改变，使得教学活动也发生了本质的变化。这种变化体现在开始使用不同的方式进行教学活动，如从单纯的教学到实施促动等。传统从事教学任务的教师还是需要有新的能力，例如，规划与传统课堂不同的教学模式等。在很多情况下，真正在从事"教授"这一单一活动的人是那些更加隐形的成人教育工作者团体，他们仅仅是在成人教育领域兼职甚至他们并不认为自己是成人教育工作者，因为"教学"或者是与"教学"有关的活动并不是他们工作的重要部分。

管理活动：管理活动是近几年来才在德国的成人教育领域中出现。

尽管有质疑的声音认为成人教育与工作者的管理技能并没有直接关联,但是管理的活动还是在许多情境下与教育相关的。不仅仅是成人教育机构的管理者需要有管理技能(如质量管理、员工开发以及教育市场营销等),在机构的内部,有关员工开发、职业规划以及人力资源管理的活动都是成人教育的一部分。此外,最近有些管理活动如资金募集、项目管理或是区域合作网络的构建等都显得越来越重要。

咨询与指导:咨询与指导意味着为了学习者提供咨询,根据他们的学习需求,帮忙和支持他们寻找最适合自己的学习项目。咨询与指导领域包括设立和更新信息系统和数据库以及核查项目的有关信息,也包括通过学习过程指导学习者、当学习问题突然出现或者是在评估学习成果时为学习者提供咨询。有时候这种类型的咨询也被看作是教学的一种。此外,在咨询领域的另一个重要的部分就是对个体的能力以及先前学习的认定。

媒体运用:随着科学技术的发展,大量的媒体开始被运用于成人教育领域。媒体运用包括设计和使用成人学习软件,与 IT 专家合作以及运用相互媒体和互联网开发教与学的新机会等。

项目规划:项目规划主要包括为公司开发培训项目等。特别值得提出的是,项目规划的工作还要与其他的利益相关者,如公司、当地政府、协会以及其他教育机构进行合作。

支持服务:目前支持服务并没有被认为是成人教育专业发展的主要领域。支持服务包括对成人学习过程进行技术、行政和组织的支持。此外,还包括广泛的各类活动,如通过电话回答潜在学习者的问询、为学员注册、准备教室设配等。提供这些支持服务的员工通常不认为自己是成人教育工作者。但是这些活动确实对成人教育的质量有着紧密的联系。因此,涉及成人教育工作者的专业发展时需要涉及这些服务(Nuissl & Lattle, 2008)。

评估：对教学质量的回顾、测评学习成果等。在学习过程中有越多的模块，学习者所需要开发的能力就越多，那么相关的评估的活动就应该相应增加。

这种分类方式不通过对成人教育工作者职业角色进行划分，而通过对其从事的活动进行分类。在这种分类方式下，一个成人教育工作者就有可能同时从事若干种活动。总的来说，成人教育工作者的分类可以基于岗位与活动这两种方式进行划分(如表 6.2 所示)。

表 6.2　德国成人教育工作者的分类

按岗位划分	按活动划分
全职成人教育经理 全职教育员工 教学员工 全职行政人员	教学 管理 咨询与指导 媒体运用 项目规划 支持活动 评估

二、 成人教育工作者的能力界定

在众多成人教育工作者所需从事的活动中，教学活动无疑是最重要的活动之一，因此有关成人教育工作者从事教学活动时需要具备的能力是被讨论得最多且成果最多的问题。目前，德国有关"教育活动"能力要求的界定，依据能力分类的维度的不同，主要有两个版本。

(一) 能力界定版本一

德国有关对从事成人教育工作者能力定义的关注正式开始于1997 年。[7]德国成人教育中心协会和德国成人教育研究院共同开发了针对成人教育教师的培训框架。在培训框架中，界定了从事"教学"活动的工作者所要具备的能力包括：个人能力、社交能力、教学能力、方法论能力、社会和制度化(societal and institutional)的能力。每个分类都有一些相对抽象的描述，笔者具体总结如表 6.3 所示。

表 6.3　能力界定版本一

能力类型	描　　述
个人能力	对自身学习传记的反思 考虑学习者个人学习传记（认可个体学习者的特质、学习传记的多样性） 反思教师和课程领导者的角色（个人与课程、机构以及其他教师的关系与理解） 理解力（认可和理解参与者的个人生活状态、接受范围与个人安全距离）
社交能力	在学习过程中有足够的交流（知道交流的模式，处理不同的交流情况） 评价以及运作小组过程（认可不同的小组情况、参与动机，处理不同的反应，领导课程，协调，陪伴学习过程，处理冲突） 指导以及咨询
教学能力	描述教与学的目标 挖掘教与学的目的 与参与者一起计划以及采取学习过程 课程材料的开发 评价与评估
方法论的能力	解释以及发言的方法，评价结果的方法 在学习过程中互动的方法 知识转移以及获得的不同方法 运用媒体的方法
社会以及制度化能力	工作的制度条件 教师的地位、角色和功能 社会形势以及教育政策的基本知识以及这些对成人教育的影响

该能力分类的方法是借鉴德国教育科学传统的能力定义方式（Bechtel, 2007）。这个模式主要是基于一个矩阵。这个矩阵的一个横轴代表的是能力的不同领域（专业相关的能力、方法论能力、个人能力等），而另一个轴代表的是该领域能力的具体要因素（知识、技能、才能等）。因此，具体的因素可以在能力的不同领域中分别呈现。

（二）能力界定版本二

2008 年，德国成人教育研究院作为研究主力参与了欧盟资助的 VINPEC 项目，以此为契机，研究院再一次界定了成人教育工作者从事“教学”活动所要具备的能力。在 2008 年的版本中，在成人教育领域从事“教学”活动的工作者所要具备的能力被划分为：知识、教育管理、评估、激励与咨询和个人与专业发展这五类。再在分类的基础上提出能力丛(competence cluster)，最后提炼出具体的能力要求。这个版本比 1997 年的版本显得更加具体且与实践联系更加紧密。2008 年的能力要求中将 1997 年版本中涵盖在社交能力与教学能力中的“指导与咨询”和“评价与评估”这两个能力单独提炼出来，显示出这两方面的能力对于成人教育工作者专业发展的作用日益重要。此外，该版本的能力要求还特别重视教师的教学管理与自身的个人专业发展。具体内容见表 6.4。

表 6.4　能力界定版本二

<table>
<tr><th>能力分类</th><th>能力丛</th><th>能力要求</th></tr>
<tr><td rowspan="5">知识</td><td rowspan="3">关于成人学习者心理—社会档案的初步认知</td><td>能够在教育项目管理中运用成人学习者的特征</td></tr>
<tr><td>能够意识到并承担作为工作人员、家庭成员、市民以及社区成员的成人的责任</td></tr>
<tr><td>运用教师指引、学习者导向的工具的能力</td></tr>
<tr><td>群体特征的认知</td><td>创造一个学习环境利于通过使用成人学习理论进行学习、有利于学习者文化和人际间的互动</td></tr>
<tr><td>自身专业领域的知识</td><td>熟悉自身专业领域</td></tr>
<tr><td rowspan="3">教育管理</td><td rowspan="3">准备教育项目</td><td>定义与回应学习者个体和集体的需求、兴趣以及目标</td></tr>
<tr><td>计划与项目任务目标一致的使用说明</td></tr>
<tr><td>与项目管理相一致</td></tr>
</table>

续表

能力分类	能力丛	能力要求
教育管理	设计教育项目	采用个体、集体和团队学习
		为学习者构建沟通、协商、决策制定和解决问题的能力
		将课程合理地分阶段分步骤
		为学生提供经常性的和多样的学习机会
		根据学生需求和表现监督和调节学习策略
	使用科技和资源（时间、资料、空间、人员）	有效的结合合适的媒体和科技作为工具
		选择和运用多样化的资源创造学习环境
		选择和运用科技为有效成人学习服务
评估	定义个人学习需求	与学习者共同定义他们的需求、长处和目标，并且建议他们合适的学习项目和阶段
	运用评估的数据	定期运用评估所得数据以计划发展课程、监督以及核实学习进程
	监督学习	通过多样性的评估策略监督学习
	评估和反馈	构建和促进学习者的学习和评估，并且提供学习者学习以及表现的反馈。可以通过反思以及自我评估的方式
	指引学习者（关注他们的独立性）	指导学习者发展并且定期回顾他们的教育计划
	学习者学习进程的稳定进行	运用定性方法稳定学习者的学习进程
激励和咨询	与学习者和同事分享信息	与学习者和同事分享关于额外学习资源、教育机会以及相关支持服务的信息
	提供合适的资源	当学习者所需的指导以及咨询需求超过能力范围，为其提供合适的资源
个人和专业发展	分析专业发展需求	分析专业发展需求和机会
	关注自我发展	展示自我发展的兴趣

从以上两个版本能力要求的界定内容可以看出，虽然能力界定的

维度不同，但是也体现出了德国成人教育工作者能力要求的四点发展趋势。

第一，单纯教学能力的弱化与教育管理能力的强化。从2008年的能力要求可以看到教学能力不再作为一个独立的能力分类，而是包含在教育管理的能力当中。这个变化体现出了对成人教育工作者从单纯的教学能力到全面的教育管理能力要求的转变。

第二，更加强调了解成人学习特征的能力。成人学习的特殊性以及成人学习过程的特殊性把成人教育与其他各种教育区别开来。因此，成人教育工作者需要更加了解成人的心理—社会(psycho-social)特征才能更好促进成人的学习过程。

第三，评估与咨询能力的要求凸显。2008年的能力要求中将评估与咨询能力作为能力要求的两大块内容，足以可见这两部分能力的掌握对成人教育工作者在实践工作中的重要作用。

第四，关注从业者自身个人与专业发展的能力。从业者的个人与专业发展也成为其能力要求的一部分。也就是说，从业者的个人与专业发展也将成为其工作能力的体现。

第四节　德国成人教育工作者的学术教育

长期以来，在德国盛行着一种观念，即认为成人教育是一项任务而非一个专业。在这种观念的影响下，人们大都认为成人教育者并不需要特殊的专业培训，其所具备的生活经验才是最重要的。因此成人教育成为了具有教育能力的人们的第二或第三职业的最佳选择。[8]二战后，随着民众对成人教育需求的不断提高，德国开始关注成人教育专业化问题并采取了一系列的推动措施(Egetenmeyer, 2013)。1953年，德国成立了首个成人教育学院，专门培训成人教育的师资和从事研究工作的人员。自1958年起，政府规定教育院校的毕业生可获得成人教育的职业资格，但要求他们在完成学业后，还要继续接受一年的与成人教育相关的特殊培训。[9] 1960年，德国成人教育中心教育办公室（德国成人教育研究所的前身）为成人教育工作者开展了介绍研讨会并提供了自学材料。1965年，德国第一个有关成人教育学术专业化的具体行动落实。德国文化部长会议同意了在教育学的学术文凭框架中涵盖成人教育专业，这个协议奠定了成人教育学术专业化的基石。20世纪70年代，德国通过了成人教育法案，该法案的通过标志着将成人教育发展成一个有着自己的准入规则的专业的战略已经开始实施。成人教育办学机构开始在各自的组织内为教师与培训者开展了一些短期的平行项目。自20世纪70年代以来，许多德国的大学引进了教育学的文凭项目并且在项目中给学生授予成人教育专业学位，承担其培养成人教育工作者的任务。有一些州的继续教育法还规定大学必须提供成人教育、继续教育的课程。20世纪80年代，德国就基本实现了成人教育教师与普通教育教师的培训都由综合性学院或大学承担的目标。目前，德国有超过40所大学和高等教育学校提供成人教育学相关课程，专业时长为4—5年。大约每年11 000学生选择成人教育相关专业，占德国全国选择教育类专业学生的四分之一。[10]

1999年，欧洲教育部长签署的博洛尼亚宣言开启了一个发展欧洲高等教育领域的进程，其目标为建立易理解、可比较的学士/硕士学位体系、引入以欧洲学分转换与累积系统（ECTS）为基础的学分体系、促进师生流动性、健全质量保证体系、制定终身学习计划等。[11] 在这样的背景下，德国的成人教育领域的学术专业化情况发生了巨大的变化。成人教育领域的学历、课程设置等开始进行大规模的调整，从传统的二级学位制[12] 改革为国际上主流的学士—硕士—博士三级学位体系。目前，德国几乎所有的成人教育专业已经纳入了博洛尼亚体系。

在成人教育的学科发展中，成人教育学科传统的课程重点是“教学”。而如今，一个更明显的趋势就是学科开始关注培训、项目设计、教育管理等方面的内容。正如前文所提到的，目前在德国大学成人教育相关专业中，有一些新的术语对传统的“成人教育”专业进行补充甚至是替换。在学士与硕士学习的某些阶段，成人教育专业把重点放在了“教育”和“教育学”上。而在硕士学习阶段学生可以进行更加具体的选择，例如进行“终身学习”“组织发展”“教育研究与教育管理”“咨询与指导”“媒体教育”及“学习文化”等方向的学习。这种更加具体的专业分类也许更加能够服务于市场的特定需求，但是对成人教育专业的构建课程结构来说却是一个很大的挑战。尽管如此，特别是在硕士层面，成人教育专业进行不同方向的分类在德国却也是大势所趋。在硕士层面的很多成人教育相关课程项目更加关注成人教育专业实践领域，意味着硕士学历开始转向实践导向(practice-oriented)的专业教育。

以实践为导向的学士和硕士项目在德国高等教育开始凸显。但是，也有研究表明在高等教育中进行实践为导向的教育还是存在困难，而解决这个问题的方法在于将学术知识与教育实践相结合。目前，德国学者对大学成人教育课程结构进行调查，发现了一些新的特征。如“互动的专业化”(interactive professionalisation)、“从指导到教学”(mentoring-to-teach)、“基于录像的案例实验室”(video-based case laboratory)(Egetenmeyer, 2013)。这些新的教学理念和方法将帮助学生尽可能掌握学术知识和获得实践经验。在德国大学的继续教育中，还存在另外一种例子，即学生在完成一阶段的实践工作后，返回到大学中进行有关成人教育的学术学习和反思。从学术专业化的角度看，这种方式意味着专业工作者专业发展的新的次序与道路。实证研究证明了专业工作对工作者在进行成人教育前期和中期学习的重要性(Schüßler, 2012)。学习者已具备的工作经验不仅影响到其学习方法，同时也影响了发展潜力：有工作经历的学生比没有工作经历的学生更加看重自我导向学习的重要性。学术专业化的核心问题是学术—实践的关系。对大多数学生而言，为专业领域的实践做准备是他们进行高等教育的主要目的之一。有关学术专业化的理解也应该不仅关注学术教育，更应该关注教育实践活动。有研究表明，德国成人教育的学生与从业者进行实践学习后，对理论有了新的认识。这些学生主观的评估认为，正是他们与从业者的互动为其带来显著的专业发展。

传统的二级学位制与新型三级学位制主要的不同在于发展出了更加细致的学习结构。与传统的学位制度中学生有着广泛的选择不同，当今的大学需要提供更加具体的学习结构。学习项目结构的组成与监督是学生满意度最有效的指标之一。但是，学生同时希望能有足够的时间进行自主性学习，这对学生的专业发展意义重大(Egetenmeyer, 2013)。因此，在课程设置方面需要将具体的学习课程安排与提供学生足够的自主学习空间整合起来。

尽管德国并没有强制规定需要有成人教育专业的学术文凭才能准入该领域，但是学术教育所提供的资格认证对推动德国成人教育工作者专业化及成人教育领域质量起到了关键的保障作用(Schüßler, 2012)。总体来说，德国高等教育中对成人教育工作者的学术教育在课程内容上，体现出了从关注教学到关注培训、项目设计、教育管理等内容的转变；在教育理念与方法上，体现出了从关注“理论”到“学术与实践相结合”的转变；在教学安排上，体现出了教育课程与自主学习安排的整合性。此外，在接受学术教育的顺序上不再严格按照传统的一次性教育的模式，对有工作经验的工作者进行学术教育也为从业者提供了新的专业发展道路与反思的机会。

第五节　专业化建设的趋势与挑战

在欧洲，德国是对成人学习工作者专业化研究起步较早、成果较多的国家，并且对欧洲该领域的发展起到了“领头羊”的作用。尽管目前的德国国内有关成人学习工作者如何面对改变及有什么样的发展趋势的实证研究相对较少，但是还是有一些研究带来了一些有关趋势以及发展的看法。

第一，有实证研究表明对成人教育工作者的能力要求将变得更加多样以及更具有挑战性（Kraft，2006；Nuissl，2008）。根据德国成人教育研究院的一项调查，在社区成人教育中心以及与教堂相关的教育中心工作的员工中，大多数的调查者表示除了教学以外的其他一些技能如市场营销技能、公用关系等变得越来越重要，相比之下，有关教学的技能的重要性并没有增加（Kraft，2006）。至于全职员工，有关经济和管理的技能也变得更加的重要。成人教育有些领域的全职员工已经开始感觉到这些对他们能力的新需求在“改写”他们的身份认同（Dausien & Schwendowiu，2009）。第二，成人教育工作者正在经历的重要的改变之一是有关对个体学习预设及要求期望的理解。根据学习的构建主义理论，学习者不能单纯被认为是工具的客体，而应该是他们自己学习活动的主体（Illeris，2009）。鉴于此，自我导向学习的重要性不断体现出来，包括创造学习环境的能力等。这些能力包括运用新媒体、IT 以及 ICT 技术等。第三，就是受众的变化，例如世界范围内的移民现象，使得接受培训的成人具有非常不同甚至是冲突的文化背景、需求和期望。总的来说，对成人教育工作者能力要求的不断变化在一定程度上影响着其对专业知识与技能的获得，从而也将影响到对其专业化的建设。

目前,德国在推动成人学习工作者专业化方面仍然面临着很大挑战,主要包括以下三个方面:首先,对成人教育专业化的迫切需求和现实中成人教育的工作环境之间的悬殊关系。事实上,在德国成人教育领域兼职人员的工作环境发生了严重退化。近年来,教育机构的经费不足导致人员的失业和自由职业者薪水的骤降。而种种情况的发生是否会带来更合理的教育结构以及更高的教育水平仍旧疑虑重重。不过可以想见的是大多数的自由职业者将可能无法承接一些额外的预约,甚至是一些长期的价格较高的课程(Dausien & Schwendowiu, 2009)。这种教育系统发展的结构状况对于全职职员也并非有利。体制结构的可靠性是成功专业化策略的先决条件,然而这种可靠性在津贴缩减、全职缩水以及短期项目人员减少的现状面前则显得愈加不堪一击。

其次,近年来质量管理体系被介绍到了一些成人教育中。然而,这一体系在从业人员发展的系统化层面上,是否能够真正起到专业化作用仍旧不得而知。质量管理体系仅仅是从机构发展目标的考虑出发,确保员工发展能够涵盖相应的组织发展重点。并没有一个质量体系是从提高教学质量或者改善教学程序的逻辑出发,对教员最基本的资格给出界定(Kraft, 2006)。由此可见,将教学质量的提高及成人教育的专业化完全寄希望于质量管理体系的实施似乎颇值得推敲。

再次,教学资格认证缺乏透明度以及可比性。上文中提到,通往成人教育的道路不尽相同,因而各种考试和资格证书的分量也就参差不齐。而品种繁多的资格认证课程不仅给从业人员也给聘用他们的机构带来了许多不便,特别是涉及水平评估以及薪酬计算的问题。德国联邦教育部为此组建了专家团,专门负责处理再教育行业相关的问题。针对以上问题,专家团建议通过一定形式的测试来认证成人教育从业人员的培训课程以确保透明度和可比性。为了将多种的资格认证系统化,德国学习者提出的一个重要的建议就是将从业者的资格认证和能力认定模块化。2008年，在一次联邦教育部的研讨会上，专家们经过研究论证，提出了一个参考性的资格认证框架(Seitter & Kraft, 2008)。这个模块式资格认证框架是在欧洲资格框架的结构上发展出来的，规定了行业以及从业教师的一系列标准，以确保教学能力和教学资质的可比性。设立这样的参考框架同时也保证了通过非正式渠道获取的能力的有效性。这就表示，对于情况频繁变动且复杂的成人教育领域，这一参考能够使得绝大多数的从业人员能够得到知识和能力的认定。这个参考性的资格认证框架还提议将教育机构设立的成人教育工作者教育培训课程认定为资格认证的模块课程，并力求将国家级的可比性与个体培训机构的特色结合起来。基于这样的研究成果，德国成人教育研究院曾多次建议发展出一套适合德国本土的标准体系。然而至今，也没能发行一套德国国家级的继续教育资格认证框架。究其原因，一部分是联邦政府投入不足，还有一部分是联邦政府的继续教育部门与私营的成人教育机构之间的利益分歧。

总而言之，德国成人教育的多样化特征为专业化带来的影响仍旧在被广泛讨论。不过目前看来通过资格认证标准来确保教育质量的目标是没有争议的。其次，保证专职人员的工作和合同环境也是专业化建设的目标之一(Dausien & Schwendowius, 2009)。德国的成人教育至今已经历了两百多年的发展，不仅为成人教育的专职人员提供了多样的从业环境，同时也为学习者提供了多种途径来找到适合自己的继续教育。最后，还有一个值得思考的问题，就是如何能在资格认证标准化的大概念下保持原本的教育解放的思想不丢失，如何才能保证工作者在多种学习机会下找到独特的方向而不是沿着预设好的轨道前进。

注 释

[1] 曹荣君等:《德国成人教育发展述评》,《河北大学成人教育学院学报》2013 年第 1 期,第 64—66 页。

[2] 赵大星:《德国成人教育的多元化机制》,《河北大学成人教育学院学报》2007 年第 9 卷第 2 期,第 41—42 页。

[3] 陈福祥:《德国成人教育发展概况及其特征解析》,《高等函授学报》(哲学社会科学版)2007 年第 3 期,第 45—47 页。

[4] 刘奉越:《专业化视角下的德国成人教育特征》,《中国成人教育》2008 年第 7 期,第 118—119 页。

[5] 参见 DIE, http://www.die-bonn.de/Weiterbildung/Qualidat/Default.aspx。

[6] Bettina Dausien and Dorothee Schwendowius, "Professionalisation in General Adult Education in Germany: An Attempt to Cut a Path through a Jungle", *European Journal of Education*, Vol.44, No.2, 2009, pp.183—203.

[7] Mark Bechetel, "Comptence Profiles for Adult and Continuing Education Staff in Europe: Some Conceptual Aspects", in Susanne Lattke and Ekkehard Nuissl, *Qualifying Professionals for Adult Learning in Europe*, W.Bertelsmann, 2007, pp.45—61.

[8] Regina Egetenmeyer and Ekkehard Nuissl, eds., *Teachers and Trainers in Adult and Lifelong Learning: Asian and European Perspectives*, Peter Lang, 2010.

[9] 刘奉越:《德国成人教育专业化发展的历史轨迹》,《职教论坛》2009 年第 5 期,第 57—60 页。

[10] Ewa Przybylska, "Pathway to becoming an adult education professional in Europe", in Ekkehard Nuissl and Susanne Lattke, *Qualifying Adult Learning Professionals in Europe*, Bertelsmann, 2007, pp.87—100.

[11] 徐理勤:《博洛尼亚进程中的德国高等教育改革及其启示》,《德国研究》2008 年第 23 卷第 3 期,第 72—76 页。

[12] 第一级学位分为三种:理工硕士(Diplom)、文科硕士(Magister)和国家考试(Staatsexamen),第二级即为博士学位。

第七章 罗马尼亚成人学习工作者专业化建设

第一节 罗马尼亚成人学习概况

罗马尼亚的成人教育早在19世纪初就开始并逐步发展，截至1989年，罗马尼亚全国就有超过200所社区文化中心、文化俱乐部和大约3 000所成人大学。[1]1989年12月后，伴随着罗马尼亚社会主义政权解体以及政治经济体制的巨大转型，罗马尼亚的成人教育也随之发生了重大的变化，主要经历了三个阶段：[2]

第一，衰退阶段(1989—1993)。在此期间，罗马尼亚正处于转型初期，政治经济体制正经历着重大的转型期，成人教育领域甚至整个教育领域被忽视。与轰轰烈烈的政治经济转型相反的是，罗马尼亚的成人教育领域并没有进行必要的改革，状况甚至比以往还更加糟糕。成人参与学习的热情锐减，参与人数急剧减少，全国近一半的成人教育机构关闭。

第二，重建阶段(1993—1997)。在此期间，罗马尼亚政府开始意识到成人教育的重要性，并开始持续探索新的发展策略。1995年，罗马尼亚修订了《教育法》，将成人教育纳入整个国家教育体系中，确立了终身学习框架，为成人提供接受业余教育和远程学习的机会。罗马尼亚政府重新构建了一个分权的、灵活的成人教育框架，并且提供足够的财政支持。此外，寻求国际合作也为罗马尼亚成人教育的发展开辟了新的道路。在德国成人教育协会和丹麦成人教育组织的帮助下，罗马尼亚人民大学以及文化馆协会在罗马尼亚建设国家范围内的成人教育网络，超过 80 家成人教育机构成为该网络的会员。与此同时，国家劳动和社会保障部也开始投资构建新的继续教育和培训机构，为成人提供“第二次受教育的机会”，帮助他们更好地迎接市场化发展所带来的挑战。

第三，发展阶段(1997 至今)。罗马尼亚成人教育质的发展始于 1997 年，罗马尼亚教育部参加了联合国教科文组织在汉堡举行的第五届国际成人教育大会后，展现出了进一步发展该国成人教育的决心。在战略发展方面，国家继续教育委员会和国家远程教育办公室于 1998 年相继成立，在终身教育的理念的指导下开发成人教育发展战略。在理论研究方面，罗马尼亚国家成人教育协会于 2000 年在西蒂米什瓦拉大学成立，旨在构建全国成人教育发展的理论平台、推动成人教育的理论研究。在规范监管方面，2000 年起，罗马尼亚政府开始建立全国统一的成人教育机构标准，针对成人教育机构的教学方法、内容、形式和程序等都有具体的规定。在立法方面，2002 年修订的《成人培训法》和 2004 年修订的《就业法》分别就成人教育的地位、培训内容以及就业情况进行了阐述。2011 年修订的《教育法》进一步对成人教育的办学原则、成人教育机构的定位和规范做出了规定。除此之外，罗马尼亚认可了欧洲乃至全球范围的一个共识，即成人教育工作者专业化的程度将直接影响到成人教育以及终身学习的质量，开始关注成人教育工作者的专业化建设问题。2007 年，罗马尼亚正式加入欧盟后，紧跟欧洲成人教育以及终身教育的发展步伐，多次作为研究主力参与欧盟成人教育工作者专业化建设的研究项目，体现出了其在该领域的研究实力以及影响力。

第二节　罗马尼亚成人教育工作者

一、成人教育工作者的角色

在大多数情况下，罗马尼亚的成人教育工作者并没有受到合适的培训、没有正式的资格证书、拿着很少的薪资并且在并不受到尊重的环境中工作（Lupou, Nuissl & Sava, 2010）。罗马尼亚的成人学习工作者普遍被认为的角色有：培训师、教学员工或者是讲师。但是，现在有一系列的新的角色，这些角色并没有被定义以及规范，例如教练、导师、能力评估师、项目评估师或培训机构评估师、在线促动师、学习空间设计师等。国家成人培训组织（NATB）是罗马尼亚成人专业培训制定规范以及实施监督的机构。该机构持续对国内各机构所提供的成人学习机会制定以及实施质量评估系统和标准体系。NATB 监督以及促进相关专业培训的机构依据国家质量标准和行业标准提供相关的成人学习服务。正因为成人教育工作者的质量是讨论成人学习服务质量的前提，罗马尼亚的法律规定提供职业培训的机构中提供职业培训的培训师必须具备相关领域的能力与技能，该机构才能被 NATB 所认证（Lupou & Siliman, 2011）。从 2010 年 1 月起，培训师不仅需要对提供培训的专业领域熟知，还需要具备相关的证书证明其具备对成人提供教学的能力（Sava & Lopou, 2008）。尽管这个首创对促进成人学习工作者的专业水平有着很大的作用，但是这个首创只是针对专业培训机构以及提供专业培训的培训师。那些提供一般（非职业）成人教育以及其他类别的成人学习工作者（不包含培训师）依然面对着不确定的地位以及不明确的认证途径。

在罗马尼亚，成人学习工作者扮演着以下四种角色：(1)管理角色：这是一个管理和实施成人教育行动很重要的角色。承担这个角色的工作者需要能够管理项目、进行教师和学生的招募、与董事会和理事会合作、开发合适的预算计划、展示出领导力等。(2)教学角色：绝大部分的成人教育工作者都是教师或者培训师。他们的岗位五花八门，有全职的成人基础教育教师、一般成人学习教师满足成人业余学习需求，也有职业技术培训教师和大公司中的培训师等。但是，大多数的成人教育教师并不是以上述的职业岗位为主要收入。(3)咨询角色：从事咨询角色的成人教育工作者主要是从事项目计划、评估以及研究岗位，常常是兼职或者短期的工作。从事咨询角色的工作者常常还需要组织研讨会和会议。(4)评估角色：在成人教育领域一个新兴的领域就是对成人的学习成果进行认证。罗马尼亚是欧洲少数的几个构建了对专业能力进行认证的国家系统的国家之一。因此，成人教育工作者的评估角色在罗马尼亚尤显重要。

二、 成人教育工作者的专业化途径

在罗马尼亚，没有明确的成人教育工作者进入劳动力市场的准入标准。从业者主要通过三种途径进入成人教育领域。

1. 通过学术的教育(高等教育)

第一类的资格认证途径是通过高等教育。在本科层面，目前，有 6 所罗马尼亚的大学有成人教育的相关课程。在硕士层面，有 4 所大学提供成人教育的硕士专业课程，包括西蒂米什瓦拉大学、布加勒斯特大学等。此外，西蒂米什瓦拉大学还为欧洲成人教育硕士学位提供相关的课程教育活动。

2. 通过继续专业培训体系

第二类是通过国家继续专业培训体系(continuing professional

system)进行专业发展和资格认证。罗马尼亚专业培训体系为成人教育工作者提供资格认证的机会,具体来说,为培训师、专业能力评估师、项目经理、培训教员、培训设计者这五类职业提供资格认证的途径。

第一,培训师。

截至2011年7月,罗马尼亚全国共有400家授权的培训机构为培训师提供培训项目课程。其中,培训项目包括如下:12项培训师职业的职前培训项目,318项提高培训师能力的培训项目,170项培训师特定培训的培训项目。这一共500项培训项目的课程内容设置是基于培训师的培训能力档案[3](如表7.1所示)。

表7.1 罗马尼亚培训师能力

能力类型	序号	能力单位
培训师的特定能力:培训能力	1	培训准备
	2	培训实施
	3	评估学习者的能力
	4	运用特定的成人培训方法以及技术
培训师可选择的能力:培训项目管理	5	培训项目市场营销
	6	培训项目规划
	7	项目培训组织
	8	培训项目的评估、反馈以及质量保证

第二,专业能力评估师。

截至2011年7月,罗马尼亚全国共有27项针对评估师的资格认证培训项目。评估师所要具备的能力档案总结如表7.2所示。

表7.2 罗马尼亚评估师能力

能力类型	序号	能力单位
计划与组织	1	计划和组织评估
	2	记录和报告评估结果

续表

能力类型	序号	能力单位
评估与评定	3	设计评估工具
	4	开发有效的评估
	5	分析评估数据
控制与监控	6	外部控制评估过程
	7	内部控制评估过程

第三，项目经理。

截至2011年7月，罗马尼亚全国共有488个针对项目经理的培训项目。项目管理者所要具备的能力总结如表7.3所示。

表7.3　罗马尼亚相关管理者能力

能力类型	序号	能力单位
管理	1	保证遵循合同计划
	2	项目实施的协调
	3	定义和分析可能的风险以及控制和监督行动
	4	协调小组以及个体一起达到项目目标
组织	5	保证必须的资源
	6	开发项目实施的工作计划和时间表
	7	提炼项目要求

第四，培训指导员。

2011年，罗马尼亚职业与资格认证注册局颁布了一项新的针对促进成人学习方面有着指导作用的培训指导员制定的职业标准。需要掌握的能力包括以下7个方面：(1)设计培训活动；(2)保障培训管理；(3)进行培训评估；(4)保证特别的实验室以及工作坊的仪器以及机器的正常使用；(5)在培训中运用ICT技术；(6)为学习者提供咨询；(7)保证职业管理以及个人发展。

第五，培训设计师。

培训设计师的职责是能够专业地对培训项目的总体设计负责，包括从最初的特殊培训需求定义与分析到项目的影响以及运行的有效性分析。培训设计者所需要的能力包括以下 5 个方面：(1)分析培训需求；(2)设计培训计划；(3)实施培训计划；(4)开发培训材料；(5)评估培训计划、课程、材料以及方法。

3. 通过对以往学习和经验的认定

2004 年，罗马尼亚已经完成了全国非正式/非正规学习能力认定体系的构建。虽然罗马尼亚的这一体系仍非常脆弱，相对于其他欧盟成员国来说，已经可以算是成人教育领域一个不小的成功了。在国家委任的评估中心，有着统一而明确的职业标准以及国家认可的能力测评师。因此罗马尼亚模式应该可以称得上是一套相对发展完善能将认证理论付诸实践的操作模型。截至 2012 年，已经有 61 个认证中心共同加入了国家注册能力测评中心。这些中心能够对包括社会工作、农业、教育及职业培训、文化、建筑、管理、非正式交流、旅游、酒店与餐馆、零售业、食品加工、林业、木业等在内的 182 个职业进行专业能力测评(Sava, 2008)。

对以往学习以及经验的认定也是专业化的备选途径之一。2004—2008 年，通过罗马尼亚国家能力评估中心认证的专业培训师达到 590 人。但是，有调查显示(Lupou, Nuissl & Sava, 2010)，虽然非正式/非正规学习的培训面更广，涉及的培训人员更多，但是其证书的含金量依旧不及正规学习模式中所获得的证书。在两种培训模式下，有经验的培训师更倾向于正规学习模式，因为他们对能力认定的模式缺乏认识。此外，雇主也还尚未对这种非传统的认定模式建立起足够的信心。

从以上可以看出，成人学习工作者专业化的途径是多样的，但却也是分割的、缺乏规范的。目前，欧洲有关成人教育领域的研究趋势是如何将这些繁杂的成分整合到一个具有可持续性发展的专业化体系中。罗马尼亚同样也在经历这些变化与挑战，在这个过程中两次国家教育会议为罗马尼亚成人教育的发展进程奠定了里程碑。2006 年的国家会议讨论了成人教育工作者的专业状态、职业角色以及所需求的基本能力技能(Sava, 2008)。2010 年的国家会议在考虑下一步发展的同时，国家成人学习专业工作者发展体系也正在逐步建立中。其中，能力认定过程的构建是这个体系建立的核心要素，也是解决近来矛盾与问题的关键。罗马尼亚在成人学习工作者专业化体系建设方面的研究在欧洲属于领先地位并具有一定的影响。本书将于下一节重点介绍分析罗马尼亚在成人学习工作者专业化系统建设方面的研究成果。

第三节 “成人教育工作者专业化体系研究”项目研究成果述评

2011 年，修订后的罗马尼亚《教育法》第一次提出需要在罗马尼亚建立一个成人教育工作者的专业化体系以保障成人教育工作者的教育培训以及持续专业发展。[4] 罗马尼亚国家“成人教育工作者专业化体系研究”(ProAPLP)项目随后启动，旨在探索出一套罗马尼亚成人教育工作者专业体系的建设方案。“成人教育工作者专业化体系研究”项目由欧盟委员会资助，罗马尼亚教育部、布加勒斯特大学、终身学习发展协会以及罗马尼亚成人教育研究院共同参与推进，旨在探索罗马尼亚成人教育工作者专业化体系的可行方案。最新研究报告阐述了构建成人教育工作者专业化体系的三种方案，围绕这三种方案，研究人员通过调查问卷、访谈、焦点小组以及专家咨询等方法，在罗马尼亚全国范围内对成人教育各个领域的专家以及实践工作者进行了咨询与调查，以收集各方对这三种方案的意见。

一、方案一：高度规范的体系

成人教育工作者专业化体系建设的第一个方案，是建立一个“高度规范、中央集权以及标准导向的体系”。[5]该方案试图用一个高度规范的体系解决成人教育工作者教育与培训需求、培训过程以及评估过程的多样性问题。

该体系的核心是构建一个中央机构，履行专业规范、能力评估、培训课程授权、质量评估、财务预算等多重职能。该体系的重点在于标准的制定，包括成人教育工作者培训机构的标准、成人教育工作者的专业标准、培训质量的评估标准等。我们可以看出，这个体系中的成人教育工作者的教育与培训将是标准化、分层级的，其专业化道路是一条国家高度规范的道路。

这个建设方案具有以下几点优势：第一，有利于教育培训资源的整合与利用，避免随机分配资源以及将资源分配到不相关的培训领域等情况；第二，有利于完整地反映成人学习工作者的教育培训过程，促进这一过程各环节之间的关联性和连续性；第三，国家层面的资格认证书有利于成人教育工作者获得在劳动力市场较高的认可度；第四，有利于成人教育工作者职业标准的有效修订，使之更加切合专业标准；第五，有利于提供成人教育专业工作者有效的咨询、指导以及支持活动等。但是，调查结果显示，也有受访者认为这个方案缺乏灵活性以及动态性，他们担心质量评估机制有可能变成控制机制，也有可能导致形式主义和腐败的发生。还有专家指出，由于成人教育及培训领域的复杂性，创建一个满足各方面需求的多功能国家机构存在困难。开发各类标准过程的费时与艰难、达成统一专业发展路径的困难等问题也引发了受访者的担忧。此外，集权化的体系还有可能会更多地关注投入和过程，而相对较少关注成果以及效果。

二、方案二：灵活、松散规范的体系

成人教育工作者专业化体系建设的第二个方案是建设一个灵活的、松散规范的体系。该方案试图给成人教育工作者提供一个较为宽松、灵活的专业化环境，一方面他们可以根据自己的需求选择专业化途径，另一方面，也有如专业协会这样的专业机构对其进行规范与指导。

该方案的核心在于建立一个相对独立的专业协会，该协会将同时规范成人教育工作者以及成人教育工作者教育培训的机构。此外，该协会还有责任将成人教育工作者教育培训的供给与劳动力市场的需求联系起来。该方案的重点在于关注供需关系以及具体的成人教育工作者的培训项目，在一个松散规范的体系中提供灵活、基于项目的专业化道路。值得指出的是，该体系的构建也离不开政府部门制定相关政策以及法律予以支持。

这个专业化体系建设方案有以下几点优势：第一，提供多样化的培训项目以及职业发展轨道，可吸引更多利益相关者参与；第二，增加成人教育工作者教育培训机构之间的竞争，有利于培训质量的提升；第三，形成专业协会、教育培训提供机构以及其他利益相关者的合作关系；第四，促进正式信息（制度化的数据库等）以及非正式的信息（最佳实践经验等）之间的交换。但是，调查报告中显示受访者认为这种松散管理的体系有可能会造成培训项目、培训服务以及成人教育工作者专业发展之间的不连续、不一致。另外，对成人教育工作者已获得的能力、资格以及相关学术记录的认可也有可能受到限制。

三、方案三：自我规范的体系

专业化体系建设的第三个方案是自由度最高的，该方案既没有集中管理，也没有专业共同体的干预，唯一需要担当责任的主体就是“市场”及其独特的自我规范机制。在这种情况下，选择最好的教育培训机会的责任完全落到了成人教育工作者自己身上。他们必须在市场中购买教育培训服务，并且运用尽可能多的、必要的方法来保证他们所接受的服务的质量。

该方案主要有以下几点优势：第一，责任完全落到那些购买教育培训服务的成人教育工作者身上，增加了个体对于自身发展的责任，并且将关注点从制度化的选择转移到个体化的选择；第二，将教育培训供给与特定的需求更好地联系起来；第三，鼓励当地开发以及推广定制的、特定的培训供给；第四，构建以及保持供应者、受益者以及赞助商的良好关系；第四，通过自有市场的竞争提高培训供给的质量，支持基于能力的培训体系的开发进程。同样的，这个方案可能出现的问题也在报告中有所提及。例如，很难做到机会公平，在一些欠发达的地区，如果缺乏中央干预，就会增大与发达地区之间的差距；人们有可能选择廉价的培训项目，从而存在低质量教育提供者的风险；缺乏正式的标准有可能对专业化体系造成危害等。

调查结果显示大多数受访者都表示成人教育领域亟须一个新的专业化体系。少数不赞同建设专业化体系的受访者的担忧是，构建专业化体系有可能过度地规范、控制和限制那些没有接受过正规专业教育的从业者进入成人教育行业的机会。大多数受访者偏向于选择一个开放的、灵活的专业化体系并认为建立一个强大的专业协会来管理成人教育工作者专业化体系非常重要。大多数受访者表示成人教育工作者的资格认证模式应该是“多阶层”的，在其职业发展的每一步都有对应的资格认证。此外，质量保障机制以及经济支持政策也是多数受访者认为需要在新构建的专业化体系中明确规范的。

四、 专业化体系建设的五大要素

一个完善的专业化体系需要有一些核心的要素来指导以及保障

其发展，以下 5 种要素将对成人教育工作者专业化体系产生关键的影响。

第一，质量。质量是保证专业化体系的有效性以及可接受度的重要影响因素。质量保障不仅需要对为成人教育专业工作者提供教育培训的机构进行质量管理，还需要对具体的教与学的过程进行质量管理。因此，在专业化体系中制定以及实施质量保障机制，引进具体质量评估以及认定的标准显得尤为重要。第二，机构。在专业化体系提供培训、开发、评估、认证、规范以及咨询等服务的机构对专业化体系的发展起到主导作用。在机构设置方面，在专业化体系中一方面可以设立独立的专业机构，另一方面也离不开大学、研究机构、企业、媒体以及教育领域其他部门的合作支持。第三，步骤。专业化体系需要有明确、透明的步骤来帮助进入专业化体系的成人教育工作者清晰地规划自己可能的专业发展轨迹。在这个体系中，成人教育工作者的专业化步骤是可以被清晰定义以及认可的。第四，途径。成人教育工作者得到专业发展的机会以及专业化的途径应该是平等的，在专业化体系中获得教育培训的途径应该是容易获得的、多样的以及灵活的。第五，资金。专业化体系的建设以及推广是一个长期的过程，合理、有效的资金筹集机制是体系建设的重要推力。资金筹集机制要明确政府、雇主、个体等行动者的责任，并且需要注意到不同成人教育领域、不同的教育培训目的等都将影响到资金筹集渠道以及方式的选择。

第四节　罗马尼亚成人教育工作者专业化体系构建的初探

基于调查研究罗马尼亚成人教育的现状，罗马尼亚计划将通过以下方面促进成人教育专业化的体系构建。

一、 建立专业协会

经过了 ProAPLP 项目的研究，罗马尼亚打算建立名为“成人教育专业工作者协会”（APEA）。该机构作为该领域的专业协会来负责和执行成人学习专业化体系。专业协会的目标包括提高成人学习工作者的工作质量、提升他们的能力水平、加强他们的专业地位和构建专业培训与职业发展机制。协会将作为一个成人学习工作者的支持机制、讨论的平台、准则、标准和最佳实践的交流平台。专业协会的成员包括：个人会员与机构会员两类。其中个人会员为认证的成人学习工作者：培训师、培训管理者、评估师、培训助理、学习空间设计师等。机构会员包括各类教育培训机构。

专业协会的职责可以包括以下几个方面：认证教育培训项目；评估和认证专业工作者；开发每个专业发展阶段的能力档案与质量标准；建立国家成人学习工作者注册体系；构建资格认证体系；组织论坛，促进专业共同体的合作；建立网络数据库，提供透明全面的信息服务；保障成人学习工作者的教育培训质量。[6] 值得注意的是，专业的协会的运作离不开政府部门、各类教育培训机构、行业和其他社会机构的支持。因此构建一个部门间、行业间的合作机制对专业协会的发展也有重要的作用。

二、 保障专业工作者地位

成人学习工作者是整个成人学习活动的中心。如果没有他们，无论是质量的保证还是开发都不可能。专业化体系的关注重点应该是该体系中的受益者，即专业工作者。罗马尼亚的成人学习工作者，如同欧洲其他国家一样，覆盖了广泛的专业领域、工作背景和活动部门等。这个群体的专业化的主要原则是提高这个领域以及提供岗位的吸引力。如果工作条件和报酬比较低，这个专业化体系将对那些有资格的专业工作者不具备吸引力。因此，这些专业工作者将很难被激励为他们在成人教育领域所需要的能力进一步投资学习。因此针对这一群体需要从工作吸引力、报酬、地位及职业发展方面进行努力。

三、构建专业工作者的培训与资格认证体系

罗马尼亚将实施三条成人专业工作者的资格认证途径，其中包括：(1)高等学术教育；(2)资格认证课程；(3)先前能力认定。高等教育是唯一的最初培训的专业化途径，但是它也经常作为专业工作者进行继续培训的机构，通过返回学校进行学历教育获得对其能力的正规认证。第二种资格认证课程相较于高等教育来说，对参与者在工作经验方面有更高的要求。第三种途径则要运用能力评估与认定的工具对已掌握的但还未被正式认定的能力进行定义、评估和认可。这三种方式可以在专业化模式中灵活组合使用，需要注意以下三个方面：第一，认真分析高等教育毕业生真正可以具备的能力以及评估大学相关成人教育专业的课程；第二，制定相关工作经验证明标准以及补充资格认证内容。如没有达到一定小时数的实践活动，就没有资格参与资格认证等；第三，建立认证专门委员会，作为一个认证机构来修正实际对专业工作者先前经验的认证过程。具体来说，认证机构需要有合格的能力评估师为其服务。一个可靠且可行的方式是请富有经验的工作者和大学教授来担任。

总的来说，资格认证方式采取的进阶式的专业化道路，根据专业工作者的专业发展分为三个等级：第一，A级，即基本等级，专业工作者要求掌握教育学和成人教学(规划、发展和评估)的基本原理与方法，创造良好的学习环境；第二，B级，即中级，专业者除了要拥有基本等级所要求的能力之外，还需要有以下能力：目标群体的学习需求分析、了解学习者的学习进展、指导学习者、课程内容准备、解释教育目的、分析评估

教学过程、课程设计与开发等。第三，C级，即高级，这个级别的专业工作者要求能够运用理论的解释方法来分析在社会中教育的角色，解读教与学的过程。并且，他们有能力参与教育政策讨论，运用教育学特别是成人教育学原理完成能力评估、指导监督、项目管理等任务。他们是专业协会和专业网络的主要组成部分，研究成人教育系统、撰写相关理论报告等。每个层面能力的描述和最低表现指标应该尽可能详尽，以便成人学习工作者根据这些指标进行自我评估、选择专业发展道路和培训课程。

四、夯实理论研究基础

研究领域的科学发展是专业化进程的基础。作为一名专业者必须进行一些特定的科学教育。为了鼓励在成人学习领域的研究，每个大学或研究机构提供在学士、硕士及博士层面的学术教育。因为成人教育是一个高度复杂的领域，大学和研究机构应该聘请教授或研究者传授成人学习领域社会、心理、管理及经济方面的知识。同样，也要求这些顶级的专家具备一定的实践经验，这样他们才能更好地将理论联系实践。

五、实施质量管理

罗马尼亚认为对专业化体系进行质量管理很有必要，主要包括两个方面：第一，机构规范；目前，在罗马尼亚有一定数量的、多样的教育机构。它们为成人学习工作者提供教育培训、开发、能力评估、认定、资格认证等服务。作为专业化体系中的重要组成部分，这些机构需要被进一步规范。对于提供教育培训的机构而言，需要对其培训机构结构、授课内容、形式等进行管理。例如，规定培训机构需要有成人教育领域的专家担任机构的管理职务并执行质量管理机制等。第二，评估与认证标准;评估现有的质量保障和评估标准,分析标准描述,提炼更加具体的指标(如培训的周期、内容等),由此保障过程质量与学习成果。

第五节　专业化体系建设的推进策略

综上所述,我们可以看出罗马尼亚通过研究试图在本国建立一个以专业组织为导向的成人学习工作者专业化体系。在这个专业化体系中,专业协会的职责重大,包括开发专业标准、建立专业工作者注册制度、建立数据库、认证培训机构、持续专业发展质量保障等。但是,专业协会的发展离不开各类教育机构、行业部门,特别是政府的认可与支持。罗马尼亚尝试构建的专业化体系如图 7.1 所示。

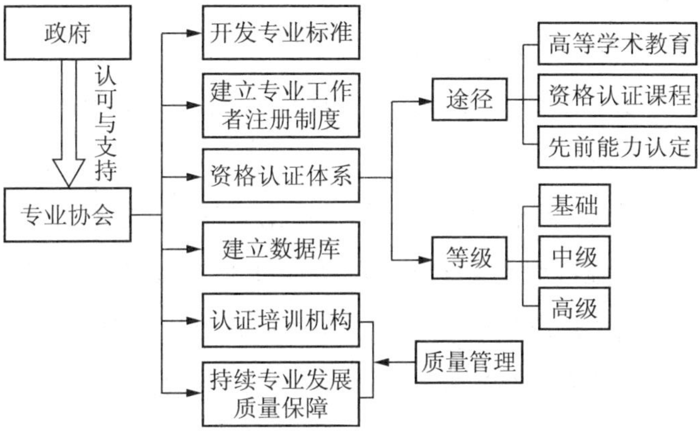

图 7.1　罗马尼亚研究构建成人学习工作者专业化体系

综合以上的分析,要构建成人学习工作者专业化体系主要有以下推进策略。

第一,鼓励所有的行动者参与专业化体系建设过程。成人学习工作者专业化体系建设的实施过程应该鼓励所有的行动者参与其中,包括相关国家部门、大学、专业协会、成人教育机构、成人学习者代表等,共同参与讨论，提供建议以及做出决策。所有的行动者共同决策而形成的专业化体系才是真正实际、可行并且有效的。

第二，采取灵活、开放、规范的模式推进专业化体系建设过程。成人教育工作者专业化体系建设推进过程需要采用灵活、开放、规范的模式，分步骤完善。专业化体系的建设过程必须有一个实施计划，遵守时间期限、计划目标以及任务指标。需要明确的是专业化系统的建设肯定不是“一蹴而就”的，建设过程的步骤之间的反复以及修订是可以接受并且必要的，出现的问题都应该开放地、客观地解决。

第三，建立独立专业组织协调、监督以及规范专业化系统建设过程。鉴于专业化系统建设的过程的复杂性，需要建立一个相对独立的机构来协调以及监督实施的过程。这个协调监管机构首先需要成为一个资源整合的平台，整合各种资源、各方的需求以及意见。其次，要作为一个研究机构，促进实践共同体的发展，为决策咨询提供相关理论研究基础。在此基础上，专业协会需要逐步地、循序渐进地担任一个规范专业发展的角色。

第四，尊重科学研究数据，评估专业化体系建设过程。尽管专业体系建设以及实施过程是一个实用的实践过程，但是仍然要以科学的研究数据为基础。建设过程中任何的变动都必须基于理论研究分析，并且证明这些变动将不会影响到该体系建设的一致性与连续性。定期、不定期的评估应该作为体系建设的一个部分，并且要允许就评估结果进行一些必要的调整。

第五，寻求必要的财政以及政策的保障，支持专业化体系建设过程。专业化体系建设的过程是一个长期的、复杂的过程。因此必须要有财政的支持机制以及有相关的教育政策保证专业化体系建设的稳定运行。

注　释

[1] 李智会、施祖毅:《罗马尼亚成人教育的特征与启示》,《世界教育信息》2013 年第 8 期,第 44—47 页。

[2] Simona Sava, "Trends in Adult and Continuing Education in Romania: A Country in Transformation", *REPORT-Journal for Continuing Education Research*, Vol. 31, No.2, 2008, pp.28—38.

[3] Raluca Lupou and Rebecca Silliman, "National Report on the Outcomes of the Qualified to Teach Delphi Survey-Romania", http://www.adam-europe.eu/prj/3818/prj/National%20Report%20Romania.pdf, 2018-07-21.

[4] Magdalena Balica et al., "National Study on Adult Educators", http://www.irea.ro/en/publications/theoretical-approaches-in-adult-education/172.html, 2018-07-27.

[5] Simona Sava et al., "Reference for the Development of the Professionalization System for Adult Education Practitioners", http://www.irea.ro/ro/proalps/finish/3-documente-proalps/7-51-proalpsreferences-for-the-development-of-the-professionalization-system-en.html, 2013-12-27.

[6] Simona Sava et al., "Reference for the Development of the Professionalization System for Adult Education Practitioners", http://www.irea.ro/ro/proalps/finish/3-documente-proalps/7-51-proalpsreferences-for-the-development-of-the-professionalization-system-en.html, 2013-12-27.

第八章
奥地利成人学习工作者专业化建设

第一节　奥地利成人学习概况

在欧洲大规模宣传终身学习理念的影响下，奥地利在全国范围内也积极推广终身学习的理念与实践。长期以来，奥地利成人教育的核心任务之一是确保国民的基本竞争能力，因此奥地利的成人教育的目标与培养成人就业能力紧密相关。在这样的传统的影响下，在奥地利有关终身学习的讨论主要是从人力资本的角度出发，将终身学习与经济发展紧密联系起来。但是，随着成人教育与终身学习的发展与改革，奥地利政府开始意识到“教育意味着更多”。

一、成人学习政策与法律背景

1998年，奥地利担任欧盟轮值主席国时，强调教育不应该仅仅是为了就业，并且开始推广“教育意味着更多”的口号。教育通过给个体提供知识、技能、能力、价值观、休闲娱乐教育等方式，开始被认为是支持个体发展的工具。尽管大多数终身学习的政策文件都声称“教育意味着更多”并且多次提及“创造有活力的公民”以及“关注个体发展”，但是实际上奥地利国内政策及实践的重点还是停留在关注就业。直至2006年，奥地利再次担任欧盟轮值主席国时，教育又在更加广泛的情境下被讨论："教育绝不仅仅是为了就业，它包括了价值观、社会技能等元素，这些元素将促使公民更加积极投入民主社会的建设当中。"[1]有关教育绝不仅仅是就业工具的想法在奥地利日益凸显。

与学校教育以及高等教育不同，成人教育领域并没有相关的法律规范。1973年，《促进成人教育和公共图书馆教育》的国家条例构建了一个资助成人学习机构的法律基础。该条例规定国家财政要对成人学习机构的需求进行资助，但是没有具体规范资助的额度，因此，直到2008年奥地利政府都没有对成人教育领域进行财政支持。2009年3月，国家教育艺术文化部与奥地利成人教育会议协会（KEBO）签署了《合作管理协议》。该协议中定义了国家部门的责任是提供奥地利成人教育机构的建设资金，由此奥地利政府才正式开始对成人教育机构提供财政资助。

二、 成人教育办学机构

奥地利成人教育办学机构主要包括以下几种：(1)"大房子"。这个从奥地利文直译而来的词主要指的是为各种各样成人教育活动提供一个空间的机构。在奥地利，这些"大房子"主要由非盈利机构运作，为成人学习者提供各类的成人教育活动。(2)民众高中。民众高中起源于19世纪，这类机构为成人提供各类有关自我提升方面的课程，如语言课程以及非职业教育的课程，如美术、音乐、电脑课程等一些与爱好相关的课程。民众高中主要存在于社区当中。(3)天主教成人教育论坛。该组织是奥地利成人教育联盟的组织之一，是奥地利成人教育的领导组织。其为奥地利60个成员组织服务，每年为100万的成人提供天主教成人教育项目，该项目主要由志愿者来运作。此外，还有偏远地区继续教育机构、奥地利成人教育机构联盟、奥地利工会及非政府组织等(Lassnigg, 2011)。同大多数国家一样,非职业成人教育服务由一系列的志愿以及非政府组织来提供,包括宗教群体、特殊群体组织等。在奥地利,最大的非盈利成人教育机构是奥地利成人教育会议协会,该协会是非政府成人教育办学机构的专业组织联盟。

第二节 奥地利双层资格证书体系

一、奥地利继续教育学会简介

奥地利继续教育学会(Wba)成立于 2007 年,旨在支持奥地利成人教育专业化的进程。[2] Wba 通过双层证书体系,对成人教育工作者的正规、非正规和非正式的学习进行评估、认可及认定。这个过程是基于成人教育工作者的全面能力档案来进行。Wba 由成人教育联邦研究院管理。该学会得到了奥地利 10 个主要的成人教育协会的支持并且与成人教育中心的实践网络紧密联系。Wba 的资金来源包括奥地利联邦教育、艺术和文化部,欧洲社会资金(ESF)的资助和 Wba 的资格证书申请者所缴纳的申请费用。Wba 的作用主要体现在以下三个方面。

(一) 提供资格认证

Wba 为成人教育工作者提供资格认证的体系,该体系认可先前学习成果并且提供相关的指导,使得具有专业经验的成人教育工作者的能力受到认可。成人教育工作者可以通过多种方式提交其能力以及实践经验的证明。这些证明文件将以 Wba 相关课程为基础进行评估,并且在评估后进行认定。Wba 资格体系的毕业生可以获得一个认证的 Wba 证书或者是 Wba 的文凭(wba-diploma)。值得指出的是,Wba 资格体系不仅认证通过正规教育获得的能力,而且也认定那些通过非正式以及非正规方式获得的能力。Wba 可以帮助成人教育工作者将这些通过正规教育获得的能力以及其他各种学习方式所获得的能力整合在一起,从而申请获得相应的资格认证。虽然奥地利的成人教育系统是一个复杂的、很难进行比较的领域,但是 Wba 的体系很大程度能够促进奥地利成人教育工作者的专业化进程。成人教育领域中的实践经验是获得 Wba 证书的先决条件。

(二) 提供四个专业方向的证书

Wba 根据所定义的标准来评估以及认可成人教育工作者的能力,它提供两个层次的证书。Wba 本身不是一个教育培训提供者,但是它授权其他教育机构提供教育培训服务并且持续致力于成人教育质量的提高以及成人教育工作者的专业化进程。Wba 服务于来自成人教育的四个主要专业方向:第一,在职业以及非职业成人教育机构中的管理岗位,负责教育管理、计划、组织以及支持学习过程;第二,教学岗位;第三,咨询岗位;第四,图书馆管理岗位。Wba 证书和文凭是一个跨机构的、基于欧洲的成人教育资格认证体系,可以在职申请,并且没有时间的限制。该系统提供对通过正规、非正规、非正式方式获得的能力的认定,促进从业者持续专业发展、提高从业者的劳动力市场的地位并增强成人教育工作者的身份认同感。

(三) 有助于成人教育与高等教育的互通

Wba 的成立有助于成人教育与高等教育之间的互通。目前在奥地利有两个大学(克拉根福大学与多瑙河大学)的研究生课程可供获得 Wba 文凭的从业者选择继续深造。一是成人教育的课程;另一个是教育管理课程。这两个课程目标群体包括 Wba 毕业生和至少有 3 年成人教育领域专业经验的大学毕业生。其中,"成人教育"课程由克拉根福大学与奥地利成人教育联盟,联邦教育、艺术以及文化部的相关代表以及 wba 等其他成人教育机构共同开发。该课程包括学习理论、E-Learning 等六个学习模块。"教育管理"课程由奥地利联邦成人教育机构以及多瑙河大学共同负责开发,包括主要包括教育原理、管理学等五个学习模块。

二、双层资格证书体系

奥地利继续教育学会的资格认证体系名为双层资格证书体系。Wba 通过这个资格证书体系来评估、认定以及认可正式、非正式和非正规的成人教育工作者的学习成果。这个过程是基于成人教育工作者的能力标准来构建的。Wba 的认证过程使有实践经验的成人教育工作者,无论是来自工作还是之前的学习的能力,都能获得认定。Wba 的主要服务对象有四个团体,包括教育管理人员、教师和培训师、指导咨询人员及图书馆员。资格认证有两个等级,等级一是 Wba 证书:认证的成人教育工作者。等级二是 Wba 文凭:毕业的成人教育工作者。等级二提供四种可能的专业方向:培训管理、教学和培训、咨询和图书馆管理。[3]等级一 Wba 证书的相关要求总结见表 8.1。

表 8.1 Wba 成人教育工作者等级一

等级	能力要求	实践要求	申请要求
等级一 Wba 证书	教育理论 口头表达技能 管理技能 咨询技能 图书管理以及信息管理技能 社交技能 必修模块 可选学习模块:外语技能与 ICT 技能	在成人教育领域至少 500 个小时,至少一年的实践工作经验	具有要求的实践能力以及实践工作经验 提交具有相关能力要求的证明(包括教育理论、社会个人能力及 wba 所有四个专业方面的基本技能) 参与并且通过“认证工作坊”,为期三天的测试以及有关教育理论的多选题测试

等级二即 Wba 的文凭主要针对那些在教学、咨询、管理以及图书馆管理方向中既有相关实践经验又具备一定理论背景的群体。“成人

教育工作者文凭”的申请要求包括：第一，证明自己拥有所有 Wba 要求应该具备的能力（包括教育理论知识、社会以及个人能力以及特定方面所需要的能力）。第二，完成学术论文。第三，通过最终考核。总的来说，这个等级所要求的知识和能力主要是与四个专业方向有关。此外，教育理论、社会以及个人能力、科研导向的工作、专业文献阅读以及反思性能力也在资格认证的考量范围之内（如表 8.2 所示）。

表 8.2　Wba 成人教育工作者等级二

获得“成人教育工作者文凭”有以下四个方向：			
教学/培训/监督	教育管理	咨询	图书管理和信息管理
以下为四个方向分别必须掌握的能力以及通用能力：			
口头表达能力	管理能力	咨询能力	图书馆管理以及信息管理能力
教育理论知识 社会以及个人能力 完成学术论文 学术文献以及书籍阅读			
以下是这四个方面可选择性掌握的能力：			
咨询能力 管理能力	咨询能力 口头表达能力	口头表达能力 管理能力	咨询能力 管理能力
图书馆管理能力和信息管理能力 其他可选择的模块	图书馆管理能力和信息管理能力 其他可选择的模块	图书馆管理能力和信息管理能力 其他可选择的模块	口头表达能力 其他可选择的模块
进一步的要求：			
必修实践要求以及亲身动手的经验 最终考核			

这个双重认证的过程主要分为 6 个步骤：第一，给予信息以及指导；第二，初次评估；第三，制定教育以及培训计划；第四，进行培训、获取知识以及培养能力；第五，认证为“被认证的成人教育工作者”；第六，认证为“成人教育工作者毕业生文凭”。

图 8.1　Wba 认证过程概述

三、 能力的认证过程

（一） 能力认定

Wba 为成人教育工作者提供多样、可能的方式来证明他们已经拥有的能力，除了通过正规教育获得能力之外，通过非正式、非正规途径获得的能力也能够被认可，其认定的前提就是申请者提交了真实可靠的支持文件。通过正规途径获得能力主要指那些从正规教育以及职业培训机构中获得的能力。这些能力通过相关的证书来证明，主要是基于正规学校教育体系的资格认证框架。通过非正规以及非正式途径获得的能力主要指那些通过除了正规教育以及职业培训机构之外的教育培训课程中获得的能力，如通过参与相关课程、工作坊或学术会议等。这些通过非正式、非正规途径获得的能力很难如正规教育一样获得证明。因此，将这些通过非正式学习获得的能力“显性化”并进行认定是认证过程的主要部分。

（二） 认证过程

申请参与 Wba 成人教育工作者认证过程的重要前提有两个：一是具有高中以上的学历；二是必须具有在成人教育领域的实践工作经验。

总的来说，Wba 的认证过程主要分为三个阶段：第一，现状评估(status-quo)；第二，Wba 证书；第三，Wba 文凭。参与者不一定要完成

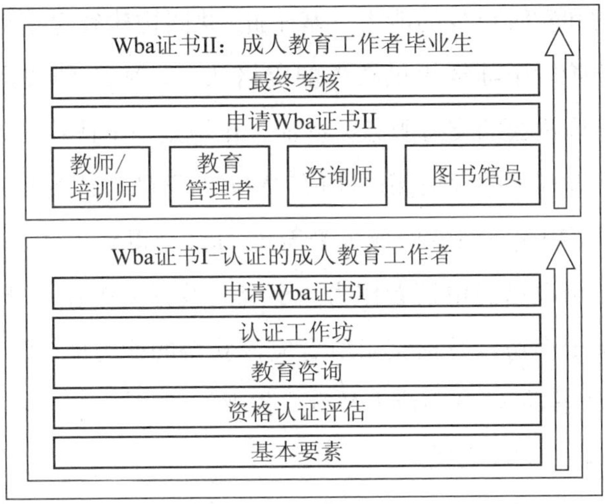

图 8.2　Wba 认证过程

所有的阶段，可以根据自身情况选择是否在某个阶段停止。另外，认证的时间根据个体情况的不同存在差异，主要由已掌握的能力的多少以及一些认证过程中的某些特定的时间点（认证董事会的会议时间、最终考核时间等）来决定。

第一阶段：现状评估。

申请者在 Wba 官方网站上注册和付费后，可以进入第一阶段即现状评估。学生可以进入 Wba 的个人登录界面，并上传个人简介、相关教育培训证明、成人教育领域相关工作证明等。Wba 的咨询专家将处理这些证明，主要方法是将其与一套 Wba 课程标准进行比对。在认证董事会会议后，一份有关申请者“现状”的评估报告将提供给申请者，其中包括其已经获得的能力以及目前还缺乏的能力。在此步骤后，申请者可以选择继续进行下一个阶段或者是结束认证过程。

第二阶段：Wba 证书。

在现状评估过程后，学生将与他们的私人 Wba 的咨询专家明确要成为一个 Wba 认证的成人教育工作者需要具备的能力以及分析自己已经具备的和暂时缺少的能力。基于此，共同构建教育培训计划。学生们将在此阶段中陆续提供缺失的资格认证。Wba 的咨询专家提供选择相关培训机会的支持服务。认证工作坊是一个持续三天的对教育理论知识掌握程度的评估课程，所有 Wba 的学员都必须参加。在这个评估过程中，Wba 申请者的成人教育能力将会得到评估。同时，这个评估过程也可以增强申请者作为一个成人教育工作者的身份认同感。在参与认证工作坊以及提交了所有应该获得的能力证明后，申请者将获得 Wba 证书，认证其为成人教育工作者。

第三阶段：Wba 文凭。

在这个阶段，同第二阶段一样，学生根据这个阶段的能力要求与咨询专家探讨教育培训计划，不断填补自己的能力"空位"。除此之外，为了获得 Wba 学位证书，学生还需要完成一篇学术论文。这篇论文可以是基于项目或者是与他们成人教育工作的实践领域相关。因此，学生可以通过论文的写作反思自己的实践活动。这个基于项目或者是实践相关的论文可以通过以下两种方式提交：第一，学生提交一个成人教育以及继续教育相关的、基于实践经验或者是项目的论文。这个论文需要通过专家认定并且满足 Wba 的标准。之后，再由外部专家进行审核通过与否。第二，学生完成一篇遵守 Wba 设置标准的学术论文。一个专家将在写作过程中指导他们并且在论文结束后进行评估。最后的评估将由外部专家完成。

答辩是认证过程的最后一步。当提交完所有要求的能力证明并且获得认定委员会的认可后，学生可以进行最后的答辩。在答辩中，他们需要对论文进行陈述分析并且描述他们作为成人教育工作者的相关工作情况。委员会的成员们对其提出有关这篇论文的问题并且引导答辩者进行成人教育方面的相关讨论。答辩合格后，学生就被授予 Wba 的文凭。之后，学生可以选择继续在 Wba 申请认证或成人教育工作者其他专业方向的文凭或者终止认证过程。

四、认证过程的特点总结

（一）"线上"与"线下"结合的认证过程

Wba的认证过程是一个"线上"与"线下"结合的过程。认证过程的第一步"现状评估"都在网络上进行,"线上"评估为申请者与评估专家带来了便利。同时,工作者在"线上"的注册也有利于Wba整理形成成人教育工作者的数据库。"线下"的认证主要体现在为期三天的"工作坊"与论文答辩上。在"面对面"的认证中,专家能够直观地评估申请者的教育理论掌握情况、口头表达能力、交流能力等。"线上"与"线下"评估方式的结合一方面将认证过程尽量简洁化,另一方面也保证评估专家能够全面地评估申请者的能力。

（二）能力认定是认证过程中的重要组成部分

对申请者先前能力的认定是Wba认证过程的重要组成部分,主要通过对申请者提供的相关材料进行评估。这样的方式,能够将申请者已经具备的能力"显性化",但是,对提供评估服务的评估师也提出很高的要求。准确地根据申请者提供的材料评估其所具备的能力、合理地为申请者规划教育培训计划都是Wba评估师需要具备的工作能力。

（三）在认证过程中强调理论知识的掌握与运用的能力

从认证过程中的"工作坊"的运用与论文答辩的要求可以看出,Wba的认证过程对申请者理论知识掌握与实际运用能力考察的重视。在为期三天的工作坊中主要考察申请者对理论知识的掌握程度,而学术论文的撰写与答辩则考验申请者将理论知识与实践工作结合运用的能力。

（四）打造"Wba"认证品牌

我们可以看出,这个资格认证体系并不依赖于奥地利国内的其他资格认证体系,而是"自成一派"。"Wba证书"和"Wba文凭"都有着明显的品牌特征。因此，维持 Wba 的品牌的权威性就显得尤为重要。其中，实施质量保障是维持其品牌高质量认证过程的重要手段之一。

第三节　奥地利继续教育学会的质量保障机制

Wba 为成人教育工作者提供一个资格认证的体系，但是其本身不提供培训服务。它通过授权其他能提供满足 Wba 课程标准的教育培训课程的成人教育机构来为申请者提供培训。为了规范提供教育培训的成人教育机构，提供服务的机构需要与 Wba 签署质量保证协议，并且必须有 AT-Cert 的质量保障证书。Wba 对提供教育培训课程机构的认证过程包括以下的三个步骤：(1)签订质量保证协议。这个协会规定了教育系统机构与 Wba 的权利和义务；(2)提交认证申请表。在提交质量保证协议后，在认定评估表中填写具体教育培训项目并提交；(3)审核申请表。每一个申请认证的评估表内容都将被正式审核。审核通过后，这些教育培训项目将被证实具有培养工作者的某些能力的作用，并给对应的项目分配相应的 ECTS 学分[4]。申请的教育培训项目需要符合 Wba 的课程设计，受认可的教育机构以及其提供的教育培训课程将在 Wba 的官方网站中展示，学生可以在网站中选择合适的教育机构和课程。获得 Wba 认可的提供教育的机构，可以有以下的优势：(1)获得 Wba 质量认可的，可以在 Wba 官网上展示供学生选择；(2)认证的教育机构的相应课程将被授予对应的 ECTS 学分；(3) Wba 的网站将可以链接到教育机构提供者的网站；(4)认可的机构可以合法使用 Wba 的商标。

总体来说，Wba 的质量保障可以从两个维度来分析：第一个维度，Wba 作为一个成人教育领域的权威机构，保障提供成人教育工作者教育培训机构的质量。第二个维度，Wba 内部通过实施质量保障措施保障 Wba 的认证过程。对于奥地利成人教育领域来说，Wba 的证书和文凭是保障成人教育工作者服务质量的工具。成人教育工作者对Wba证书的高需求可以体现出成人教育领域中对高质量、专业化的教育服务的需求。Wba证书和文凭在成人教育机构中广泛地被接受，体现出了该领域中的利益相关者对"Wba出品"质量的高度信任。因此，持续保障Wba认证过程的质量，是维持Wba品牌公信度的重要手段。

具体来说，Wba内部的质量保障措施主要体现在以下几个方面。

一、 Wba相关行动者

在Wba资格认证体系中主要的行动者包括：Wba员工和咨询师、认证委员会以及培训师和评估师。

（1）Wba员工/咨询师。Wba的员工与咨询师必须是在成人教育领域有专业经验的工作者。例如，他们需要在资格认证中提及的四个领域的一个或者多个中有若干年的工作经验。他们需要熟悉奥地利成人教育系统，具有能够精准处理认证过程的细节等行政能力，具有出色的沟通技能，一方面能够为顾客提供良好的咨询服务，另一方面能组织认证培训时学习小组的讨论活动。

（2）认证委员会（Accreditation council）。认证委员会由独立的成人教育专家组成，这些专家来自社会成人教育培训机构、大学等。

（3）培训师/咨询师。现状评估阶段与认证工作坊中的培训师和评估师都是在成人教育、教育管理、教学/培训、图书以及信息管理方面有丰富经验的专家。在第二层次Wba文凭认证的最后环节的评估师均是来自各类成人教育机构的管理者。

二、 课程的开发

在Wba正式启动之前，一项名为ESF的项目已经开发出Wba的具体课程。奥地利重要成人教育机构的专家以及学者都卷入了欧洲社会基金(European Social Funding，ESF)项目。四个相关目标群体的课程设计工作持续了两年半的时间，参与项目的专家们讨论研究了许多版本的课程。最终于 2007 年，Wba 正式成立时确定了最后的课程内容。这个严谨慎重的研究过程，保证了这些课程内容有着很高的质量。尽管 Wba 目标是认证成人教育工作者的实践经验，但是有关成人教育的一定程度的理论知识也被认为是专业化不可缺少的一部分。因此，申请者也需要证明以及获得教育理论方面的 ECTS 学分并且通过有关成人教育理论的多项选择题考试。

三、 认证工作坊

总的来说，Wba 是一个“虚拟”的机构。为期三天的认证工作坊是 Wba 员工与申请者进行“面对面”接触的重要环节，也是资格认证体系中的强制环节。因此，可以被认为是质量保障的重要一环。在认证工作坊中，培训师或评估师与 6 人组成的申请者小组一起进行工作坊相关活动，主要为通过演讲、工作情境中的“角色扮演”等方式对申请者的能力进行认证。工作坊主要关注申请者的社交和个人能力以及学科相关的能力。在工作坊中，申请者需要准备和提交一份有关他们“能力介绍”的概念性文章，这篇文章也将作为衡量申请者能力的资料。在三天中，培训师或评估师对申请者的反馈在工作坊中起到至关重要的作用。申请者在工作坊结束后，将获得一份来自专家的对自身能力界定的反馈文件，基于这份文件可以使得申请者对自己能力有更深层次的认识与理解，并且可以引导其走向专业化的道路。

第四节 资格证书体系的实施成果与影响

从 2007 年成立起，截至 2010 年 9 月 15 日的 3 年时间中，已有

857 人登记注册 Wba 资格认证体系。271 人获得 Wba 成人教育工作者证书,71 人获得 Wba 成人教育工作者文凭。在 857 位注册的申请者中,74%为女性。在年龄层次方面,大约有 7%的申请者不到 30 岁,25%的申请者在 30—39 岁之间。47%的申请者介于 40—49 岁之间。21%的申请者超过 50 岁。在学历层级方面,80%的申请者具有高中学历,47%的申请者具有本科及本科以上的文凭。[5]值得指出的是,这些申请者中有一些来自意大利和德国。Wba 的资格认证在这些国家并不具有合法性,国外申请者的加入更加证明了这个资格认证体系在欧洲范围内的认可度。Wba 在从业者间的较高接受度和认可度证明了这个首创确实对推动成人教育工作者的专业化建设有着重要的作用。

2010 年,Wba 对已经获得证书或学历的成人教育工作者进行了调查。大多数工作者表示,这个资格认证过程对构建他们的专业身份认同和树立信心起到了关键的作用。[6]积极的反馈意见主要包括:第一,申请者对认证工作坊给予了高度的评价,他们认为这是一个很有意义的学习经验并且获得了来自专家的很有价值的反馈建议;第二,为自己"专业档案"收集证据并总结自己的职业发展历程是一件很有趣并且很有意义的工作;第三,来自 Wba 员工的专业支持非常有帮助,专家给予的反馈与建议也很及时和有效。大部分"消极的"声音主要体现在对认证工作坊中有关理论文献的多项选择题侧重上。申请者认为有些理论文献太过于复杂并且在相应的培训课程中也没有提及。此外,有关不同的课程在全国不同的区域中开展的现状也引起了一部分申请者质疑,他们认为分散在不同城市的机构提供不同的课程的现状,有可能导致学习者还没有结束当下的课程,就开始要计划下一次课程的旅行,从而导致当下课程学习质量的下降。

第五节 专业化建设的成功要素与未来挑战

在较短的时间内，奥地利继续教育学会推动成人教育工作者专业化建设的“Wba 模式”已经获得了奥地利劳动力市场的高度认可，并且成为了奥地利乃至全欧洲的“最佳实践”案例。究其原因，一方面是 Wba 是一个高度协同合作的组织。Wba 模式大范围地卷入了各方利益相关者，包括政策制定者、专家和实践者等。Wba 是由奥地利 10 个非政府、非盈利成人教育协会和奥地利联邦成人教育研究院共同合作搭建的。其中，奥地利联邦成人教育研究院是国家教育、艺术和文化部的下属机构。因此，我们可以看出，Wba 是一个政府机构与非政府协会共同支持合作的典范。另一方面是 Wba 高度重视认证过程的质量保障。在前期的课程开发与设置、Wba 员工的聘用、培训课程提供机构以及认证过程的管理方面都做出了相关质量保障的努力。本章总结了 Wba 在奥地利取得成功的要素(如图 8.3 所示)。

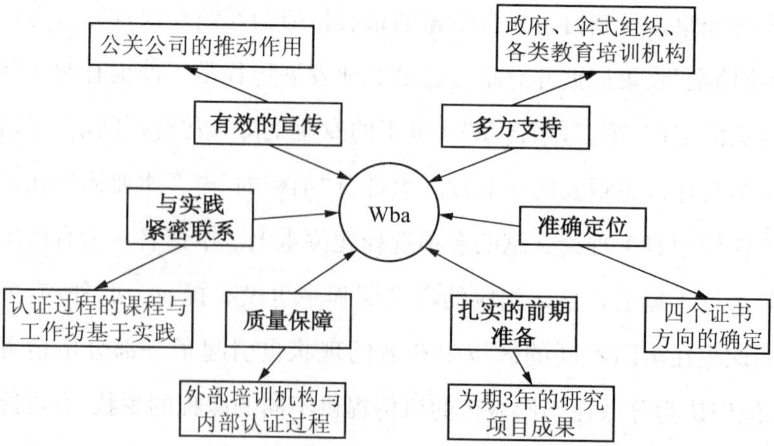

图 8.3 Wba 的成功要素

第一，多方支持为 Wba 的发展保驾护航。

Wba 的资格认证体系得到奥地利国家教育、艺术文化部、10 个重要的成人教育组织、几乎所有重要的成人教育及职业教育与培训机构的大力支持与推广。这些组织从最初 Wba 成立起就紧密地卷入其中并且支持其进行持续发展。

第二，准确的定位帮助实现 Wba 推动成人工作者专业化建设的目标。

Wba 关注了奥地利成人教育的发展趋势以及成人教育工作者当下现状与需求，定位为以需求满足为导向的机构。针对国内成人教育工作者的发展需求，设立教师/培训师、教育管理者、咨询师以及图书馆管理员这四个专业方面。

第三，扎实的前期准备研究为 Wba 发展奠定了有力的基础。

Wba 的建设是通过一个 3 年的欧洲社会基金（ESF）资助的项目开发构建的。该项目的参与者包括各类成人教育研究机构、成人教育联邦研究院、大学及其他一些奥地利成人教育中心协会的会员教育机构。项目涉及机构构建、课程设置等方面。长期、扎实的理论研究与实践探索为 Wba 发展奠定了有力的基础。

第四，Wba 的构建基于一个可靠的、有质量保障的基础。

Wba 的质量保障体现在两个层面上。在宏观层面，Wba 作为一个成人教育的权威机构，要对为其申请者提供教育培训服务的机构的质量进行评估与监管。只有通过 Wba 质量认证的机构才能合法地为申请者提供培训服务。在微观层面，Wba 对机构内部的质量管理也毫不松懈。主要体现在对员工、培训师、评估师等在职人员的能力要求及认证过程的质量保障工具的使用上。

第五，与实践领域紧密联系保障了 Wba 的实际操作性。

Wba 通过有效的成人教育中心网络，保持与实践领域的紧密联系，填补了理论与实践操作的沟壑。申请者在认证过程中所进行的课程培训、认证工作坊等内容都是基于实践领域的工作内容与情景，这样使得申请者在完成认证过程后能够更快、更好地融入实践工作。

第六，有效的宣传使 Wba 的理念深入人心。

Wba 的发展同样也得力于公关公司对其资格认证体系和相关成果的传播。[7]

但是，Wba 的资格认证体系仍然面临着一些挑战。Wba 在 2007 年成立之初的最大的挑战就是要满足资格认证申请者的需求。如今，Wba 发现参与资格认证申请者的数量远远超出了预计。[8]因此，Wba 的工作量也急剧增加，也导致了每个申请者的认证时间被延长。其次，就是进一步探索如何在日益增加的工作中始终保持高质量的服务。最后，事实证明在大学为获得 Wba 文凭的毕业生建立硕士学历课程存在很大的难度。目前，Wba 只与两所大学建立合作，Wba 文凭毕业生可以进入这两所大学进行硕士学位的学术学习。Wba 希望积极开拓与更多的大学的合作，并在现有的四个专业方向基础上继续拓展新的专业方向。

注　释

[1] Stephen McNair et al.,"CONFINTEA VI: United Kingdom National Report: National Report on the Development and State of the Art Adult Learning and Education(ALE)", *Applied Economics Letters*, Vol.21, No.8, 2008, pp.533—535.

[2] 参见 WBA, http://wba.or.at/english/about_us.php。

[3] Monika Prokopp and Karin Luomi-Messerer, *European Inventory on Validation of Non-formal and Informal Learning 2010: Case Study: Recognition for Professionalisation in the Adult Learning Sector—Academy of Continuing Education*, European Centre for the Development of Vocational Training, 2010.

[4] 欧洲学分转化和累计系统(European Credit Transfer and Accumulation System, ECTS)。

[5] Monika Prokopp and Karin Luomi-Messerer, *European Inventory on Validation of Non-formal and Informal Learning 2010: Case Study: Recognition for Professionalisation in the Adult Learning Sector—Academy of Continuing Education*, European Centre for the Development of Vocational Training, 2010.

[6] 参见 WBA, http://wba.or.at/ueber_uns/pressemeldungen/。

[7] 参见 WBA, http://wba.or.at/english/Network.php。

[8] Monika Prokopp and Karin Luomi-Messerer, *European Inventory on Validation of Non-formal and Informal Learning 2010: Case Study: Recognition for Professionalisation in the Adult Learning Sector—Academy of Continuing Education*, European Centre for the Development of Vocational Training, 2010.

第九章
瑞士成人学习工作者专业化建设

第一节　瑞士的教育体系

瑞士是一个人口稀少，但拥有密集的教育网络的国家。瑞士的教育体系与欧洲其他国家的教育体系存在一定的差异，且富有自身的特点。瑞士成人教育工作者的专业教育与培训属于瑞士教育体系中的一部分。因此，有必要对瑞士的教育系统进行简要的介绍，有助于理解瑞士成人教育工作者的教育培训和专业发展的途径。

与欧洲很多国家不同，在瑞士很多专业并不需要获得高等教育的学术文凭，而是通过高等职业教育来进入专业领域。高等职业教育与高等教育属同一层次即教育体系中的第三等级，前者甚至更受人们的欢迎。相关资料显示，瑞士大约有三分之二的结束义务教育的毕业生选择了职业培训，即进入了“双系统”(dual system)。在双系统中，培训者一方面进入工作情境，在工作中接受培训；另一方面，每个星期1—2天进入学校进行一般的(如语言等)学习和专业相关的学习。通过3—4年的培训，培训者可以获得联邦职业教育与培训证书，同时获得进入第三等级高等职业教育的“门票”。在第三等级中，有两种选择。第一，获得原来专业的更高级别的证书;第二,进入一个全新的专业领域。[1]

在第三等级的培训机会包括在应用科技大学、高等职业教育学院以及参与各类培训机构组织的课程后进行专业教育和培训的联邦考试。这些联邦考试的一个显著特点就是,为申请者们提供的帮助其考试的培训课程并不由政府规范。国家专业教育与科技联邦办公室只要认可专业档案并且设置考试的内容,而有关培训内容的原则、培训的标准及时间等都由该领域的专业协会规定。理论上,申请者也不可以不进行培训直接参加专业教育与培训的联邦考试。

瑞士教育系统的第三等级的 B 类是专业教育与培训(PET),这类的教育培训为专业工作者提供有关技术和管理方面的知识与技能。具体包括两个等级:联邦专业教育与培训文凭以及高级联邦专业教育与培训文凭。[2]瑞士成人教育工作者的专业资格认证的第二与第三等级都属于第三等级 B 类,授予的资格认证包括联邦文凭与高级联邦文凭。瑞士的教育体系如图 9.1 所示。

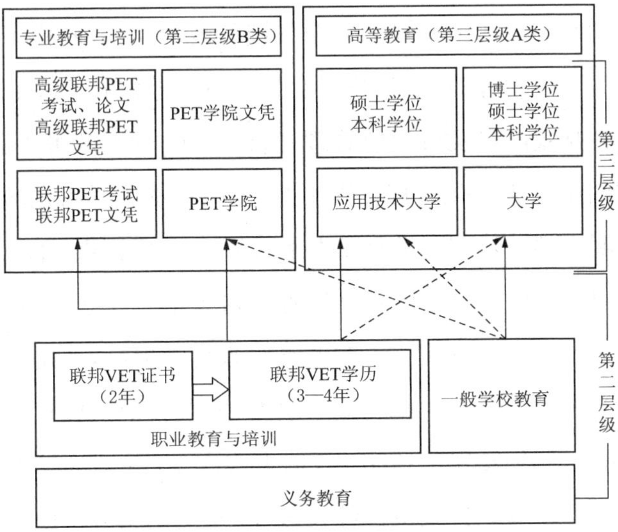

图 9.1　瑞士教育体系

注:实线表示学生毕业后可以直接进行的下一级教育层次,虚线表示还需要一些其他额外的资格认证。

第二节 瑞士成人学习概述

一、成人学习政策与法律背景

在瑞士，成人接受教育的途径多样，其中包括培训课程、研讨会、高校课程等。除了课程学习外的博物馆教育、工作坊、田野学习、各类会议等也是成人学习的有效途径。此外，还有 e-learning、在职培训以及一些自发的学习小组学习机会等。成人教育的办学机构从小的私立学校到大的企业、社会机构、协会以及工会等。其中，在众多的教育培训提供者中，私有部门占有主导地位，大约有 80%的占有率。另外的 20%的提供者主要是大学以及公立的职业学校等。成人学习多样化的特征同样体现在教学的内容上。最受欢迎的课程是语言课程，占据了全年预订课程的 16%。其他主要的受欢迎的课程(占据 10%左右)有健康课程、计算机科技课程以及管理人员培训课程。[3]

瑞士的联邦政体影响到了各个领域的政治结构，同样影响到教育领域。全国不设教育部，国家政府对教育只有建议权而没有直接管理权。瑞士各州政府以及市政府管理各自区域的教育政策。因此，成人教育领域的中央集权化管理在瑞士并不存在，成人学习领域的支持机制并不透明。瑞士目前还没有成人学习领域的国家层面的法律。瑞士的成人学习领域的机构多样并且没有受到法律的规范。2004 年，联邦职业教育法中有一章节关注了职业继续教育。但是，还是不足以规范成人学习领域。正因为全面规范的缺失，成人教育领域长期作为国家教育体系的一部分发展。1968 年，瑞士成人学习联盟(SVEB)提出需要对成人学习领域进行规范。经过近 40 年的努力，瑞士于 2006 年 5 月 21 日通过的新的国家教育法。该法第一次规定成人继续教育作为一个单独的、整体的教育领域。教育法称“联邦政府发布继续教育领域的原则性规则，促进继续教育领域的发展，法律将规定具体的领域界限与标准。”[4]基于这样的法律条例，瑞士政府在2015年发布第一部联邦继续教育法律。

二、成人教育工作者

在瑞士，很多服务于成人学习领域的工作者并不以成人学习作为他们的第一专业，大多数人将“教成人”作为一个“附属”的职业。但是，随着成人学习领域的发展，这种“附属”的活动逐渐发展成为了这些工作者主要的活动，甚至慢慢变成了他们的全职工作。他们中的一些人成为培训机构或者公司培训部门的管理者，还有一些人的工作岗位从教学转移到咨询、课程开发或者是项目管理等方向。这些都体现出了成人学习工作者在成人学习领域“从下至上”(bottom-up)的专业发展模式。[5]

目前瑞士成人学习工作者主要分为以下三个类型[6]：

第一，兼职的教师、培训师和指导员。

这群工作者主要是在一个固定的组织工作，如学校、成人教育中心、公司的培训部门等，但对这个组织没有固定的责任。他们的教学和培训活动仅限于一个星期几个小时并且所得收入并不是他们的主要经济收入来源。或者说，在公司培训的例子中，也许培训只是他们工作描述中的一个部分。截至2009年，瑞士共有5万人属于兼职的教师、培训师以及指导员队伍。

第二，专业成人培训师。

这些专业工作者仍然是在他们的专业领域中工作，但是他们把教学和培训成人当作他们的主要专业，并且该专业占据了他们的全部或者是相当大一部分的工作时间。虽然，他们还是主要活动于一些既定的组织中，但是他们愿意去承担一些额外的责任。例如在他们的专业领域提供咨询、测试、需求分析和开发课程等。截至 2009 年，瑞士共有 2 万人属于专业成人培训师队伍。

专业成人培训师的能力要求主要包括以下方面：(1)在其专业领域设计、计划和组织课程；(2)在一定情景中开发课程评估工具；(3)在一些课程中承担教师或者培训师的角色；(4)洞察学习小组的学习过程和现象，如果有必要，选择合适的方法进行干预；(5)在学习者的学习过程中提供咨询。

第三，成人教育专家或成人教育管理者。

这类的群体细分为两类：成人教育专家，如专业设计课程或设计和实施复杂培训项目的一群人。实施这类活动，就要求具备深入的成人培训口头表达能力和培训技巧的知识。成人教育管理者，他们专业管理成人学习中心、学校或者是公司等组织中的培训部门等，要求具备的能力有管理技能、与教育领域相关的市场营销技能等。总的来说，他们的能力要求包括：(1)在学校或公司的情境下，开发和评估课程与教育项目，并且能够在课程设置中将当前的经济形势与社会、经济以及政策变化等有关因素考虑在内；(2)使用大量的方法和有效的实践模式引导小组、个体以及学习团队的学习过程；(3)组织和评估学习事件；(4)在特定的教育情境中管理和指导个体与工作团队；(5)分析培训计划的成本效益，在成人教育市场推广教育培训项目；(6)对机构培训运作进行成本控制；(7)规划成人教育市场，定义市场需求；(8)运用大量的方法评估培训的质量。

第三节　瑞士三等级资格证书体系

一、 瑞士成人学习联盟简介

瑞士成人学习联盟(SVEB)是一个非政府组织，是瑞士国家成人教育的伞式组织、瑞士成人教育的专业协会以及压力集团。该组织代表着瑞士全国范围内的有关成人学习领域的私有、国有的机构和协会等。SVEB旨在促进成人学习机构之间的合作，提高民众对终身学习的重视程度并支持其成员组织的发展。一方面，SVEB通过持续推广新的、有创意的项目并且保障项目质量等方式来支持成人学习并帮助学习者运用这些新开发的学习设施。另一方面，SVEB同样也鼓励人们通过接受各式各样的学习机会来挖掘自身潜能，把终身学习作为一种提升个人及社会能力的途径。最重要的是，SVEB常年致力于提升和保持瑞士教育的较高的水平。SVEB鼓励通过支持机构、专业组织及各州创造有益的条件在全国范围内将成人教育推向高的质量水平。SVEB的活动主要包括教育政策、开发和创新、服务三个方面。[7] (1)教育政策。SVEB活跃地参与教育政策的制定、发展及时事的评论。(2)开发和创新。SVEB的“开发与创新”部门包括大量的有关终身学习创新及未来目标的研究项目。为了实现这些可持续发展目标，SVEB与许多国内外的合作机构共同探索和传播。(3)服务。SVEB的实践操作领域涵盖了多种服务。这些服务不仅提供给会员，同样也为有兴趣的组织、专业工作者及学习机构提供。这些服务主要分为两类：第一类是行政和市场营销。包括SVEB多种会员服务的行政管理和SVEB产品的市场营销和发布。第二类是信息和质量。负责沟通与维持关系，包括举办“国家学习节”等。此外，eduQua质量管理办公室负责对成人学习质量进行监督与管理。

二、 三等级资格证书体系

瑞士成人教育工作者的三等级资格证书体系(The 3-level qualification Scheme)由三个等级构成，具体如表9.1所示。

表 9.1 瑞士成人教育工作者三等级培训认证体系

等级	创始时间	操作能力	目标群体	实践经验
等级一 瑞士联邦证书 SVEB证书	1995 年	要求具有利用概念、课程以及教育资料在成人教育领域准备、执行以及评价教学事件的能力	这个认证等级主要适用于在成人教育领域从事兼职工作的人群	在成人教育领域有至少两年的实践经验。至少有 150 个小时
等级二 成人培训师联邦专业教育与培训文凭	2000 年	要求在自己专业领域内,有能力独立开发以及执行课程	这个认证等级的目标群体是在成人教育机构或公司从事继续教育的专业人员	在成人教育领域有至少 4 年的实践工作经验。至少有 300 个小时
等级三 高级联邦专业教育与培训文凭(培训管理以及人力资源管理方向)	考核标准始于2010年4月12日,更新于2012年5月28日	在成人教育领域,要求具有开发以及评价有挑战性的教育工作的能力;要求能领导一个组织单位或者是领域。主要任务包括计划组织发展、质量管理、市场营销、收购以及人员管理	这个等级的认证主要针对管理岗位的人群。如成人教育机构的主管或者是公司继续教育部门的经理等	在成人教育领域有至少 4 年的实践工作经验。至少有 1 500 个小时,另外有 500 个小时是从事管理岗位的相关工作

等级一:SVEB 证书。

等级一的国家证书由 SVEB 颁发,该证书于 1995 年开始实施,已经获得相关培训机构和国家公共部门的广泛认可,是成人教育领域的质量评估的基本标准。该等级面向的目标群体是在成人教育领域从事兼职工作的工作者。截至 2013 年,全瑞士已有 31 000 人获得这个资格证书。该等级要求申请者不仅要具备在成人教育领域工作两年至少 150 个小时的工作经验,还需要参加相关的认证培训课程即 100 个小时的有关成人教学所需要基本技能及知识的课程。等级一的认证课程包含着 13.5 个 ECTS 学分,需要完成一个模块(FM-M1)即为成人提供培训课程的教学的学习。该模块的要求是，参与者完成相应课程后，能够计划、教学和评估培训课程。具体来说：工作者能够运用基本的成人教育学概念来计划、教学以及评估其课程；能够运用足够的教学方面来满足不同的成人学习者的需求；能够将教育学原理和他们所在机构的质量开发方法运用到他们的课程中；能够评估课程参与者的学习过程；能够意识到他们课程团队的多样性并且能处理参与者有可能发生的冲突；能够反思自身的学习过程。

等级二：成人培训师联邦专业教育及培训文凭。

等级二的证书由瑞士国家教育、研究和创新部(SERI)颁发。该等级面向瑞士成人教育工作者的第二类人群即专业培训师。截至2013年，已有8 000名成人教育工作者获得成人培训师瑞士联邦专业教育及培训证书。

在完成等级一中的模块一学习并获得等级一的认证基础上，申请者通过四个模块(FA-M2至FA-M5)的学习后，经过评估就可以获得瑞士联邦专业教育及培训学历等级二的认证，一共有16.5个ECTS学分。

(1) 模块二(FA-M2)：监督小组学习过程。参与者完成这个模块的学习后能够认识和评估小组的多样性并且能够对动态的小组进行足够的干预。具体需要能够认识并且分析小组学习过程，适当干预以及指导其课程小组达到目标；能够将基本的小组动态原则运用到学习过程的规划以及监督中；反思自身的学习"自传"；在引领小组学习中发现自身的优缺点，据此开发自己的能力；反思自身的价值以及态度，能够将这样的意识运用到教学中。

(2) 模块三(FA-M3)：支持个体学习过程。参与者在完成这个模块的学习后，能够在他们的专业领域中给予学习者咨询并且在其学习过程中陪伴着他们，具体需要：知道瑞士以及其所在区域的教育系统的结构；应该知道自身专业领域的资格认证系统；能够评估学习者的能力并且能针对学习者的发展目标，提供有关资格认证以及学习方式的咨询服务；有沟通理论的基础知识，特别是有关咨询以及反馈的理论知识，能将这些理论知识运用到咨询以及指导成人学习者的学习过程中。

（3）模块四（FA-M4）：规划成人的培训课程。参与者在完成这个模块的学习后能够基于自己的专业来规划设计课程，包括课程设计、财政管理、组织和行政管理以及学习过程评估：在培训课程规划中考虑到社会、政治以及制度的情境；能够在其领域分析以及评估个体学习者的培训需求；能够开发以及运用质量保障方法；具备一些基本的财务以及行政规划知识并且能够将这些知识运用到课程的设计与规划中；能够根据目标群体的需求来制定课程的目标。

（4）模块五（FA-M5）：设计（教学的）成人培训课程。参与者在完成该模块后能够运用成人教育学基本原理开发他们培训课程的教学设计、与自身专业领域相关的教学原则以及方法：能够将这些原则运用到定义目的、目标以及学习内容上，用来选择或者开发学习材料、方法、学习媒体以及设计评估的方法；掌握足够的学习形式以及方法，保证所作出的决定是与学习目的与目标相吻合的。

等级三：培训管理与人力资源管理高级联邦专业教育与培训文凭。

在获得等级二的证书认证后，获得成人培训师联邦专业教育及培训证书的申请者有资格在完成另外八个学习模块（D-M1 至 D-M8）后参加专业考试。在成功完成论文以及通过为期一天的答辩后，最终获得“培训管理与人力资源管理高级联邦学历”。该学历同样也是由瑞士国家教育、研究和创新部颁发。这八个模块包括：开发学习概念与课程（D-M1）、构建、监督和评估课程（D-M2）、为学者提供支持与咨询（D-M3）、个人管理与指导即领导力（D-M4）、人力资源管理（D-M5）、项目开发与管理（D-M6）、市场营销（D-M7）、质量管理（D-M8）。

这个等级的证书是在瑞士全国范围内受认可的成人教育工作者学

历。这个文凭遵循由瑞士州际教育部协会发布的条例内容。与第三等级相当的是大学学历教育，如日内瓦大学教育科学和心理学院提供成人教育工作者教育科学（成人教育方向）的硕士文凭。传统上，相较于瑞士的德语区，法语以及意大利语区在实施专业培训方面更加注重学术化的培训。德语区的专业培训主要来自私人的机构以及专业协会，而法语以及意大利语区的大学在专业培训方面担任了重要的角色。多年来，日内瓦大学在成人教育专业培训方面起到了重要的作用。目前，日内瓦大学为成人教育专业提供教育科学的硕士学位。硕士学位的课程主要有两个等级：第一，开发培训体系证书，在三级培训认证系统中处于第二级，相当于联邦专业教育与培训证书等级；第二，成人教育文凭，在三级培训系统中处于第三级，相当于高级联邦专业教育与培训学历。在德语区，针对成人学习工作者的教育培训主要由高等职业教育机构以及应用科技大学提供。

三等级培训体系中模块化的培训课程并不由 SVEB 直接提供。而是通过 SVEB 的质量保障委员会（CQA）对提供培训课程的机构进行认证，经过认证程序的培训机构才能有资格为成人学习工作者提供资格认证相关的培训课程。三等级培训体系的纵向等级如图 9.2 所示。

三、 等值评估过程

瑞士职业教育条例（BBV）规定若成人拥有获得某项特定证书的能力，他们可以“通过完整的考试或是部分考试与其他资格认证方式结合或是完全依赖其他资格认证的方式”来对其所拥有的能力进行认证。[8]等值评估过程也称能力认定，是瑞士联邦所认可的除考试之外的资格认证方式之一。在成人教育工作者的三等级培训认证体系中，申请者可以向 SVEB 的质量保障委员会申请进行等值评估过程。也就是说，申请者同样可以通过能力认定的方式在三等级培训认证体系中获得相应的证书与文凭（如图 9.3 所示）。

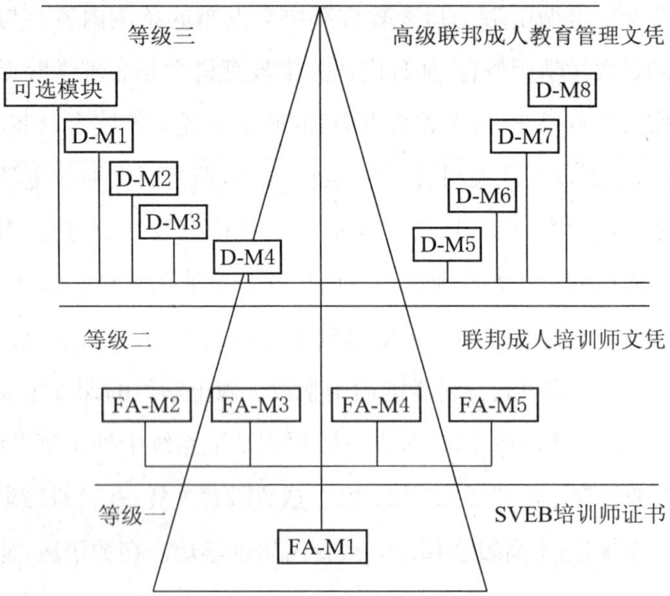

图 9.2　三等级资格证书体系纵向等级

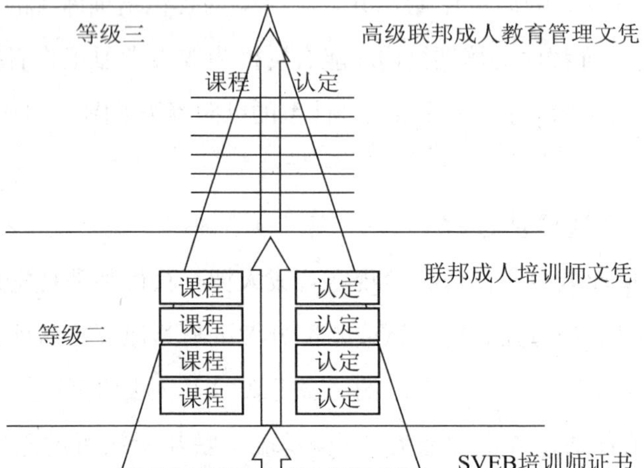

图 9.3　三级资格证书体系"双轨道"路径

此外,在第二级与第三级中,课程的学习考试认证与能力认定可以在不同的课程模块中交替使用,帮助工作者获得相关证书(如图 9.4 所示)。

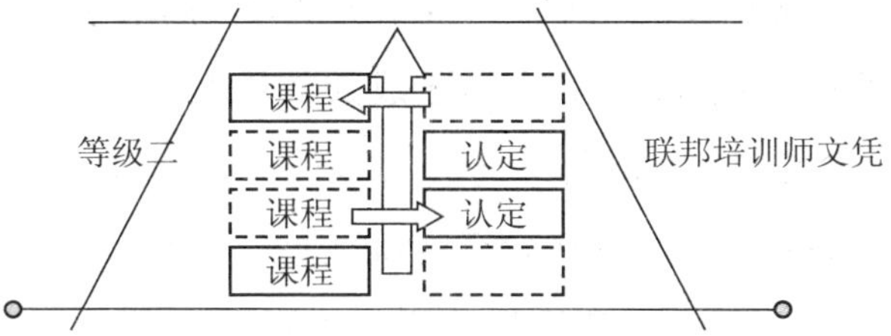

图 9.4　课程培训与能力认定过程的交互

其中,能力认定分为五个步骤:第一步,申请者获得相关信息给 SVEB 质量保障委员会,并进行咨询。第二步,根据相关信息和咨询的结果,进行自我评估并提交相关档案。第三步,由 SVEB 对申请者提交的相关档案进行评定,生成相关报告。第四步,根据第三步获得的报告,给出最终的认证结果。在这一步中有两个选择。第一,是认证成功,那么就直接进入第五步即颁发模块结业证书。若认定失败,就将进行相关的课程培训,通过相应的考试而获得模块结业证书。申请者在收集其每个等级的所有模块结业证书后,就可以获得对应等级的证书了。能力认定过程如图 9.5 所示。

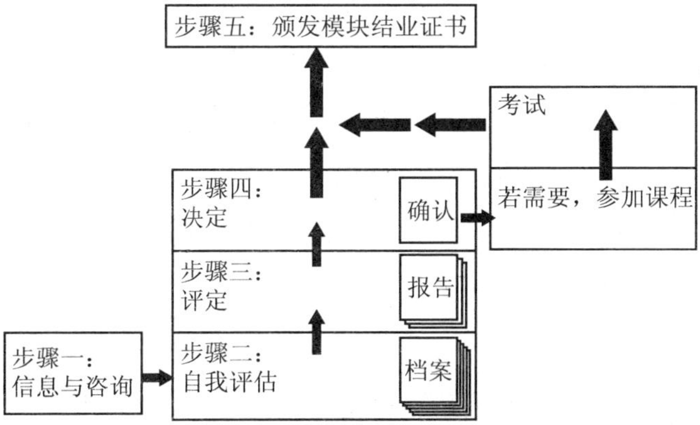

图 9.5　能力认定过程

四、认证过程的特点总结

（一）认证过程体现了"从下至上"的专业发展模式

从 SVEB 证书到培训师联邦 PET 文凭再到高级联邦 PET 管理文凭的三等级认证过程，体现出了瑞士成人教育工作者"从下至上"的等级化专业发展模式。基础等级的 SVEB 证书主要面向在成人学习机构、公司培训部门等承担兼职教育培训的工作者，为成人提供教育培训并非他们的主要工作，对其的能力要求也主要体现在为成人提供相关课程教学上。PET 成人培训师证书主要面向在成人学习机构、公司培训部门等承担主要教育培训的工作者，他们的工作范围除了一般的课程传授之外，还涉及课程设计与管理、咨询等方面的工作。最高级别的高级 PET 管理学历主要面向在成人学习机构、公司培训部门等承担管理职能的工作者。对其的能力要求主要体现在进行成人教育相关的组织发展、质量管理、市场营销以及人力资源管理等。简言之，专业发展的模式表现在从教育培训者到管理者的转变上。

（二）培训课程的模块化构建

在这个三等级的认证体系中，一共有 13 个模块的培训课程，其中第一等级中 1 个，第二等级中有 4 个，第三等级中有 8 个。每一个模块的培训都有明确的培训目标和能力要求，申请者每通过一个模块的学习就可以获得该模块的结业证书。当申请者收集齐某个等级所要求的所有模块结业证书时，就能够换取该等级的相应证书与文凭。模块化的培训与认证，可以帮助学习者分模块、分阶段获得专业能力和专业证书。SVEB 不提供培训课程，而是通过其质量保障委员会授权社会培训机构根据其指定的培训模块的内容与要求来为成人教育工作者提供教育培训服务。

（三）培训课程与能力认定的有效结合

在三等级认证体系中每一个模块的学习中，申请者都可以申请基于该模块的能力要求对自己的能力进行认定。申请者提供相关档案资料给评估专家进行评定，若通过评估，即可不用参加模块对应的培训课程。反之，则要求参加。这样灵活的认证方式，可以免去学习者的重复学习。SVEB的专家团队负责为申请者提供能力认定服务。

（四）与国家专业与教育资格证书体系相衔接

在这个认证的体系中，除了第一等级即SVEB证书是相对独立的、由SVEB颁发的资格证书，第二以及第三等级的资格认证均与瑞士国家教育体系中的第三等级B类衔接。SVEB作为专业组织开发培训要求与内容、规定培训标准与时间、授权教育培训机构提供相关课程。瑞士国家专业教育与科技联邦办公室认可专业组织所设置的相关内容与标准，基于此编写考试内容。申请者通过相关课程培训与考试后方可获得相应等级的证书与文凭。

第四节　成人教育质量保障标志 eduQua

一、 eduQua 质量标志简介

2002年，一个名为eduQua的质量标志被引进。eduQua是一个针对成人学习机构的质量评估标志，是瑞士针对成人继续教育领域开发的第一个也是唯一的质量标志。在越来越多的州中，成人学习机构获得eduQua质量标志是获得政府资助的必要条件。瑞士州教育主任会议（EDK）推荐每个州都要“基于同样的标准来核查成人教育办学机构的质量，为拥有eduQua质量标志的机构提供政府补贴”[9]。截至2012年，瑞士共有1 000家成人学习机构通过认证，获得eduQua质量标志。eduQua涵盖了6个主要的评判标准（如图9.6所示）。

可以看出，1—4的评判标准特别关注学习者也就是顾客的需求和满意度。5和6的评判标准关注成人学习机构本身的质量管理与领导

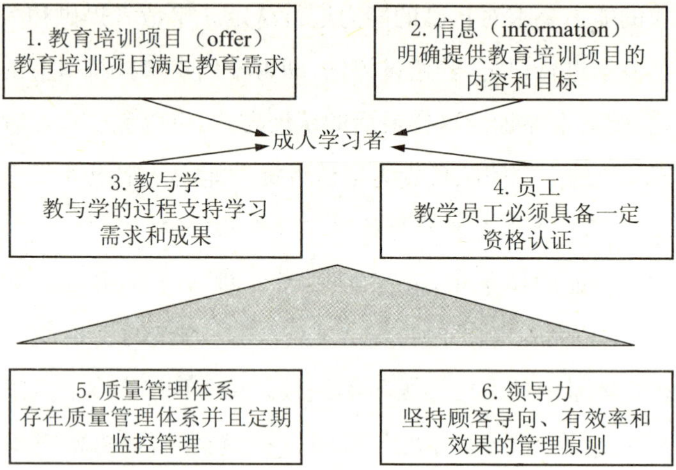

图 9.6　eduQua 质量标志的六个评判标准

力问题。笔者将通过对具体指标的解读来进一步理解 eduQua 质量标志的评判标准。

评判标准 1:提供能满足客户和社会需求的教育培训服务。具体指标:(1)定期进行市场观察,反思教育理念中的教育需求;(2)使用合适的工具来明确客户的需求,确保供给与需求的一致化;(3)通过定期调研取得客户满意度,调查员工离职原因来进行反思与改进;(4)考虑到学习者的层次和先前经验,增加将未来教育活动模块化的可能性。

评价标准 2:清晰阐述所提供的教育培训项目的信息(内容、教育学理念等)。具体指标:(1)提供清晰、完整且有信服力的信息材料,展示所提供的培训项目的内容及方法等;(2)利益相关者对机构多为正面评价,少有对未来的质疑。

评判准则 3:保障参与者的学习效果。具体指标:(1)对教育培训项目的目标有着清晰的定义;(2)能洞察出学习者是否在学习过程中偏离目标;(3)通过学习者对教育培训项目成果进行评估;(4)分析学习效果控制的方法。

评价标准 4:拥有合格的教学员工,并鼓励其进行继续教育。具体指标:(1)教学员工在所从事的领域具有专业资格和实践经验;(2)教学员工有成人教育的资质证书并具有成人教育经验;(3)进行常规的专业与教育学继续教育;(4)参与学者对教学员工表现感到满意;(5)教育培训的组织方式适合成人教育和目标群体。具体来说,eduQua 中包括对办学机构中从事教学工作的员工的标准是至少拥有三等级认证体系中的等级一证书,即由 SVEB 颁发的 SVEB 证书。

评价标准 5:具有质量保障的意识。具体指标:(1)在获取所有参与方反馈的基础上采用系统性的工作来发展质量;(2)有关于组织运行系统的多重评估;(3)对未来教育活动有连续的评估过程;(4)透明的架构与职能;(5)在成人教育工作者中定期开展关于教学方法和成人教育主题的活动;(6)有意愿与其他教育机构及合格的外部专业人员合作。

评价标准 6:坚持客户为导向的、经济的、有效率和效果的管理原则。具体指标:(1)良好的性价比;(2)流畅有效的管理程序;(3)目标群体和实际参与者的一致性。

二、 eduQua 质量标志顺利实施的要素

通过上文对评价标准的分析,我们可以看出质量评价的标准反映出了以“成人学习者”为核心的保障原则,质量保障的重点是按照学习者、专业工作者、教育机构这样的先后顺序排列的。首先,保障学习者的需求与满意度;其次,保障工作者的专业水平与资质;最后,保障办学机构的管理与发展水平。本章总结了 5 个 eduQua 标志在瑞士顺利实施的影响因素。

第一,有一个组织良好的行动者来代表成人学习领域。

SVEB 是一个代表着全国范围的国有、私有机构和协会的非政府组织,对州级的成人教育机构、公司内部培训等负责。这个组织也致力

于加强成人学习机构间的合作，唤起公众终身学习意识，支持成员的活动，不断支持成人学习领域创新型项目并且保障该领域的高标准。

第二，面向一切成人学习办学机构开放。

根据 SVEB 政策，eduQua 标志认证面向那些积极从事成人教育的机构开放，其中也包括了那些提供失业人员的再就业教育的机构。同时 eduQua 还对提供国家资助的继续教育项目（公立或私有）的机构、劳动力市场教育培训服务的提供机构、模块化教育培训的提供者以及任何渴望进步和得到质量认可的提供继续教育的机构提供认证机会。

第三，自主决策的权利。

eduQua 标志认证的是教育机构本身而不是其所提供的单独的课程，这意味着 eduQua 标识并不能为某个单独课程提供认证，而是为整个机构。在使用 eduQua 标志的时候，如果取得认证的机构出现雇员、课程内容、兼并等变动时则需要向 SVEB 汇报，SVEB 将进行重新的认证。

第四，获得广泛的支持。

eduQua 标志受到瑞士国内政治、经济和教育部门的大力支持，其中包括国家经济事务秘书处、瑞士职业教育会议部、瑞士就业协会等。正是有了各部门的广泛支持，eduQua 才能够顺利实施和推进。

第五，透明的终止过程。

eduQua 标志的有效期为 3 年，其间教育机构还需要接受 SVEB 持续的观察。通过观察，SVEB 会给教育机构提供相应的改进建议，鼓励机构积极投身质量发展的实践。

第五节　专业化建设的特点与趋势

综上所述，我们可以看出瑞士成人学习工作者专业化进程是一个多元结合的推进过程。首先，三层次的资格认证体系很好地将模块化的培训课程、应掌握的能力要求与等级化的认证结合起来。尽管没有出台国家级别的专业标准，但是将从业者所需要的能力与相关的培训课程模块有效地对应衔接起来。其次，固定的培训课程与灵活的能力认定方式的结合，也免去一些已经掌握了相关能力的工作者需要重新参加培训课程的重复性工作，以开放、灵活、有效的方式来对从业者进行培训和认证。再次，将第二等级、第三等级与国家专业与教育培训资格认证框架衔接，增加了培训认证证书和文凭对从业者的吸引力和认可度。最后，相关质量管理方式——eduQua 质量标志的运用，也保障了已经获得相关证书的从业者的专业地位与市场保护，只有聘用获得 SEVB 证书的从业者的机构才能够申请 eduQua 质量标志。因此，这样的规定使得 SVEB 证书对成人学习工作者更具有吸引力，同时也增进了雇佣机构对该证书的认可度。eduQua 像是一个催化剂在促动着成人学习者参与培训课程，从而获得资格认证(如图 9.7 所示)。

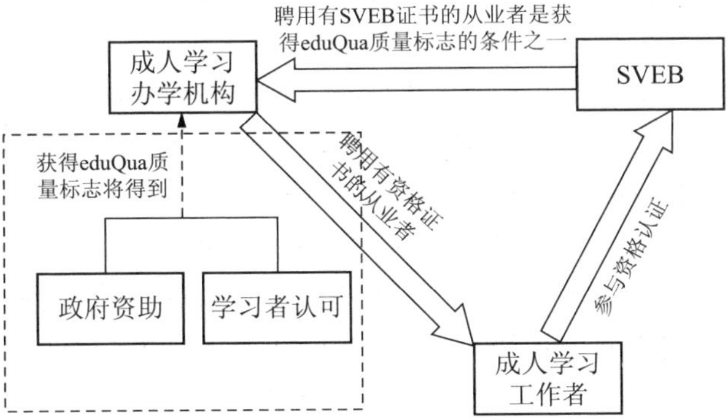

图 9.7　eduQua 质量标志影响下的循环系统

总的来说，我们看到瑞士在成人学习工作者的模块化的培训体系的建设与成人学习办学机构的质量管理方面有值得我们借鉴的重要经验。此外，瑞士在有关成人学习工作者专业化建设的发展趋势体现在以下几个方面[10]：第一，重视能力档案的开发，将能力档案作为培训课程与资格认证的基础；第二，增加成人学习工作者的学术教育机会，帮助从业者接受系统的专业学术教育；第三，提高不同专业化途径的相互渗透性，提升工作者的专业流动性；第四，推进继续教育法的开发与实施，以立法的形式保障成人学习者的专业化建设；第五，全面地对成人学习领域进行国家层面的监管，为计划和规范教育与培训提供有用的信息。

注 释

[1] QF2Teach Research, "National Report on the Outcomes of the Qualified to Teach Delphi Survey-Switzerland", http://qf2teach.com/assets/files/National%20Report%20Switzerland.pdf, 2018-07-12.

[2] The Federal Office for Professional Education and Technology (OPET), *Vocational and Professional Education and Training in Switzerland 2011*, OPET, 2011.

[3] 参见 Alice, http://www.alice.ch/en/facts-figures/swiss—continuing-education-system/。

[4] The European Association for the Education of Adult(EAEA), "Country report on Adult education in Switzerland", http://www.eaea.org/doc/pub/Country-Report-on-Adult-Education-in-Switzerland.pdf, 2018-07-25.

[5] M. Hagenow, "National Report: Switzerland-Analysis of Existing Qualification Frameworks for Professionals in Adult Education", http://www.adam-europe.Eu/prj/3818/prj/Nation al%20Report%20Switzerland.pdf, 2018-07-14.

[6] QF2Teach Research, "National Report on the Outcomes of the Qualified to Teach Delphi Survey-Switzerland", http://qf2teach.com/assets/files/National%20Report%20Switzerland.pdf, 2018-07-12.

[7] 参见 Alice, http://www.alice.ch/en/sveb/federation/。

[8] SVEB, "Equivalene Assessment Procedure-Legal Basis", http://www.alice.ch/en/ada/equi valence-assessment-procedure-eap/, 2018-08-01.

[9] Researchvoor Beleid, "Developing the Adult Learning Sector-Quality in the Adult

Learning Sector", http://www.hm.ee/index.php?popup=download&id=12529, 2018-08-01.

[10] M.Hagenow, "National Report: Switzerland-Analysis of Existing Qualification Frameworks for Professionals in Adult Education", http://www.adam-europe.Eu/prj/3818/prj/Nation al%20Report%20Switzerland.pdf, 2018-07-14.

第十章
欧洲成人学习工作者专业化建设的比较

前文通过对欧盟委员会及英国、爱沙尼亚、德国、罗马尼亚、奥地利与瑞士等六国成人学习工作者专业化建设举措的案例研究，分析了超国家层面与国家层面成人学习工作者专业化建设举措的关键问题和特点。本章将对这些专业化建设举措进行进一步的对比、分析与总结，并在此基础上思考成人学习工作者专业化建设体系的构建和体系中主体的作用以及对欧洲成人学习工作者专业化建设进行反思。

第一节　成人学习工作者专业化建设举措的比较与总结

本节首先对成人学习工作者的能力档案与专业标准的制定、成人学习工作者教育与培训的开发、成人学习工作者资格认证体系的构建、成人学习工作者能力认证的实施、成人学习工作者专业化建设质量管理的运用这五个具体的举措进行总结与分析。其次再对这五个举措的关联性进行解读。

一、 制定能力档案与专业标准

(一) 成人学习工作者的分类

总的来说,在这六个案例中,各国对成人学习工作者的分类可以大致总结如图 10.1 所示。从等级的角度来划分,可将成人学习工作者划分为从新手到专家;从劳动力关系的角度来划分,可将成人学习工作者划分为全职、兼职与志愿者;从从事的任务或活动来划分,可以分为教学任务、管理任务、课程设计任务、咨询任务等;按主要的工作场所来划分可以分为在继续教育学院、社区、培训机构以及公司等。如爱沙尼亚将成人教育工作者分为全职教育员工、兼职教育员工、行政人员。德国的一种分类方法是将成人教育工作者分为教育员工与教学员工,其中教育员工的等级高于教学员工,在工作上对教学员工进行指导。另一种方式是将成人学习工作者按照从事的活动来分类。奥地利将从事图书馆管理的工作者也纳入成人教育工作者的范围。同样,英国也认为图书馆、档案与信息服务的从业者可以被称为终身学习领域实践者。具体的分类比较如表 10.1 所示。

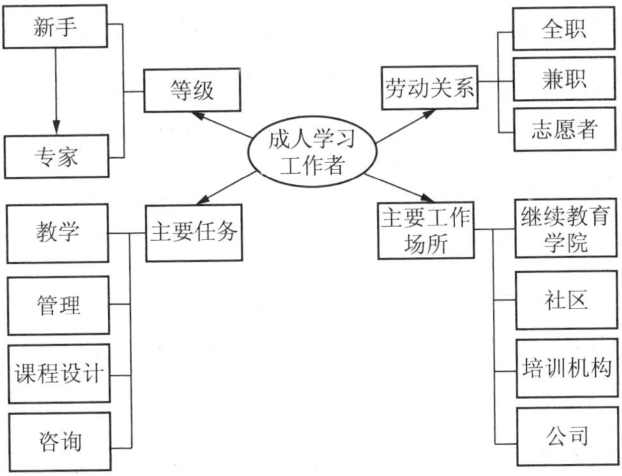

图 10.1 欧洲各国对成人学习工作者的分类

表 10.1　各国成人(终身)学习(教育)工作者分类对比

国　家	成人(终身)学习(教育)工作者分类
英　国	从事社区教育与学习的工作者;从事继续教育的工作者;从事图书馆、档案和信息管理的工作者;从事私人盈利机构培训的工作者
爱沙尼亚	全职教育员工;兼职教育员工;行政人员
德　国	全职成人教育经理;全职教育员工;教学员工/课程教师;全职行政人员
	按从事的活动来分:教学;管理;咨询与指导;媒体运用;项目规划;支持服务;评估
罗马尼亚	按从事的活动来分:管理;教学;评估 按职业来分:培训师、评估师;项目经理;指导员;设计师
奥地利	从事管理岗位的工作者;从事教学岗位的工作者;从事咨询岗位的工作者;从事图书馆管理岗位的工作者
瑞　士	兼职教师、培训师和指导员;成人培训师;成人教育专家或成人教育管理者

但是,这些国家对成人学习工作者的活动分类并不够全面。欧盟委员会发起的相关研究在一定程度上弥补了这个缺陷。APLINE 项目认为成人学习工作者除了从事教学这项核心活动之外,还包括以下 13 种活动:监控与评估、咨询与指导、课程开发、ICT 支持、学习网络建设、行政管理、市场营销与公共关系、质量管理、人力资源管理、财务管理、学习需求预测、课程准备以及学习激励。当然这些活动并不是由一个专业工作者来承担,这些活动由从事具体岗位的工作者来完成。例如,经理需要完成的活动包括人力资源管理和财务管理等。

这 13 种活动已经较为完整地呈现了成人学习工作者可能从事的所有活动,并且认为通过活动来分类成人学习者是最为实用的办法。与其定义“他们是谁”还不如定义“他们应该做些什么”。此外,界定了成人学习工作者的活动也为界定其所需要的能力奠定了基础。

(二) 成人学习工作者的核心能力与能力需求的发展趋势

欧洲在国家与超国家层面对成人学习工作者需要具备的能力都有

一定的研究。基于此，笔者归纳出了成人学习工作者核心能力与能力要求的发展趋势。

1. 成人学习工作者的核心能力

(1) 构建学习环境的能力。成人学习者重新进入学习的状态后，可能一时无法融入“学习者”的角色中。这就需要成人学习工作者能够为其营造一个友善的、能提供各种支持的学习环境，帮助其尽快适应“学习者”这个身份，使成人学习者在这个学习环境中增强学习的信心并且构建自己的学习网络，促进成人学习者之间的相互支持。

(2) 使用多种教学方法与运用先进教学设施的能力。成人学习者群体具有典型的多样性特征，他们有着不同的生活、工作背景。因此，成人学习工作者，特别是从事教学的工作者就需要针对不同的学习者运用不同的教学方法，这样才能够帮助学习者更加有效地进行学习。随着科技的发展，多媒体在成人学习中的运用也日渐频繁。因此，成人学习工作者还需要具有运用先进的教学设施的能力。

(3) 评估成人先前经验的能力。成人学习者带着已经获得的知识与经验进入学习环境中，其已有的经验将影响到其学习的进展。成人学习工作者需要有能力评估成人的先前知识和技能水平，将这些作为学习课堂中的共同资源，并对成人学习者已有的知识和经验保持开放的态度。

(4) 咨询指导能力。成人学习工作者在成人学习过程中还担任咨询的角色。他们为成人学习者提供额外的学习资源、教育机会以及相关服务等信息。此外，如果需要，还将为成人学习者的职业发展提供咨询与帮助。

(5) 处理小组学习多样性的能力和沟通能力。成人学习工作者要具有处理成人学习小组中多样性问题的能力，能够意识到小组多样性的价值，能够处理小组的动态关系以及预见和处理可能发生的冲突和矛盾。

2. 成人学习工作者的能力需求发展趋势

有关成人学习工作者的能力要求不再仅仅局限在与教学相关的能力上，其他能力也开始受到越来越多的关注与重视。

（1）管理、市场营销、公关等能力。管理能力开始成为成人学习工作者所要具备的能力之一。例如，瑞士三级认证系统的最高级别就是获得联邦成人教育管理证书，奥地利的双层资格认证体系中的成人教育工作者四个发展方向中就包括教育管理者这个方向。此外，市场营销、公关等能力也开始进入成人学习工作者所具备的能力范畴。

（2）研究、提供政策咨询的能力。研究以及提供政策咨询的能力要求可以针对较高级别的成人学习工作者。例如，爱沙尼亚成人教育工作者的五个等级专业标准中，在第四等级与第五等级中就要求成人教育工作者需要具备参与成人教育政策咨询和成人教育研究的能力。

（3）自我专业发展的能力。成人学习工作者自身的专业发展是其为成人学习者提供持续的、高质量的学习服务的保证。例如德国有关成人教育工作者的能力界定中就规定了其需要具备自我专业发展的能力。成人学习工作者的专业发展包括对自我学习需求的分析、学习的反思、专业发展的规划、专业发展的记录等能力，都是其专业化道路中重要的保障。

（三）成人学习工作者的专业标准的构建

成人学习工作者专业标准的构建体现出了基于知识的标准到基于能力的标准的转向。例如，英国 FENTO 国家标准是基于知识而构建的，随后替代 FENTO 标准的 LLUK 专业标准则是基于能力构建的。爱沙尼亚于 2002 年构建的成人教育工作者专用标准是基于知识的，而 2007 年版本的专业标准则实现了以能力要求为导向的原则。因此，专业标准的构建需要基于成人学习工作者的能力档案。基于能力的标准比基于知识的标准更具有全面性与实用性。英国的LLUK终身学习领域教师专业标准分为6个领域，除了第一个专业价值领域是对其他5个领域中专业价值的总括之外，其他5个领域都包括了专业价值、专业知识和理解力以及专业实践的标准要求。爱沙尼亚的专业标准分为4个等级，每个等级的专业标准都陈述了满足该专业等级所需要具备的能力。爱沙尼亚与英国的专业标准对比如表10.2所示。

表10.2 爱沙尼亚与英国专业标准对比

	制定组织	面向群体	结构内容	维度	资格证书等级	资格认证是否强制	职前或职后	颁证机构
英国	专业组织LLUK(国家委托)	终身学习领域教师、培训师、导师	横向六个领域(专业价值观、学与教、专门领域学与教、计划学习方案、评估学习成果、提供学习渠道和途径)	专业价值观、专业知识和理解力、专业实践	岗前培训资格证书PTLLS、CTLLS、DTLLS	是	职前(PTLLS、CTLLS、DTLLS)	专业协会(IfL)
爱沙尼亚	专业组织Andras(国家委托)	成人教育工作者	纵向四个等级(成人教育工作者Ⅱ到Ⅴ级)	能力	成人教育工作者证书Ⅱ到Ⅴ级	否	职后(要求具有一定工作经验)	专业协会(Andras)

我们可以看出，首先，英国与爱沙尼亚的专业标准都是由专业组织制定，这一点体现出了制定标准主体的专业性。但是，应该注意到的是两个国家都是由政府主动委托专业组织制定专业标准。因此，政府在推动专业标准制定中起到了重要的作用。其次，专业标准的结构可以

是横向地按要素分类，也可以是纵向地按等级分类。最后，专业标准与资格认证体系的衔接，是将专业标准的作用落实到具体的认证实践中，形成“从业者达到相关专业标准获得对应资格证书”的合法途径。

二、 完善教育与培训

（一）高等教育

从欧洲国家案例中，我们可以看出成人学习工作者专业化的重要途径之一就是通过高等教育。因此，大学在培养成人学习工作者和推动其专业化方面扮演着重要的角色。

1. 专业和课程设置

大学中有关成人学习领域的专业与课程的设置决定了培养或是“生产”出什么样的准从业者。因此，专业与课程的设置至关重要。

（1）多方向的专业设置。专业的设置可以是多方向的。德国的成人教育专业的设置，特别是在硕士层面，体现出了多样化的特征，例如分为“教育研究与管理”“媒体教育”“学习文化”等方向。这样多方向的专业设置能更容易地服务于市场的特定需求。但是，需要注意的是这样多维度地设立多专业方向对成人教育专业的理论基础与课程构建来说是一个很大的挑战。

（2）多选修模块的课程设置。课程的设置可以是模块化的。例如，奥地利的成人教育工作者双层认证体系与瑞士的成人教育工作者三等级培训体系中的课程设置都包含着必修基础性的课程与可选修的模块化课程。尽管这些课程并不一定都是在高等教育中进行，但是对大学有关成人学习专业的课程设置方面也具有一定的启示作用。

（3）理论为基础、实践为导向。对大多数进行高等教育专业教育的学生而言，大学教育是为他们进入专业领域进行实践活动的准备(Schüßle, 2012)。德国学者的研究表明，成人教育专业的学生与从业者进行实践学习后,对理论有了更新的认识。这些学生认为正是他们与从业者的互动为其带来了显著的专业发展(Egetenmeger, 2013)。因此,在大学中成人学习相关专业与课程的设施还需要以理论教育为基础,以实践为导向。

2. 开放办学

大学可以与一些专业组织合作,共同推出提供资格认证的培训课程。例如,奥地利的克拉根福大学与多瑙河大学与奥地利继续教育学会合作,为参与继续教育学会认证体系认证的毕业生提供硕士学位课程。此外,大学还可以成立相关的培训中心,持续地为从业者提供教育培训服务。

3. 质量保障

爱沙尼亚塔林大学对成人教育专业进行质量管理。该质量管理体系的核心理念就是大学中各部门都将担任不同的角色,共同为学生获得一个高水准的学术等级服务。具体的质量保障方法包括:分析课程、教学和学习的组织方式、学生毕业论文的质量、学生的反馈意见、教职工的工作状况、毕业生的就业情况、学术成果等。

(二) 社会培训教育

1. 培训课程设置

(1) 培训课程模块化。培训课程需要模块化设置使得培训可以更加灵活地进行。例如,奥地利的培训课程针对四类方向:教学、教育管理、咨询与图书馆管理和信息管理。每个方向都有必修的课程和选修的模块课程。瑞士的三等级培训体系一共有13个培训模块课程,其中等级一有1个,等级二有4个,等级三有8个。参与培训的学习者可以根据不同的方向、不同的等级选择不同的培训课程模块。一个模块就是一个相对独立而完整的学习单元,旨在帮助学习者掌握某一明确陈述的学习目标设计的一系列学习经验。当然,尽管每一个模块具有相对独立性，但它也可以与其他相关的模块进行联系，从而组合成指向更大培养目标的完整的模块课程，并与资格认证证书的获得联系起来。

(2) 培训过程进阶性。培训课程与资格认证体系挂钩，体现出其进阶性。参与一定数量的培训课程并通过相应考核后，学习者可以申请一定等级的资格证书。达到一定等级后，申请者可以选择继续进行培训以获得更高级别的证书，或者是中断培训保持已有的资格证书，如Wba的认证过程。

(3) 培训工作坊的重要性。参与社会培训的成人学习工作者大多是具有一定工作经验的从业者。因此培训方式的选择要充分考虑他们需要解决的实践问题。奥地利双层认证体系中对“工作坊”这个培训方式的运用可以体现出这个培训方法在认证体系中的重要作用。“工作坊”不仅可以作为教育培训的方法也可以作为评估的工具。培训师或是评估师可以通过学习者在工作坊中的表现评估其掌握相关能力的情况。

2. 质量管理

与大学中的质量保障相比，对社会培训机构的质量管理就显得更为紧迫。为成人学习工作者提供教育培训的社会培训机构质量参差不齐，对这些培训机构进行质量管理是保障成人学习工作者教育培训质量的基础。但是，目前欧洲范围的有关成人学习的质量管理主要集中在对成人学习办学机构的管理上，对提供成人学习工作者教育培训机构的质量管理很少。在这个方面，奥地利继续教育学会(Wba)能够提供一些借鉴。Wba作为一个认证机构并不提供教育培训服务，但是它授权其他能提供满足其课程标准的机构来为申请者提供教育服务。为了规范这些机构，Wba对这些机构进行质量管理。提供培训的机构需要通过一系列的步骤来获得继续教育学会提供的带有“Wba”标志的质量保证证书，方可对成人学习工作者提供与资格认证相关的教育培训服务。

三、构建资格证书体系

（一）资格认证体系的维度

1. 横向分类

资格认证的横向分类是根据从业者从事的角色来分类。如罗马尼亚将成人教育工作者分为5个职业进行分类认证。这些职业包括：培训师、评估师、项目管理者、培训指导员和培训设计师。从事这些职业的工作者可以选择相应的认证机构进行资格认证。

2. 纵向分类

资格认证的纵向分类可以按等级层次来分，如爱沙尼亚的5个专业等级、奥地利的双层次资格认证、瑞士的三等级资格认证、英国的继续教师PTLLS、CTLLS、DTLLS资格证书等。值得指出的是，奥地利的双层次资格认证中在第二层次中也包含着横向的分类，即将成人教育工作者分为教学、教育管理、咨询与图书馆管理和信息管理四个方面。因此，我们可以看出，将横向分类与纵向分类相结合的可行性。

表10.3　各国资格证书体系维度对比

国　家	资格证书体系维度	
	纵向分类	横向分类
英　国	岗前培训(PTLLS、CTLLS、DTLLS) 强制每年30小时持续专业发展*	
爱沙尼亚	四个专业等级(Ⅱ—Ⅴ)	
罗马尼亚		分为培训师、评估师、项目管理员、培训指导员和培训设计师五个方向
德　国	社会资格认证种类繁多，各成人学习办学机构有自己的标准	
奥地利	双层次资格证书第一级	第二级分为教学、管理、咨询和图书馆管理四个方面
瑞　士	三等级资格证书	

注：2013年已被英国政府取消，目的是为了实行对从业者的去规范化(deregulation)。

（二）资格证书的颁发机构

在英国、爱沙尼亚、奥地利以及瑞士，资格证书体系的第一等级是由专业组织为成人学习工作者颁发资格证书。这些专业组织也与大学合作，一方面大学的文凭可以等同于资格证书的某一个等级的水平；另一方面，专业组织也委托大学为其资格认证体系提供教育培训课程。在罗马尼亚，目前是由多家授权的机构对不同专业方向的成人教育工作者提供培训与颁发资格证书。但是，在罗马尼亚有关成人学习工作者专业化体系构建的研究中，提出要在罗马尼亚建立一个成人学习工作者协会，该协会的任务之一就是为成人学习工作者颁发资格证书。因此，欧洲国家的发展现状与趋势是建立单一的机构为成人学习工作者颁发资格证书。

（三）资格证书体系框架与认证过程

研究发现，除了德国之外其他 5 个国家都有着相对统一的成人学习工作者的资格证书体系框架。其中，奥地利继续教育协会的“Wba 证书”与“Wba 文凭”是“自成一派”，不与国家资格证书框架衔接。英国、爱沙尼亚、罗马尼亚与瑞士的资格证书体系都不同程度地与国家相关的资格证书框架对接（如表 10.4 所示）。

表 10.4　与国家相关资格证书框架对接的比较

国　家	是否与国家资格证书框架对接	
	是	否
英　国	国家资格与学分框架	
爱沙尼亚	国家专业资格证书体系	
罗马尼亚	国家继续专业培训体系	
奥地利		“Wba 证书”“Wba”文凭
瑞　士	第二、第三等级与国家专业教育与培训资格框架	第一等级 SVEB 证书

Wba 与 SVEB 对成人学习工作者的认证过程有一定的可比性。首先，Wba 资格证书并没有与奥地利国家的任何资格证书框架衔接，而是自身体系，形成自己的“Wba 品牌”。而 SVEB 的资格证书的入门等级由 SVEB 颁发，而后的两个等级与国家专业培训与教育学历资格框架衔接，对应的证书与文凭由国家教育、研究与创新部颁发。其次，在认证对象上。Wba 明确表示适用的对象是所有从事成人教育工作的工作者。他们可以来自社区、大学、企业等不同的工作场所。再次，在培训课程的提供上，Wba 和 SVEB 均通过授权外部培训机构进行对申请者的培训。第四，Wba 资格认证与 SVEB 资格认证最大的共同点就是都将对申请者的能力认定纳入认证过程中。第五，在质量保障方面，Wba 不仅重视对外部培训机构的质量管理，还重视对其内部认证过程的质量保障。最后，Wba 的认证优势在于认证对象涵盖面广，形成一定的品牌效应。SVEB 的优势在于与国家 PET 学历衔接，能获得较高的认可度。

表 10.5　资格证书的认证框架与过程的对比

资格证书颁发机构	是否与国家已有的资格框架衔接	认证对象	培训课程提供者	与能力认定相结合	质量保障	特点与优势
Wba	否	所有成人教育工作者（社区、大学、企业等）	外部授权机构	是	内部与外部	认证对象广、形成品牌
SVEB（第一等级）SERI（第二与第三等级）	第二与第三等级与 PET 学历衔接	成人培训师*	外部授权机构	是	外部	与国家 PET学历衔接、认可度高

注：事实上，从瑞士对成人学习工作者的分类中可以看出，成人培训师具有广义的意涵。他们不仅在公司中工作，也在成人教育中心、学校等场所工作。

（四）持续专业发展

舒尔曼认为："专业人员必须培养从经验中学习和对自己的实践加以思考的能力。"[1]专业人员的持续专业发展的目的就是开发从业者的专业能力，提高专业水准与工作质量，促进合格专业人员到优秀专业人员的转化。从欧洲6国案例可以看出，不论是奥地利还是瑞士的资格认证体系，从业者达到最高等级的认证就没有进一步的持续专业发展的要求与规定。英国对继续教育领域教师的持续专业发展（CPD）的强制性要求从2007年至2013年执行了6年后也被取消。取消的主要原因是政府认为从业人员的持续专业发展应该由各个从业人员所在机构为其员工自行安排，而不应当有强制性的因素。然而，这一举措也引起了人们的担忧，从业者认为一旦没有强制的CPD要求，很多从业人员将无法表明个人专业水平的提升。因此，是否需要对专业人员实施强制性的持续专业发展要求也是值得进一步探讨的问题。

（五）对资格认证体系有效性的评估

一旦资格认证体系开始实施后，就有必要定期对资格认证体系的有效性进行评估。如英国在继续教育教师资格认证体系执行5年后就对该体系进行回顾，并进一步制定完善或是改革的措施。我们暂且不论目前改革的措施是否都深得人心，但是这样对资格认证体系的回顾与反思措施是重要的也是必要的。

四、实施能力认定

能力的认定是标准化的培训课程的一种补充。在资格认证的过程中，标准化的培训课程可以与灵活的能力认定方式结合起来（如图10.2所示）。

（一）认定工具与方法

目前，欧盟的研究项目开发出了两个能力认定工具，包括：能力认

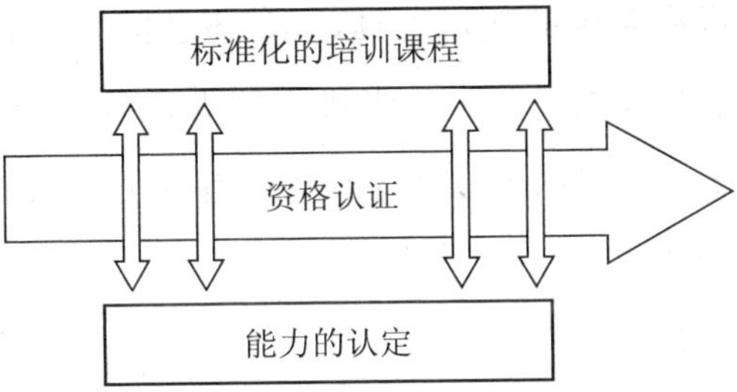

图 10.2　能力的认定与培训课程的结合

定包(validpack)和灵活路径文件袋(flexi-path portfolio)。其中，灵活路径文件袋主要针对较高级别(欧洲资格框架等级六到等级七)的从业者的能力认定。这两个工具有一个共同的特点就是都需要从业者对自身经验、能力等方面进行反思与回顾。不同点在于能力认定包就止步于达成一个能力认定表。而灵活路径文件袋还将通过导师建议等方式形成对未来发展的规划和策略。原则上，使用 validpack 认定工具就可以获得相应的国家资格证书。但是前提是国家权威的机构认可认定工具并且能够办理相应的证书。但是，目前在欧洲的很多国家还是无法实现(Sava & Lupou, 2009)。这两个工具的比较如表 10.6 所示。

表 10.6　两个能力认定工具的比较

工具名称	适用层面	使用对象	对象等级	使用基础	资格框架	目　　的
validpack	国家	从事“教学”角色的从业者	所有	教学能力档案	各国资格认证框架	能力的认定
flexi-path	欧洲	成人教育工作者	高级工作者	能力档案：与教育相关的能力、与人相处的能力、实践的相关能力	欧洲资格框架六级到七级(EQF)	能力的认定以及加强专业工作者流动度

目前，罗马尼亚、奥地利、瑞士这三个对成人学习工作者进行能力

认定的国家都没有明确的认定工具，主要还是依赖评估专家的专业水平与评定能力来对成人学习工作者进行能力认定。因此，评估专家的专业能力对认定的结果的可信度与有效性有着至关重要的作用。

（二）认定机构

1. 多个认定机构

2004年，罗马尼亚已经完成了全国非正式/非正规学习能力认定系统的建立，在国家委任的评估中心，有着统一而明确的职业标准，国家认可的能力测评师。成人学习工作者可以根据其自身的主要工作内容选择相应的评估中心对其能力进行评估。主要的评估对象有：培训师、评估师、管理者、培训指导员和培训设计员。多种认定机构的优点在于能够给工作者提供较多的选择机会，申请者可以更加灵活地根据自己的时间、所在地点等多方因素，来选择最适合自己的认定机构。其缺点就在于，很难对多样化的认定机构进行全面地、有效地管理。

2. 单一认定机构

与罗马尼亚不同的是，奥地利继续教育学会（Wba）是唯一的成人学习工作者的能力认定机构，有着规范的能力认定的程序。与奥地利类似的是，瑞士也是由唯一一个认证机构即瑞士成人学习联盟（SVEB）来提供成人学习工作者的能力认定服务。全国范围内只有一个认定机构的优势在于其拥有绝对的权威性并且其颁发的证书也能够获得较好的认可。其劣势就在于单一的认定机构所提供的认定服务的容量有限，伴随着逐渐增加的申请人数量可能会出现认定时间延长、无法及时认定等问题。

五、采取质量管理

欧洲国家成人学习领域内流行的一个重要的假设就是质量管理能

够促进成人教育工作者的专业化。

(一) 对高等教育中成人教育专业的质量管理

爱沙尼亚塔林大学对该校的成人教育专业进行质量管理。该质量管理体系包括三个步骤。第一,数据收集。包括收集学生、教学人员和校友的反馈与建议以及学生学习进展、工作量、学术成果、毕业论文质量等方面的信息收集。第二,对数据进行分析与评估。课程委员会主任、教学员工和助理要根据收集回来的数据分析评估课程以及学习组织的方式等。第三,计划与改善。在评估的基础上改善专业课程设置、教育员工的工作和学习过程等。

(二) 对成人学习办学机构的质量管理

瑞士成人学习联盟(SVEB)开发了针对成人学习办学机构的质量管理标志 eduQua。eduQua 标志在瑞士也逐渐显现出其在成人教育领域的分量,如在瑞士越来越多的州中,成人教育机构获得 eduQua 质量标志是获得政府资助的必要条件。该质量管理体系主要包括六个主要的评判标准:第一,教育培训项目的质量;第二,教育培训信息的提供;第三,教与学过程的质量;第四,机构中员工的资质水平;第五,机构内部质量管理体系;第六,机构内部领导力。可以看出,前四条标准主要关注学习者的需求和满意度,而后两条标准关注成人学习机构内部的质量管理与领导力问题。其中,对机构中员工的资质水平的要求是至少拥有 SVEB 的第一等级证书即 SVEB 证书。

(三) 对成人学习工作者的教育培训机构的质量管理

奥地利继续教育学会(Wba)作为一个成人教育工作者的认证机构,自身并不提供教育培训课程。Wba 开发课程后,将由社会上不同的教育培训机构来提供。为成人教育工作者提供教育培训的机构需要满足两个条件:第一,开设与 Wba 课程相符的培训课程;第二,拥有奥地利 AT-cert 的质量证书。具体而言,Wba 与为成人教育工作者提供教育培训的机构签订质量保证协议，规定培训机构与 Wba 的权利与利益，并且对机构所提供的培训项目进行审核。

但是，也有学者（主要是德国的学者，如 Dausien & Schwendowius, 2009; Egetenmeyer & Kapplinger, 2011）对成人教育领域的质量管理提出了质疑。他们认为质量管理以机构发展为目标，确保员工发展能满足组织开发的目的，并没有从教学质量或者教学程序的角度，对教员最基本的资格给出界定。此外，并没有实证研究证明质量管理的引入促进了成人教育工作者专业化的进程。有学者提出专业化与质量管理在逻辑上有本质的不同。成人学习工作者的专业化是关注在成人学习领域工作的专业工作者的发展。而质量管理关注的是成人教育办学机构及其组织开发。

六、 专业化建设举措的关联性分析

（一）关联性分析

从理解专业化功能性特征的视角来分析，专业工作者与顾客之间的“非对称”的关系使得顾客必须信任专业工作者。而这种“非对称”的关系就需要通过资格证书、专业标准等制度化的方式来保障。从理解专业化结构性特征的视角来分析，专业化的实现是一个有固定步骤的过程。其中专业教育培训与专业组织的建设是最重要的优先步骤。从理解专业化垄断性特征的视角来分析，专业化的关键在于专业教育对其的作用即“生产了生产者”。这些专业工作者因为接受了专业教育培训而达到专业标准并获得了其在市场中的价值。从理解专业化文化性特征的视角来分析，通过专业教育培训和资格认证构建起专业工作者的专业文化即具有专业性、垄断性、排他性与公益性。总体而言，我们可以看出资格认证体系与教育培训对从业者专业化进程的重要作用。此外，从笔者针对专业化举措的总结分析可以看出，这些推进成人学习工作者专业化的举措也是相辅相成、相互支持的。

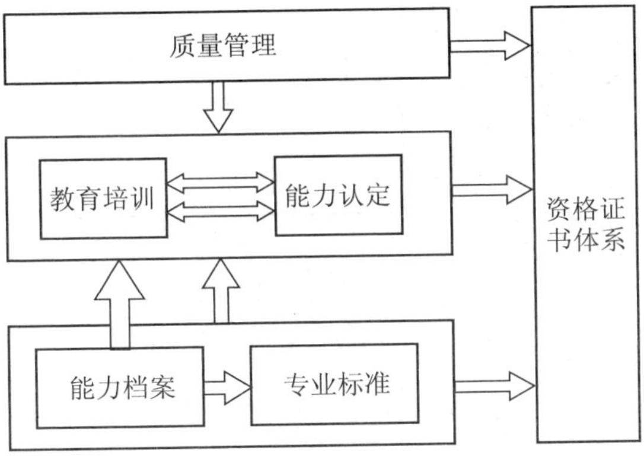

图 10.3　成人学习工作者专业化举措关联性

总体来说，能力档案、专业标准是推动成人学习工作者专业化建设的基础。基于能力档案或是专业标准，可以开发出从业者所需要进行的教育培训课程。规范化的教育培训课程又可以与能力认定相结合，是推动从业者专业化建设的手段，也是专业标准的具体化的表现。对教育培训过程以及资格证书体系的质量管理是推动专业化建设的保障。构建完善的成人学习工作者资格证书体系则是成人学习工作者专业化建设的重点举措。笔者将在下文中进行更详细的关联性分析。

1. 资格认证的三维结构分析

工作活动、专业标准与资格认证（证书的类型）可以构成一个三维的结构图。工作活动与专业标准这两个维度的主要核心内容是基于能力档案的，能力档案的维度主要包括通用能力与特定能力。可以根据从业者的主要工作任务将能力档案进行分类，而不同的专业等级也可以有相应的能力要求。第三个维度是资格证书，可以按照从业者的工作活动的不同设立不同类型的资格证书。同样也可以根据专业等级的不同，制定不同等级的资格证书（如图 10.4 所示）。

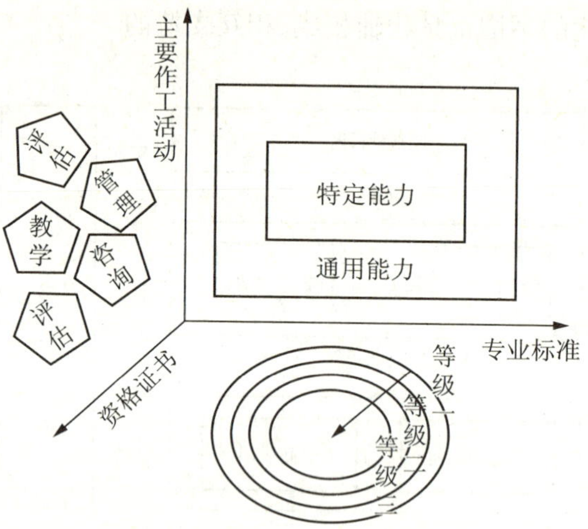

图 10.4　能力档案、专业标准与资格认证的三维结构

2. 培训教育与资格证书的契合与链接

高等教育为资格认证提供教育服务，资格证书体系中的某些等级也可将高等学历作为等同学习效力进行认证。根据欧洲国家的经验，专业工作者的资格认证主要有专业组织来进行，但是少不了国家的法律政策的推动。在完成认证过程后，从业者进入行业，被相关机构聘用。在聘用后，仍需进行相关持续专业发展。进行专业发展的重要方式之一就是进行各类的教育培训活动。那么，如何鉴定这些教育培训活动的成果，并使得教育培训的成果“显性化”，就又需要回到资格认证体系中重新进行认证。因此，教育培训与资格认证体系形成了契合与链接，构建一个良性的循环系统(如图 10.5 所示)。

3. 将质量管理融入资格证书体系

从欧洲国家的案例可以看出，尽管存在争议，将质量管理运用于资格证书体系也是一个重要的发展趋势，质量管理在资格证书体系的运用主要体现在以下三个方面。第一，明确资格证书体系构建的最终目的是提升教育学习质量。资格证书体系实行的目的不仅仅是提供从业

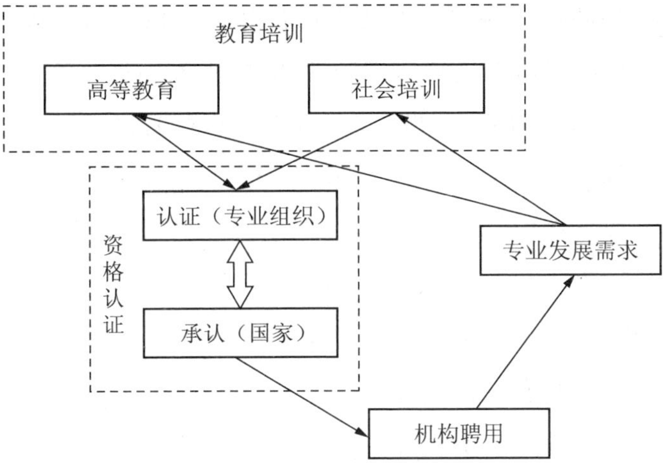

图 10.5　教育培训与资格认证的循环

者的行业准入或相关专业凭证，其最终的目的是通过资格认证，达到提高教育学习质量的目的。第二，强化资格证书体系的评价反馈机制。应该定期地对资格证书体系本身进行评估与改进。保证能够科学、有效地对从业者进行评估与认证。第三，资格认证应该是一个持续的过程，因此需要对资格认证过程中每个环节进行质量保障，具备规范化的质量保障标准。

总体来说，成人学习工作者的资格证书体系的构建是推动成人学习工作者专业化建设的最重要的举措，下文将重点分析资格证书体系的意义。

（二）专业化建设的重点举措：构建资格证书体系

资格证书体系是成人学习工作者专业化建设的重点。主要出于以下几个方面的考虑：

第一，资格证书体系是工作者专业标准与专业特性的体现。

资格证书体系中的证书是工作者专业标准与能力档案的集中体现，能力档案与专业标准如果没有落实到具体的认证程序中去，就无法正规合法地判断一名从业者是否真正获得了专业能力、达到了专业标准。此外，一项成熟的专业，如律师、医生等，具有共存的专业特性。体现在有专业的知识体系、严格的教育培训、高度的自主权、利他性服务原则、统一的专业伦理信条等。资格认证证书能够反映出一个活动的专业特性，成为专业团体维护自身专业地位和权益的保障。

第二，资格证书体系是工作者专业认同与地位的体现。

在资格证书体系中获得证书的从业者，通过证书保障了其专业权益的同时，也使得获得认证的群体形成自我意识，形成所谓的地位群体。地位群体实现专业化过程中独占特定的资源与机会，保留社会地位与经济回报，以维护和保障自身的利益。这些从业者能在资格认证体系中获得专业认同，明确专业身份。事实上，资格证书的授予也是政府公权力的彰显，一方面政府必须保障专业服务的质量和消费者的权益，另一方面也确保专业人员自主权，并排除他人的干涉。资格证书的浅层作用是保障服务质量，其深层体现是专业团体维持专业认同的重要工具，而维持专业工作者的专业认同是实现其专业化的重要因素。

第三，资格证书体系是工作者专业垄断与排外的体现。

资格证书体系的构建为合格的专业工作者构建一个专业的壁垒，形成所谓的社会封闭。达到专业标准并获得相应资格证书的从业者通过对服务对象提供专业服务来巩固专业垄断与地位。这些获得资格认证的从业者形成一个团体，该团体为了确保它的自身权益，将关闭非该团体人员的从业机会。从这个意义上来看，专业化是一种限制和控制工作者进入这个行业的策略，其目的在于保障和增进已经在行业中的专业工作者的市场价值(Parkin, 1979)。换言之，在专业化的过程中，从业者长期的教育培训是其拥有专业垄断的资本，而资格证书体系便限制了那些没有经过长期教育训练的从业者成为专业人员的机会。

在当今社会中，从业者的专业化进程中少不了知识、技能的获得，但是，个体所习得的知识与技能等都必须经过认证过程加以评估和认定。因此，根据能力档案构建专业标准，再基于专业标准构建资格认证体系。这样，不仅使个人的学习成就获得认可，也得到社会的承认，而且还形成了一种流通的价值。[2]资格认证体系的建设在个体层面，可以提升从业者专业能力，促进其专业发展。在行业的层面，可以评估与储备所需的人才，保障该行业的专业壁垒。在国家层面上，能提高专业从业者的整体水平，维护大众的利益与安全。具体对成人学习工作者的资格认证体系而言，其认证体系的构建，对成人学习工作者而言，可以促进其专业能力，保障其工作机会与环境，提供其在社会中的整体地位，从而使得成人学习者能够获得更好的教育学习服务。对于整个成人学习领域而言，资格认证体系可以选拔储备合格的成人学习工作者，提高整个领域的服务水平。对国家发展而言，成人学习工作者整体水平的提高，对推进国家终身教育体系的构建与学习型城市的建设有着重要的推动作用。

第二节　成人学习工作者专业化建设的主体与作用

本节首先分析政府、专业组织、大学以及社会（市场、顾客等）在这个专业化体系中的作用，主要体现在政府为从业者专业化进程规划顶层设计、专业组织凝聚专业力量和规范专业发展、大学为专业化提供专业知识体系和教育培训以及社会中顾客展示对专业工作者的信任并认可从业者的专业地位。

一、 政府

一个专业的地位和重要性以及它的影响力受国家层面至关重要的影响（Jōgi & Gross, 2012）。国家主要通过法律、政策和制度等形式为专业领域确定专业服务的标准，并为其提供合法的市场保护，形成专业垄断，以维护专业从业者的专业地位，从而保障专业所服务的受众群体的利益。政府作为国家组织的具体形式，对专业社会地位的确立过程发挥了极为重要的法权作用，离开了政府赋权以及与此相关的外部保障条件，专业工作者以及其专业组织就很难争取到自身合理的利益，正是由于政府行动的渗透，使得某些不具有专业地位的职业不断提升自主权，取得合法性专业资格。[3]

（一）顶层设计

政府的顶层设计将指导和规范成人学习工作者专业化体系建设。“当国家规定了所有合作者的角色时，建立在社会合作关系的原则基础上的体系才能运转起来。”[4]因此，若要建立成人学习工作者专业化建设的体系，就需要政府来进行整体的规划。英国在继续教育领域以及终身学习领域的改革展现出了明显的政府顶层规划的发展轨迹。罗马尼亚通过法律规定在国家层面设计构建一个成人学习工作者专业化的体系，旨在明确和规定各利益相关者的权利与义务。奥地利和瑞士在专业化资格证书体系构建的成功经验也都显示出了顶层规划与设计的重要性。德国也多次尝试将本国多元化的资格证书体系整合设计为一套国家级别的体系。因此，设计和执行一个统筹全局、协调发展的战略规划的责任在于政府。

（二）政策支持

欧洲国家出台了一些政策文件把成人学习工作者的专业化看作成人学习和终身学习的质量保障。如奥地利的终身学习战略（LLL）所要研究的重要问题之一就是如何将成人学习工作者的专业化问题体现在战略中。目前，该战略已经提出一些指标性的内容，例如，要求 3 年期间 1 000 名工作者完成 Wba 提供的课程获得相应的认证（也就是每年在全国大约 9 万名的成人学习工作者中要有超过 300 名接受培训与认证)[5],以及在质量管理系统模块中将工作者的资格认证水平考虑在内等。稳定的政策支持才能够保障成人学习工作者专业化进程的顺利实施。此外,从英国的案例可以看出,国家政策导向的变化对从业者专业化的建设带来的影响也是颠覆性的。

(三)法律与财政支持

爱沙尼亚的成人教育法明确规定政府需要有财政预算用于成人教育教师和行政人员的在职培训。罗马尼亚的教育法规定在罗马尼亚构建成人教育工作者专业化体系。德国某一些州的继续教育法规定大学必须建立成人教育或继续教育专业。瑞士的继续教育法也正在制定当中,其中也将涉及成人教育工作者的专业化建设问题。构建一个合法的专业发展环境,是推动成人学习工作者专业化进程的重要支撑。此外,成人学习工作者专业化的进程推进是一个长期的、复杂的过程,需要有稳定的财政支持。

总的来说,政府主要起到领导、规范与支持的作用。如图 10.6 所示,在政府层面,首先要发挥作用做好顶层设计,接着要出台相关的政策、法律法规来支持专业化的进程,最后还需要有一定的财政支持推进专业化建设的进程。

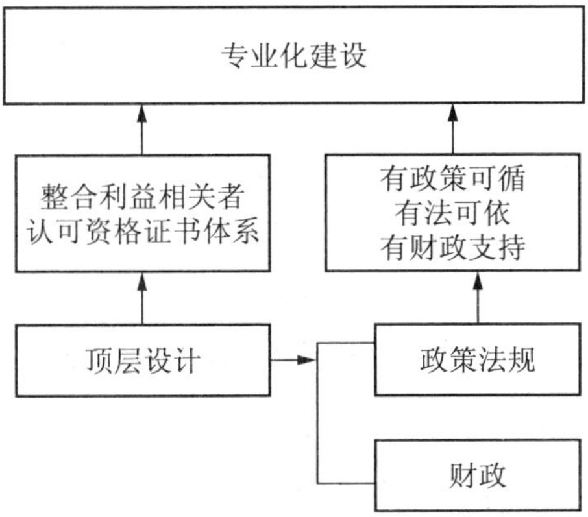

图 10.6　政府对成人学习工作者专业化建设的影响作用

二、专业组织

专业组织作为专业共同体的最重要的形式，是推动成人学习工作者专业化的重要力量。共同体是一个社会学的概念，意指个体的集合。但是，这个集合不是暂时的、偶然的、散乱的，而是个体根据自己的意愿而联系起来。在这个联系起来的集合中，共同分享一些观念、理想、意义、情感以及传统等。格兰诺维特(Granovetter, 1977)通过“强社会联系”与“弱社会联系”来区分专业共同体与一般性社会团体。专业共同体属于一种强的社会联系，相比之下，一般社会团体的社会联系就比较弱。专业共同体在促进成人学习工作者专业发展中扮演着非常重要的角色。专业共同体的基本价值就在于将各类成人学习工作者聚集在一起，促使他们意识到自己的专业地位和专业使命，实施专业对话、推动专业共同体成员的发展，为推动其专业化建设提供坚实的基础。专业共同体的主要职能包括成为专业的代表、搭建专业与外界沟通的桥梁、作为专业信息沟通的平台、成为教育培训的基地以及帮助从业者实现自治等。成人学习工作者专业化中的一个重要的体现就是专业自主权的增强。在这个过程中，专业组织的建立是一个非常关键的环节。强大的专业组织还能成为有力的“压力团体”，对该国的教育政策产生重大的影响。欧洲国家一些成人学习的专业组织所展现出来的作用为我们提供了很好的借鉴，其作用主要包括以下几个方面。

（一）开发能力档案与专业标准

专业组织在开发专业工作者的能力档案与专业标准方面有着重要的作用。例如，德国成人教育研究院开发了成人教育工作者的能力档案，英国终身学习组织开发了终身学习领域的教师的专业标准。同样，在爱沙尼亚，也是由爱沙尼亚成人教育工作者协会开发了爱沙尼亚成人教育工作者的专业标准。专业协会之所以在开发能力档案与专业标准方面存在优势，是因为专业协会作为一个平台，能够整合该专业领域的专家、学者以及实践工作者等，使得尽可能多的利益相关者参与到能力档案与专业标准的开发中。从传统的专业社会学理论来看，专业标准应该是由专业组织来自发制定、运用以及实施的。但是，成人学习作为一个新的专业或者说是“准专业”，其发展并不如医生、律师那样在市场经济中通过自由职业的形式进行扩展，他们中的很大一部分群体受到政府科层雇佣或资助，因此受到政府方面的影响也相对较大。专业组织作为制定能力档案与专业标准的主体，应该把制定好的专业标准与国家政策层面联系起来，再经由国家正式承认或颁布实施。

（二）开发培训课程与构建资格证书体系

专业组织是提供专业工作者培训资格认证的很好的载体，专业组织通过培训课程和能力认定的开发与实施帮助专业者获得相应的资格证书。如奥地利继续教育学会和瑞士成人学习联盟通过模块化的课程、相应考核以及相关能力认定方法促进专业工作者的专业化进程。从专业社会学的理论视角出发，一个理想的资格认证体系是确立一套针对全体成员的注册、证书的颁发、职业操守监察以及撤销资格的规定，而这一套规定更是统一地由业内人士组成的专业组织所支配。

（三）实施质量管理

奥地利继续教育学会开发的 AT-Cert 质量标志与瑞士成人学习联盟开发的 eduQua 质量标志是成人学习办学机构实施的质量管理体系。专业协会通过对办学机构的评估，授权其象征着质量保障的质量标志，供成人学习者参考选择。值得指出的是，奥地利的 AT-Cert 质量管理体系也针对为成人学习工作者提供教育培训服务的机构，获得 AT-cert 质量标志是办学机构能够为成人学习工作者提供受到继续教育学会资格认证体系认可的培训课程的前提。

（四）建立成人学习工作者数据库

德国成人教育研究院建立了名为 Qualidat 的数据库。数据库中涵盖了各类为成人学习工作者提供教育培训机构的信息。信息包括提供的课程名称、内容、时间等。但是该数据库的缺点在于没有进一步对这些提供教育培训机构进行评估、分类和分级等，因此无法为成人学习工作者对机构与课程的选择提供一定的专业参考。奥地利 Wba 的资格证书认证过程的第一步就要求申请者在 Wba 官网上注册，提交个人信息与档案。这样，就在一定程度上构建了申请者的数据库。

（五）开展研究

德国成人教育协会（DVV）以及旗下的德国成人教育研究院（DIE）在成人教育领域的研究方面属于欧洲领先的水平。德国成人教育研究院目前有 80 名全职员工，是欧洲顶尖的成人学习和终身学习的研究机构，从事成人学习和终身学习领域的各方面的研究。同样，罗马尼亚成人教育研究院也是欧洲具有影响力的成人学习与终身学习的研究机构。这两个研究机构作为主力参与了多项欧盟的有关成人学习的研究项目，并作出了突出的贡献。这两个研究机构的不同之处在于，德国成人教育研究院隶属于德国莱布尼茨研究协会，该学会是德国最大的非大学研究组织之一。而罗马尼亚成人教育研究院隶属于西蒂米什瓦拉大学，并且该研究院能够提供成人教育专业的本科和硕士文凭。

总之，如图 10.7 所示，专业组织在推进专业化建设中的作用不容

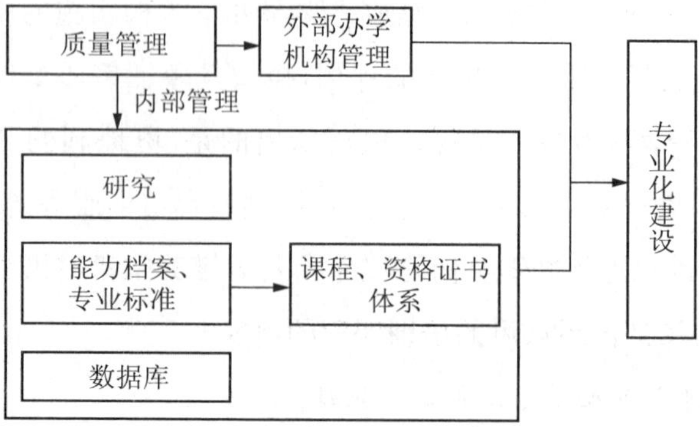

图 10.7　专业组织对成人学习工作者专业化建设的影响作用

小觑。主要包括开发能力档案与专业标准、建立相关数据库、开展调查研究等。在能力档案和专业标准的基础上开发培训课程和资格证书体系。此外,专业组织对自身内部与外部成人学习办学机构的质量管理也是专业化建设的有力保障。

总的来说,成人学习工作者专业组织的建设的最基本的价值就在于将各类的成人学习工作者聚集在一起,使得他们都意识到资格的专业地位与使命、实现专业对话、形成专业壁垒、推动专业组织成员的专业发展,为成人学习工作者的专业化建设提供坚实的基础。某种意义上说,欧洲六国成人学习工作者的相关专业组织案例为成人学习工作者专业组织的创立提供了很好借鉴,但是这也是一部分“正规”的专业共同体范例。成人学习工作者在日常的工作中还需要组建一系列“非正规”的、“非正式”的专业共同体,以促进自身的专业发展。

三、 大学

通过前文的六国案例分析,我们可以看出大学作为提供从业者专业知识与技能的重要机构,并没有发挥出更大的作用。大多数成人学习工作者并没有专业的成人学习相关的专业背景。这种情况的发生,一方面是由于成人学习这个领域存在的一些问题如准入门槛较低、关注经验胜过文凭等。另一方面也体现出了成人学习相关专业的高等教育在专业设置、课程安排等方面也存在着一定问题,对潜在的成人学习工作者缺乏吸引力。但是,大学对专业工作者的作用又是毋庸置疑的,因此是时候“挺身而出”了。现代大学的三大基本职能包括培养专门人才、发展科学研究和开展社会服务(潘懋元,2005)。事实上,在推动从业者专业化建设方面也可以从这三个方面进行。

大学在发展专业知识体系方面扮演着重要角色。专业科学知识体系的系统化即将知识体系发展成课程、结构化即组合专业课程设计、合法化即课程和计划获得确认、传承即传授给专业人员，这四个重要的步骤都是在高校完成的(Freidson, 1994)。实现专业化的重要因素就是要具备较成熟的专业理论和专业能力，而理论体系更是一个专业的根基所在，它从理论上指明专业的发展方面，并确定专业发展的框架和专业活动对象的范围。大学对专业理论的构建与传承将发挥着重要的作用。大学在成人学习工作者专业化进程中的重要的作用之一就是人才培养。首先，大学在专业设置要注意多学科互通、多方向选择以及注重理论与实践的联系。第二，要对教学过程以及成果进行质量管理，保障学生获得高水平的专业知识与技能。第三，需要面向社会开放高等教育的平台，提供中短期培训课程，实现社会服务的职能。第四，大学应该多开展有关成人学习领域的研究，为成人学习工作者专业化建设提供夯实的理论基础。最后，要与专业组织紧密合作，支持专业协会的发展。如为专业协会的资格认证体系提供培训课程支持、大学的教授作为高级成人学习工作者可以兼职成为专业协会的兼职研究人员等。

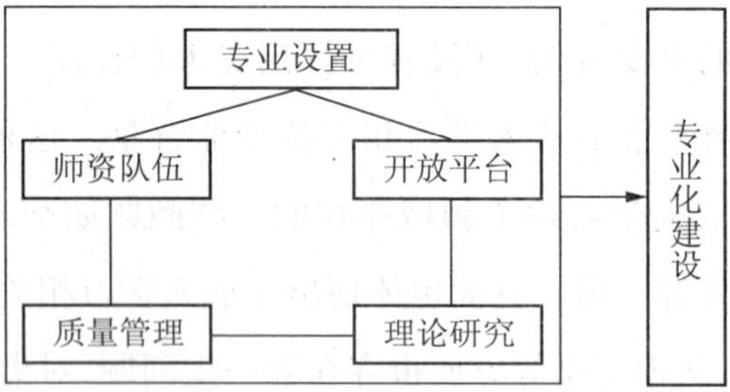

图 10.8　大学对成人学习工作者专业化建设的影响作用

四、社会

(一) 市场需求“改写”成人学习工作者身份认同

面对成人学习的市场需求的变化，成人学习工作者的身份认同也在被“改写”。例如，在欧洲各国案例中体现出成人学习工作者不再仅仅从事"教学"的角色，市场展示出了对其管理能力、市场营销能力以及公关能力的需求。因此，市场需求将决定成人学习工作者的身份认同。根据市场的需求，成人学习工作者的身份认同也处于不断的构建与重新构建的过程中。

（二）保障工作环境和社会地位——需求与地位的悬殊

从各国的案例可以看出，成人学习工作者处于相对弱势的地位。很多从业者是兼职工作者或是自由职业者，并没有稳定的工作合同。例如，德国只有11%的全职成人教育工作者具有永久的合同保障，大多数从事教学的工作者是按小时付薪的。总体来说，成人学习工作者的工作状态不稳定、社会地位不高。这与成人学习的巨大需求形成了鲜明的对比。然而，从专业社会学的视角出发，专业人员专业化的标志之一就是获得较高的社会地位。因此，若不能保障成人学习工作者的工作环境和社会地位，其专业化的进程也将成为"空中楼阁"。

（三）形成专业工作者与顾客之间的"信任"关系

事实上，在成人教育领域，教学并不能简单看作是"产品"，而成人学习者也不是单纯的"消费者"。他们更像是"专业消费者"(prosumer)并积极投入教育培训的过程中。学习者所购买的不是一个最后的成品，而是一个学习环境(Egetenmeyer & Kapplinger, 2011)。在该环境中，学习者与工作者共同进行学习开发，最后达到教育与形成(formation)的目的。可以看出，专业社会学视野下传统的专业工作者与客户的等级关系在成人教育领域并不明显。事实上更重要的是，需要建立起成人学习者对成人学习工作者的信任，形成联系与合作。这种"信任"是维系成人学习工作者与成人学习者关系的要素，也是成人学习工作者专业化的一种表现。

总体来说，如图10.9所示，市场需求、社会地位以及专业工作者与顾客之间的关系将影响到成人学习工作者的专业化建设。

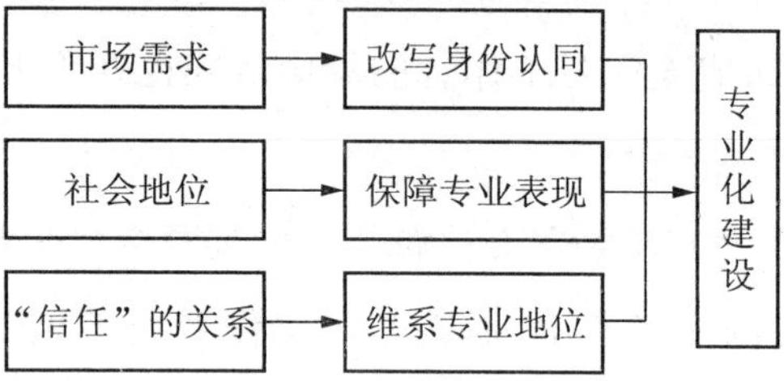

图 10.9　市场对成人学习工作者专业化建设的影响作用

五、 超国家层面

欧盟是当今世界上一体化程度最高、综合实力最雄厚的区域性组织。在这个全球化的时代中，其社会、经济的发展对全球有重大影响。从 1993 年欧盟正式成立以来，一直致力于其一体化的建设与发展。随着欧洲一体化进程的逐渐深化与扩张，欧盟开始关注欧洲超国家层面的教育与培训的发展。欧洲各国的成人学习开始打破传统的相互隔绝发展的模式，在“终身学习”的理念以及相关欧盟终身学习政策的引导下，逐渐迈向“一体化”。在这样的大背景下，超国家层面的合作将为成人学习工作者的专业化带来更多的机遇。与此同时，不同国家文化、经济、政治背景的不同与冲突也为成人学习工作者带来了巨大的挑战。

（一）合作

欧洲各国在超国家层面上的合作主要体现在教育培训资源的共享、“最佳实践”的相互学习以及资格证书的互通这三个方面。

第一，教育培训资源共享。

目前，欧洲有两个成人学习和终身学习领域相关的硕士学历项目：欧洲终身学习硕士学位和欧洲成人教育硕士学位。终身学习硕士学位主要面向欲在终身学习领域从事政策制定或管理的专业工作者。该硕士项目由丹麦、英国以及西班牙的三所大学共同提供。成人教育硕士学位由来自七个国家的八所大学共同开发与实施。学生可以选择在不同国家的不同大学中进行学习并使用其教育培训资源。除了高等教育以外，一些国家的非学历教育培训也面向非本国的从业者开放。但是，资格证书在跨国认可上还存在着难度。

第二，“最佳实践”案例的相互学习。

从六国的案例可以看出，各个国家在推进成人学习工作者专业化方面都有自己的“最佳实践”。各个国家可以相互借鉴，比较在各国推动专业化进程的有效举措，并且服务于本国该领域的发展。

第三，资格证书的互通。

近年来欧盟也开展了若干有关构建欧洲成人学习工作者可比性能力界定的研究。试图基于此，构建在欧洲具有透明度和可比性的成人学习工作者资格证书体系，提高成人学习工作者在欧洲劳动力市场的流动性。

（二）挑战

不可避免，全球化的发展也给成人学习工作者专业化建设带来了挑战。在个体层面上，世界范围内的移民现象，使得接受培训的成人学习者展现出了差异极大甚至是冲突的文化背景、学习需求和期望，这对成人学习工作者的能力提出了更高的要求。此外，成人学习工作者也可能在不同国家从事成人教育与培训服务。因此，如何在跨文化、跨国的环境中胜任工作对成人学习工作者来说也是不小的挑战。在国家层面上，国家之间的合作交流有可能会出现将“外来经验”生搬硬套的情况。此外，各个国家的经济、文化背景不同，促进成人学习工作者专业化的举措也可能缺乏“可比性”。

六、专业化建设主体的关联性分析

通过前文的分析，我们可以看出专业化体系中的主体主要包括政府、专业组织、大学以及社会。这些主体在专业化体系中相互影响,共同促进专业化建设的发展,在专业化体系中各主体的关联性分析如图10.10所示。需要指出的是,笔者所阐述的这四个主体之间的关系特指在专业化体系中所呈现的最有可能的关系。

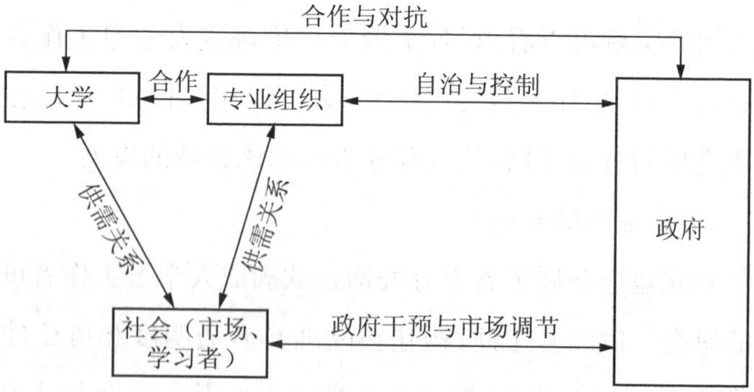

图10.10　专业化体系中主体的相互作用

第一,专业组织与大学之间可以发展协同合作的关系。大学为专业协会相关的资格证书体系提供培训服务,大学的教授、研究人员也参与专业组织,为专业组织的建设与发展出谋划策。事实上,在还没有形成普及的、系统的大学专业与课程之前,专业组织在培养专业人才方面也承担了一些"大学"的职能。例如,奥地利继续教育学会(Wba)耗时两年多研究设置了成人教育工作者不同认证等级的课程,并组织、审核以及授权培训机构提供相关培训课程。因此,专业组织在人才培养方面,可以成为传统人才培养模式的补充。

第二,大学与社会(市场、顾客)之间的主要关系是供需关系。大学基于市场和顾客的需求为专业化进程提供知识基础。高校中的专业设置,也是从市场需求出发。基于市场的需求,高校才可以确定目标市场,合理定位,实现"市场需要什么,大学就'生产'什么"。

第三,大学与政府的关系本身就是一个复杂的研究问题。政府与大学关系的核心问题是合作与对抗。“政府基于公共利益与政府自身利益的实现，必然实施对大学的控制，而大学基于学术组织的自治属性，必然追求独立自由的发展。”[6]在成人学习工作者的专业化的体系中，大学的自治通过保证质量、提高效率以及履行社会责任等来实现其自身的使命。而政府从对高校专业设置的宏观调控中体现出其控制的功能，调控的方式包括出台教育政策、专业数量计划指标以及专业招生人数等。因此，政府相关高等教育政策的制定将很大程度影响到大学对某一个学科的发展，如专业设置、教职工培训、继续教育培训项目开发等。

第四，政府与社会（市场、顾客）之间的关系是市场调节与政府干预的关系。政府对专业进行“市场保护”是一种国家的特许制度，这就意味着没有取得特许资格的人员不能从事相关的工作实践。但是，这样的“市场保护”是一把双刃剑。政府为专业人员提供的“专业垄断”地位将破坏市场中“看不见的手”的资源优化配置机制，有可能扼杀竞争与革新。但是，政府之所以愿意承担一些风险来设置一定的市场垄断主要是因为专业服务的提供者需要有高深的知识技能，若让缺乏资格的外行从事这样的工作会给顾客利益与社会的发展带来损害。[7]

第五，专业组织与社会（市场、顾客）之间的主要关系是供需关系。顾客也就是成人学习者的学习需求和期望会对成人学习工作者专业化进程起到塑形的作用。因此，专业组织需要及时地、准确地把握学习者的学习需求与期望。根据这些，完善成人学习工作者的能力档案、专业标准等。专业组织的成员及专业工作者为顾客提供利他的服务赢得顾客的信任，从而获得专业权威，获得一定的社会地位与经济收入。

在这个体系中最重要的关系是政府与专业组织之间的关系。政府与专业组织之间的关系主要体现在控制和自治。专业组织的自治表现在其成员即从业人员的专业自治。专业自治指的是在从业者自身的专业领域中具有相对的决策自主权。这种自治形成的很大原因是从业者掌握了“外行”者所不具备的知识与技能,从而使得“外行”无法质疑专业人员在工作的任何决定。从业者可以决定从事该专业所需要的教育培训以及从业标准,并且在一定程度上影响和帮助国家制定相关的法律法规来规范该专业的实践活动。但是,专业自主权的获得并不是自我赋值的结果,而是需要通过政府法权达成的结果。离开了政府赋权以及相关的外部保障条件,专业组织就无法获得自身合法的利益。约翰·穆勒曾说过:“政府的权力过大,只有他们通过制定各类规范和评价标准来决定允许谁或拒绝谁进入一个行业,这是非常危险的事情。”[8]因此,在制定专业标准与资格认证体系方面,应该由从业者的专业组织来决定。“政府介入专业的发展,使得专业得以达到专业独占与自我管理的权利,并且由政府来支持专业群体权威以控制成员。”[9]政府一方面必须保障专业服务的质量与消费者的权益,另一方面也要确保专业人员的自主权。

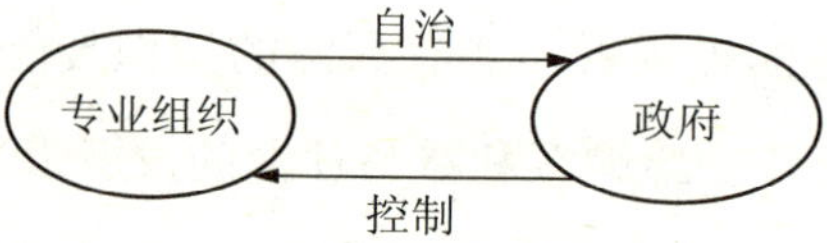

图 10.11　专业组织与政府的关系

在专业化建设体系的构建方面,政府或专业组织或两者共同构建专业化的体系。若专业化体系偏向于高度集权的体系,那么政府将承担更多的职责。若专业化体系是一般规范的体系,那么专业组织将处于相对主导的地位。政府部门与专业组织是专业化建设的重要力量,但是由于社会角色和功能的不同,这两个主体在推动专业化进程方面的动机和动力不同。随着专业的发展,政府部门与专业组织在专业化体系中的作用呈现出动态的分工与协作关系。目前,成人学习工作者的专业化建设主要还是需要依赖政府的法律、政策和财政的支持，但是随着其专业水平的提高和受众的认可，其专业化进程可以降低对国家的依赖，形成相对自治的局面。

第三节　欧洲成人学习工作者专业化建设反思

在本节中，笔者将运用专业化水平测量标准对欧洲成人学习工作者专业化建设的整体进展进行探讨，以汲取有益的经验，主要体现在以下三个方面。

一、 普遍形成专业组织，但自治程度不高

在专业化水平衡量标准中，测量一个人类活动的专业化程度的一个非常重要的指标就是从事该活动的人群是否形成了专业性的组织。专业组织分为寄生组织、准专业组织与纯专业组织（赵康，2008）。寄生专业组织针对一个专门活动的组织以下属组织形式寄生在另一个与其他活动有关的专业组织中，呈现出寄生和非独立的特性。准专业组织针对一个专门活动以单位团体成员结合成独立专业组织，每一成员内部活动内容具有多样性。纯专业组织针对一个专业活动以个人成员结合成独立组织，这类组织往往设有为保障工作对象和社会利益而规范成员行为的组织章程和伦理法规。从前文的分析中，可以看出欧洲六国普遍形成了成人学习工作者的专业组织，并且专业组织也在专业化建设中发挥了不同程度的作用。但是总体来说，这些专业组织还是普遍处于准专业组织的阶段。

本书所研究的欧洲国家案例中的专业组织普遍还是处于需要政府扶持并受政府政策影响较大的阶段。例如，英国的学习中心（IfL）是终身学习领域工作者的专业组织，2007—2013 年，从业者必须在该组织

注册上岗并强制接受每年 30 个小时的持续专业发展。但是，由于政府政策导向的变化，从 2013 年起，终身学习领域工作者不再需要在这个专业组织中注册即能上岗工作，并且也不需要进行强制持续专业发展。可以看出，IfL 受国家政策影响较大，自治性不够。奥地利继续教育学会（Wba）是这六个国家成人学习工作者专业组织中自治程度较强的一个专业组织，独立构建了成人教育工作者的专业资格体系，根据从业者的经验水平、教育培训成果等为其颁发“Wba 证书”与“Wba 文凭”。但是，该组织的组织章程以及伦理规范的缺乏还是体现出了其自治性的缺失。因此，追求成人学习工作者的专业组织充分的自治与独立，是随着专业发展需要达到的重要目标。

二、 社会培训机会多样，但大学普及率低

目前，欧洲国家有关成人学习工作者的社会培训机会多样，也出现了一些大学教育课程与相关专业，特别是德国在成人学习工作者高等教育推进方面成果颇丰。但是总体来说，欧洲国家的成人学习工作者的高等教育普及率不高，没有形成系统的、多层次的课程体系。这与欧洲国家目前对成人学习工作者的专业化建设重点有关，欧洲国家特别是爱沙尼亚、罗马尼亚、奥地利与瑞士主要关注的还是有一定工作经验的成人学习工作者的培训与资格认证工作。从短期的发展来说，这样的建设重点有两方面的优势与作用:第一，实际操作性强。在大学中普及专业课程是一个长期的过程，而社会教育培训的实施对帮助成人学习工作者较为快速地掌握工作中所需要的能力并且获得资格认证的实际操作性强，对成人学习工作者的吸引力也较大。第二，提升在职人员的能力水平。成人学习工作者参与较为系统的、以提高能力为导向的社会教育培训，对提升能力水平有很大的帮助。但是，从一个专业的发展来看，形成系统的科学知识体系以及完整的、多层次的高等教育课程

体系是专业走向成熟的重要衡量标准。因此，从长远的发展来看，形成培养成人学习工作者的系统的大学学位课程，使普遍的大学都有培养这类专业人员的学位课程，并且学位层次比较齐全是随着成人学习工作者专业化建设的进程发展所要达到的目标。

三、 专业准入初现雏形，但政府呼应不足

欧洲国家专业标准以及资格证书体系的出现，显示出了成人学习工作者专业准入的出现。英国与爱沙尼亚作为欧洲两个具有成人学习工作者国家专业标准的国家，已经形成了较为完善的专业标准。英国、爱沙尼亚、瑞士、奥地利在成人学习工作者资格证书体系的构建方面也有了不错的成果，体现出了进阶性和多维度的特征。但是不论是专业标准还是资格证书体系，它们的推行都是基于自愿的原则。也就是说，从业者并不是被强制地需要满足专业标准或是获得资格证书才能进入成人学习领域。总体来说，政府对成人学习工作者有着形式多样的承认、支持和帮助，如爱沙尼亚政府通过法律认可成人教育为一项专业，瑞士政府将成人学习工作者的资格认证的最高等级认定为国家专业教育与培训等级，与高等教育并列为国家教育体系的第三等级。但是，这些多样的支持，只有非常有限的法律保护，或者可以说并没有真正意义上的法律保护。因此，随着专业的发展，政府应该逐渐形成相应的法律体系进行支持和帮助，形成对成人学习工作者的市场保护。

从以上三点的反思可以看出，目前欧洲成人学习工作者的专业化建设仍处于需要不断进行完善的阶段，这体现出了“专业化建设”具有较强的过程性的特征，也体现出成人学习工作者的专业化程度还是处于不成熟的阶段。因此，成人学习工作者的专业化建设应该有一个宏观的整体把握，并且明确具体的实施举措，这样才能够稳步地实现专业化建设的目标。

注 释

[1] [美]李·S.舒尔曼:《理论、实践与教育的专业化》,王幼真、刘捷编译,《比较教育研究》1999年第3期,第36—40页。

[2] 秦立霞:《美国教师资格认证制度及其效应研究》,陕西师范大学博士论文,2008年。

[3] 时伟:《专业化视野下教师继续教育的理论与实践》,华东师范大学博士论文,2003年。

[4] [英]安迪·格林:《教育、全球化与民族国家》,朱旭东等译,教育科学出版社2004年版。

[5] Lorenz Lassnigg, "Contradictions in Adult Education Structures and Policies in Austria: Their Interrelation with the Professional Development of Educators", *European Journal for Research on the Education and Learning of Adults*, Vol.2, No.1, 2011, pp.37—55.

[6] 刘虹:《控制与自治:美国政府与大学关系研究》,复旦大学博士论文,2010年。

[7] 赵康:《管理咨询在中国:现状、专业水准、存在问题和发展战略》,中国社会科学出版社2008年版。

[8] [英]约翰·穆勒:《政治经济学原理(上)》,赵荣潜等译,中国经济出版社2000年版。

[9] Randall Collins, *The Credential Society: An Historical Sociology of Education and Stratification*, Academic Press, 1979.

第十一章
我国成人学习工作者专业化建设的思考

前文在分析欧盟层面和六个欧洲国家案例的基础上，对欧洲成人学习工作者专业化建设进行了较系统的分析与总结。“国际视野，本土行动”，本章将借鉴欧洲国家的经验，基于我国本土现实情况，思考我国成人学习工作者专业化建设的重点举措与推进重点。本章首先根据前文的案例分析成果探讨我国成人学习工作者专业化建设的重点举措，然后再讨论推进我国成人学习工作者专业化体系建设的推进重点，以期较为全面地描绘我国成人学习工作者专业化建设蓝图。

第一节　我国成人学习工作者专业化建设的重点举措

基于我国成人学习工作者的专业化水平现况以及欧洲国家的发展经验，笔者认为目前推进我国成人学习工作者专业化建设的重点举措包括三点：制定基于能力的专业标准、开发健全的教育培训模式以及构建完善的资格证书体系。

一、 制定基于能力的专业标准

（一）界定基于工作活动的能力档案

成人学习工作者的能力档案应该分为通用能力和特定能力两类。通用能力指的是凡是在成人学习领域工作的从业人员都需要具备的能力。特定能力指的是从事某一项特定活动（如教学、管理等）所需要的能力。

本章将我国成人学习工作者分为五类队伍：从事社区教育及老年教育的社区学院/社区学校教师和管理者（学习团队负责人）、从事企业培训的培训管理者和培训讲师、从事社会培训的培训管理者和培训讲师、从事开放教育培训的培训讲师和培训管理者以及在高校从事继续教育的教师和管理者。但是，若是针对这五类队伍构成而分别定义能力档案的话，一方面增加了定义能力档案工作的复杂程度，也破坏成人学习工作者作为一个专业群体的完整性；另一方面，这五类群体的能力档案的内容也可能存在重复描述的情况。因此，笔者认为最实用的方法就是开发基于工作活动的能力档案。成人学习工作者的工作活动主要包括以下八类：教学、管理、营销、咨询、评估、课程（项目）设计、媒体支持和行政支持。

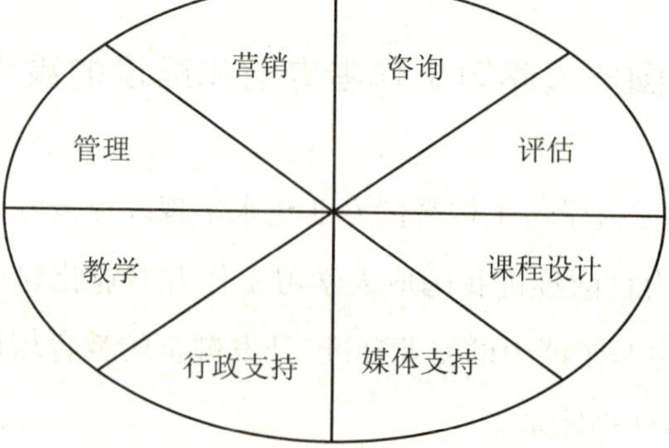

图 11.1 成人学习工作者的八类工作活动

通常来说，无论是哪一类的成人学习工作者队伍在工作中都将从事图 11.1 中的一类或几类活动。在八类工作活动的基础上开发出能力档案，每一类的能力包括知识、技能和态度三个方面。因此，每类工作活动都可以提炼出完成相关活动所要具备的知识、技能和品质。总体来说，成人学习工作者的能力档案的构建模式如图 11.2 所示。

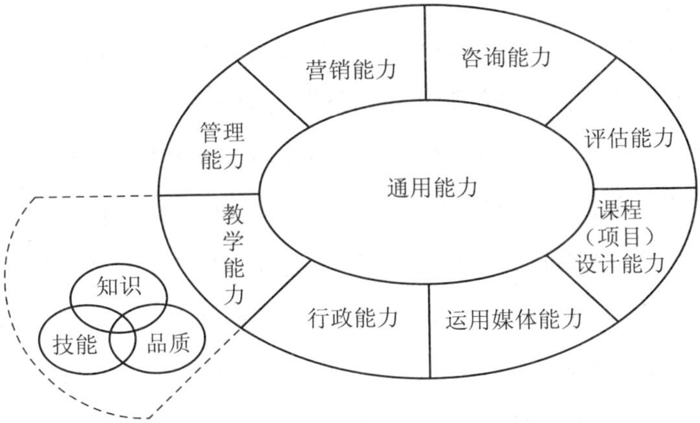

图 11.2　成人学习工作者能力档案构建模型

（二）制定基于能力档案的专业标准

正如欧洲“Research voor Beleid”报告强调的：“构建成人学习工作者能力档案的目的是给专业标准的制定提供参考。”[1]事实上，很难严格区分能力档案与专业标准。笔者以为能力档案是“民间”化的，是从业者用来衡量和规划自身专业发展的工具。相比之下，专业标准更加“官方”，可以是国家认可的正式文件。考斯特（Koster，2005）等人认为“标准”与“档案”的区别在于，制定标准首先必须基于对档案的分析，能力档案是个体完成专业任务的专门知识技能库。[2]

基于欧洲国家建立专业标准的经验，以下是我国成人学习工作者专业标准应高度关注的关键问题。

第一，注重专业标准制定主体的专业性，构建科学、可行的专业标准。

根据欧洲经验我们可以看出，有关成人学习工作者的专业标准制定的主体是专业组织。事实上，专业组织的组建本身就是成人学习工作者专业化的一个重要的标志。这就意味着从业者已经意识到了自己的专业身份，并且组织起来共同为这个专业的发展而努力。通过专业组织的推动，越来越多的专业工作者汇聚起来，设定本专业的准入标准、专业标准等，从而逐渐形成专业的排他性“壁垒”。我国研究者曾提出：“我国教师教育标准的制定是以课题的形式委托一些单位和专业进行的，经费不足，责任不明，况且专家们大多事务缠身，没有更多的实践和经历投入其中，往往只是坐在书斋里‘苦思冥想’，这样制定出来的标准其科学性和可行性都值得深思。”[3]我们可以借鉴国外的做法，通过国家委托授权，由专业组织为成人学习工作者制定专业标准，并且开发相应的专业标准使用指导工具书。此外，专业组织还应当对开发、测试、实施专业标准负责，构建运作规范的工作体系，建立长效机制，以保证标准的科学性和可行性。

第二，强调专业标准的终身性与连续性，构建有层次、分阶段的专业标准。

首先，成人学习工作者的专业发展本身就是一个持续的、终身的过程。欧洲范围内有关成人学习工作者的专业标准和能力档案都强调了终身学习的重要性。欧盟《成人学习工作者核心能力》报告指出，成人学习工作者首先要成为一个终身学习者。德国成人教育工作者六大能力丛中就包括要求成人教育工作者具有自我发展的能力，关注其专业发展与终身学习。英国对继续教育教师专业化发展的规划就为教师从职前、入职到职后持续专业发展描绘了蓝图，为其提供了清晰的专业发展框架。因此，我国制定成人学习工作者专业标准应该在专业标准中体现出终身性的要素，才能有效地帮助从业者规划其专业发展道路。其次，成人学习工作者的专业发展应该是在强化之前已经具备能力的基础上逐渐提高的过程。爱沙尼亚的成人教育工作者专业标准就体现出了四个等级的要求。因此，专业标准还应该阐明在不同阶段成人学习工作者应该具备的能力。总之，专业标准是一个系统概念，应覆盖从业者专业生涯，突出终身性和层次性。

第三，兼顾专业标准的基础性与针对性，构建具有引领作用的专业标准。

成人学习工作者专业标准应该兼顾基础性和针对性。所谓基础性就是所有成人学习工作者，无论其在哪一个工作场所工作都需要具备的能力。基础性的标准可以认为是规定了从业者所有必须具备的、基本的东西，可以说是一个准入的门槛。所谓针对性是根据从业者不同的工作活动内容（教学、管理等），制定有针对性的专业标准。这与能力档案构建模型中的通用能力与特定能力也是相对应的。此外，还要发挥专业标准的引领作用，成为一种导向、一种变革力量，引领专业人员的自主专业发展。

二、开发健全的教育培训模式

总的来说，成人学习工作者的教育培训途径有两种：一种是通过高等教育，另一种是通过社会培训。

（一）高等教育相关专业设置的重点

传统的学位教育近年来饱受质疑，一个最主要的原因就是知识获取与能力提升、理论学习与实践需求的脱节。一个好的学位教育应该做到，在毕业的时候，学习者不仅能够获得相应的学位证书，更获得能力的提升。因此，根据我国实际情况，在设置成人学习相关专业方面上应该特别注意以下几点：

1. 人才培养模式适应实践发展需要

第一，成人学习相关专业的设立应当切实从学习者的需求出发，可分设学术型学位和专业型学位。第二，学术型硕士的培养也需要参与实践，在课程设置以及导师配备上都要考虑到实践的需要，如果条件允许的话可以配备双导师。第三，针对专业硕士与学术硕士的课程设置应该有所区别，具体表现为实践课程与理论课程设置的比例上应该有所差别。第四，专业硕士的培养要平衡工作与学习之间的关系，且要充分考虑学习者的兴趣及他们需要解决的实践问题，多采用“工作坊”的模式让学习者通过参与与自己工作相关的项目来提高把理论知识应用到实践中的能力。

2. 课程设置体现基础性、多元性与实用性

所有专业课程的设置不应该墨守成规，而应紧跟时代和市场的需求，强调对学习者的综合能力和实践能力的培养。整体的课程设置可由专业公共基础性的课程模块和多个专业方向选修课程模块组成，突出整个课程中的基础性、多元性和应用性。

3. 开放办学，整合各类社会资源

成人学习相关专业应当广开渠道，不仅要充分利用传统高等教育的资源，还要注重与社区教育、老年大学、开放大学、企业培训以及社会办学机构进行合作；此外，还应该力争与各种不同类型的教育之间实现融合与互通，如学历教育与资格证书教育应该相结合，能够实现学分互换，在完成学历教育的同时也可以获得相应的资格证书。同时，已有的资格证书也可以置换成相应学历教育的学分。

（二）构建与资格认证相结合的教育培训途径

资格认证课程是与资格认证轨道相互对应的培训课程，其最重要的意义就在于可以帮助成人学习工作者在资格认证的过程中也能够进行教育培训，体验专业发展的过程。构建与资格认证相结合的教育培

训途径，需要关注以下几个方面。第一，搭建模块化的资格认证课程。资格认证课程的模块化与分等级化，有利于成人学习工作者根据不同的等级、自身的需求选择不同的模块课程进行学习。第二，规范提供课程的培训机构。对提供教育培训课程的机构实施评估，只有经授权的机构才能够有资格为成人学习工作者提供相关培训课程。第三，能力认定作为认证课程的辅助。运用合适的能力认定工具对成人学习专业工作者之前已经获得的能力进行认定。一方面，可以挖掘出从业者已经具备的能力，并对其进行“正式化”的认可；另一方面，也避免了重复对已经具备的能力进行培训的情况出现。

三、 构建完善的资格证书体系

总的来说，构建成人学习工作者资格证书体系有三个主要目的：第一，保障成人学习工作者的专业发展；第二，增加该专业领域的吸引力；第三，提高成人学习工作者的社会地位。资格证书体系是专业工作者走向专业化道路的必要条件，是建设一支高素质的成人学习工作者队伍的保障，并且有利于使这支队伍的管理走上科学化、规范化和法制化的轨道。通过资格认证体系对从业者进行筛选和管理，以维持一定的专业水平，能为成人学习工作者建立专业权威奠定重要的基础。构建成人学习工作者资格认证体系要关注以下几个关键问题。

（一）保证资格认证体系的晋级性与结构性

资格认证体系需要具有很严格的结构，有明确的学分、学时、课程内容以及相关工作经验的规定与要求。资格认证制度不应该只是单一的合格制和一次性的工作，而应该体现出持续性的特征。一次性的资格认证制度，会使从业者在资格证书的“庇佑”下，不再进行持续专业发展。资格认证的过程不仅仅是一种结果输出的过程，也应该是从业者专业发展的过程。在持续进行评定的过程中可以帮助从业者发现工作中的缺失与不足，并提供改善的建议。资格认证体系结构的搭建可以有两个方式。第一，与国内已有的资格证书框架衔接。如爱沙尼亚的成人教育工作者资格证书体系属于爱沙尼亚国家专业资格框架，瑞士的三等级资格证书体系的第二级与第三级证书属于国家专业教育与培训学历框架，英国终身学习领域教师、导师以及培训师资格证书体系的构建基于国家资格与学分体系。但是，具体的学分、学时、课程以及工作经验等相关要求应该由专业组织来规定。第二，构建独立的资格证书框架。如奥地利继续教育学会的成人教育工作者双层次资格证书体系构建了属于"Wba"品牌的证书体系。依靠国内已有的资格证书框架的优势在于能够较快形成受众对专业证书的认可以及确定专业证书的权威地位。其劣势就在于可能需要政府相关部门与行业代表的长期的磨合和协商才能够将相关专业资格证书纳入国家资格证书框架中。搭建独立的资格证书体系的优势在于政府可以委托并资助专业组织自主地构建其"品牌"的证书体系，具有一定的灵活性。但是，其劣势就在于形成品牌、获得从业者以及受众的认可可能需要较长的时间。

（二）保证资格认证体系的有效性与功能性

构建资格认证体系需要考虑到其实施的有效性。主要通过以下两个方面对其有效性起到保障作用。第一，合理规划资格认证体系。要对资格认证体系进行整体的规划，就需要兼顾到各类的认证要素。其中包括参与评估的人员数量与种类、资格认证评估的时间长短、资格认证所需要的提交的文件资料的要求、考试内容规范等方面。第二，对资格认证体系实施质量管理。包括对参与资格认证工作的相关人员、机构以及资格认证相关的培训课程等方面进行评估与监管。

资格认证体系的功能性体现在对从业者、从业者教育培训机构以及专业组织等方面上。对于从业者而言，资格认证体系有以下四种功能：第一，检查，检查从业者的知识、技能和品质等是否符合专业标准；第二，评定，评估从业者符合专业标准的程度，并确定其等级；第三，教育，指出从业者尚缺乏的能力；第四，咨询，为从业者的专业发展提供参考意见。对于为从业者提供教育培训的机构而言，资格认证体系可以用来评估教育培训课程和实施的成效，有助于对课程的完善与改革。对于专业组织而言，可以针对资格认证体系提供实施或改进的建议、参与决策咨询等，以帮助提升实施成效和质量。

（三）保证资格认证体系的系统性与整合性

构建成人学习工作者资格认证体系必须要有系统的概念，完善配套的支持措施，方可持续发展。就我国目前来说，要构建成人学习工作者资格认证体系，主要要从三个方面来支持其发展：第一，健全相关法律法规。我国成人学习领域的相关法律建设相对薄弱，亟须健全相关法律法规，使得资格认证体系的实施有章可循、有法可依。例如，爱沙尼亚法律认可成人教育为一个专业并将其纳入国家专业资格证书体系中。英格兰出台条例规定继续教育领域教师的岗前资格认证以及持续专业发展要求。第二，建立从业者教育培训机构的认证制度。不是任何机构都有条件与资格对成人学习工作者进行教育培训。因此，需要对从业者提供教育培训的机构进行筛选认证，才能保障从业者受到专业、有质量保障的教育培训。第三，形成从业者专业相关的保障。目前，我国成人学习工作者的社会地位不高，待遇保障机制也很薄弱。成人学习工作者专业地位的保障、工作环境的保障以及社会地位的保障的力度亟待加强。

所谓整合性主要体现在两个方面：第一，加强资格认证体系与从业者教育培训的互动与循环。从业者的资格认证是能够提高从业者质量和推动其专业化进程的前提之一，就是提供从业者教育培训的机构能够为从业者提供专业的、高质量的教育培训。因此，资格认证与教育培训的良性循环将共同促进从业者的专业发展。第二，将对成人学习工作者从各种途径获得的能力的认定与教育培训课程的传授整合起来，灵活运用。成人学习工作者的许多能力是来自实践的经验，运用合适的方法与工具对其已经获得的能力进行认证是非常有必要的。事实上，成人学习工作者为其能力认定收集“证据”的过程也是反思自己学习的过程，通过这个过程工作者能够更加清晰地认识到自己的专业发展轨迹。

第二节　我国成人学习工作者专业化体系建设推进重点

一、加强成人学习工作者专业化建设的顶层设计

（一）成人学习工作者专业化体系构建的方式

成人学习工作者的专业化建设是一个系统的工程，基于罗马尼亚的有关专业化体系构建的研究成果，根据政府、专业组织与市场在专业化体系占据主导地位的不同，专业化体系可以有三种不同的构建方式：高度集权、一般规范和市场自我调控。

高度集权的专业化体系的核心是建立一个政府机构，该机构将全面负责专业工作者的专业化建设。包括履行专业规范、能力评估、培训课程授权、质量管理以及财政预算等职能。因此，成人学习工作者的专业化进程是一条标准化、分层级的高度规范的道路。一般规范的专业化体系的核心是建立一个相对独立的专业协会，该专业协会负责规范成人学习工作者和相关培训机构，承担其专业标准制定、专业化途径规范、能力认定等职能。此外，专业组织还有责任将成人学习工作者的教育培训与劳动力市场需求联系起来。当然，这个体系的发展也离不开国家的相关政策和法律的支持。在自我调控的体系中没有集中的管理，也没有专业组织的干预，“市场”及其独特的自我规范机制是该体系

中唯一的负责主体。专业化体系构建的三种方式如图 11.3 所示。

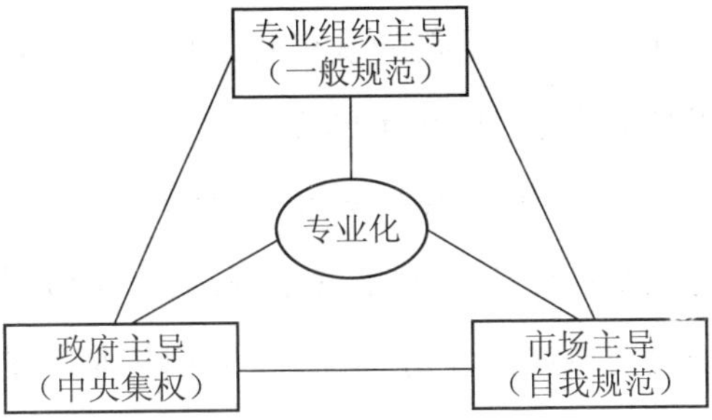

图 11.3　专业化体系构建的三种方式

成人学习工作者不同于医生、律师等传统专业。医生、律师这些传统专业的出现都早于国家理性的形成（刘思达，2006），国家干预较少。因此，这些专业工作者的专业治理主要体现的是一种“向内”的治理模式，即从自身发展需求出发的专业化模式。医学之所以能够获得其显性专业地位，根本原因在于它能够通过自身的力量争取到专业地位。成人学习工作者的专业发展需求不仅来自工作者内部，也很大程度地来自社会以及国家发展的需求，政府对其有较强的“治理”意愿，其也离不开国家的支持。因此，成人学习工作者的专业化建设应该是一种内部控制与外部治理兼具的共同建设模式。换一句话，专业化体系的建设方式就应该是“政府主导”的模式，随着专业的不断发展，处于一种从“政府主导”逐渐转向“专业组织主导”的动态平衡中。

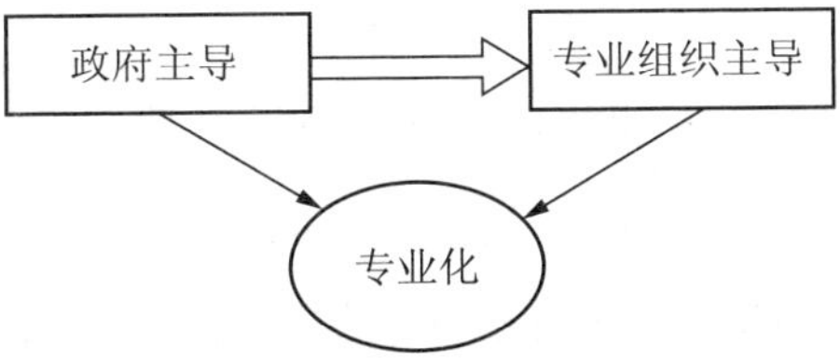

图 11.4　我国成人学习工作者专业化建设方式

在成人学习工作者专业化建设的初期，可以将政府主导作为主要发展策略，并且相关的法律法规的制定是推动专业化建设的重要手段与保障。随着专业的发展，受众的认可程度的提高、专业地位的提升、专业排他性与垄断性的提高，相关的专业组织以及专业人员就应该逐渐发挥出应有的主导作用。此时，政府应该承担的是承认专业地位以及支持专业市场垄断的作用。因此，总的来说，我国成人学习工作者专业化的建设应该首先以政府主导为主，专业组织辅助的方式进行。但是，从长远发展的角度来看，我国应该在成人学习工作者专业化建设过程中，进一步制定扶持、引导专业组织发展的政策法规，为专业组织的产生与发展创造良好的政策环境。目前，我国成人学习的专业团体数量甚少，影响力也比较微弱。但是，通过不断加强政府对专业组织的扶持，希望经过长期的努力，我国能够实现从政府主导的专业化建设模式逐步过渡到专业组织主导的专业发展模式。

（二）成人学习工作者专业化体系中主体的作用

国家最高层的顶层设计是社会各组织的行动指南。国家有必要从战略发展的高度，系统地规划成人学习工作者专业化体系，发挥各个利益相关者的作用。专业化体系的构建是一个庞大的工程，其中涉及的利益相关者包括政府、专业组织、大学、市场以及成人学习者等。分析系统中各个利益相关者的作用以及它们之间的互动，才能让它们“各司其职”为成人学习工作者专业化体系建设贡献力量。总的来说，政府、大学、专业组织和社会在成人学习工作者专业化体系中的作用如表 11.1 所示。

首先，政府主要为专业化建设的体系进行顶层设计、制定政府和法律法规，对专业进行市场保护、提供一定的财政支持以及认可成人学习工作者的资格证书体系。在资格证书体系方面，政府可以将成人学习工作者作为一个专业纳入国内已有的专业或者职业资格证书体系中进

表 11.1　专业化体系中各个主体的作用

主　体	作　　　用
政　府	成人学习工作者专业化体系的顶层设计 制定相关政策法律,进行市场保护 提供财政支持 认可成人学习工作者的资格证书体系
专业组织	制定成人学习工作者的能力档案、专业标准 执行资格证书体系相关过程(执行认证过程、颁发资格证书等)或构建资格证书体系 提供或授权提供相关的教育培训 成人学习工作者能力认定 开展调查研究 制定组织章程和伦理规范
大　学	设立相关的专业、提供学历学位证 组建高质量的师资队伍 保证教育的质量 提供成人学习工作者的继续教育
社会(市场、学习者等)	展示学习者需求 建立"信任"关系

行统一的规范与管理;也可以认可和推广由专业组织搭建的资格证书体系。

其次,专业组织在制定能力档案、专业标准、提供专业化途径以及开展研究等方面发挥作用。专业组织可以开发由该组织独立认证的资格证书体系,颁发属于专业组织的"品牌"证书。在专业日益成熟之时,制定相关的组织章程和伦理规范也是专业组织对专业人员进行规范的重要工具。

再次,促进高校成人学习相关专业建设工作,培养成人学习专业人才是成人学习工作者专业化体系构建的重要步骤。高校不仅是成人学习专业知识生成、传播和发展的重要场所,而且也为成人学习专门人才提供了入门型的准备,是培养专业人才的"摇篮"。在专业人才培养的第一步中“把好关”，将为其后续的持续专业发展奠定有力的基础。高等教育中有关成人教育专业的课程需要学术与实践相结合、关注学生的个体以及专业认同与发展。此外，高校还可以发挥其学术资源为在职成人教育工作者提供短期以及中长期的培训，支持其专业发展。

最后，市场展示出学习者的学习发展需求塑造专业工作者的身份认同，学习者通过与专业工作者建立起“信任”的关系，获得专业的服务，而专业工作者在创造价值和效益的同时，收获社会地位与经济回报。

（三）成人学习工作者专业化建设“全景图”

在成人学习工作者专业化建设的举措层面。正如前文所阐述的，我国成人学习工作者专业化建设的重点举措包括制定基于能力的专业标准、开发健全的教育培训模式以及构建完善的资格证书体系。这些专业化建设举措的推行将逐步形成成人学习工作者的专业教育体系、专业准入标准以及促进其持续专业发展。在此基础上，再逐步向专业化建设的目标靠近。具体来说，逐渐形成的专业教育体系能够为专业知识能力体系以及教育培训机构的形成奠定基础；逐渐形成的专业准入能够为政府制定相关法律法规、为专业提供“市场保护”提供参考；从业者的持续专业发展使其能够为持续地、高质量地服务大众、创造效益提供保障。

在成人学习工作者专业化建设的主体层面。根据欧洲的经验以及本土现状的分析，目前我国成人学习工作者专业化的建设需要走“政府主导，专业组织逐渐发挥出作用”的路线。因此，在这个阶段的推进重点应该是“政府顶层主导”和“培育专业组织”并重。从长远发展来看，专业化建设的导向应该是稳步地发展政府、大学、专业组织以及社会在成人学习工作者专业化中的作用，让这四个主体在专业化的框架中“各司其职”，从而达到专业化建设的目标，即形成专业的知识能力体系、建立健全的教育培训机构、成立自治的专业组织、获得政府法律法规保护以及服务大众并且创造效益。

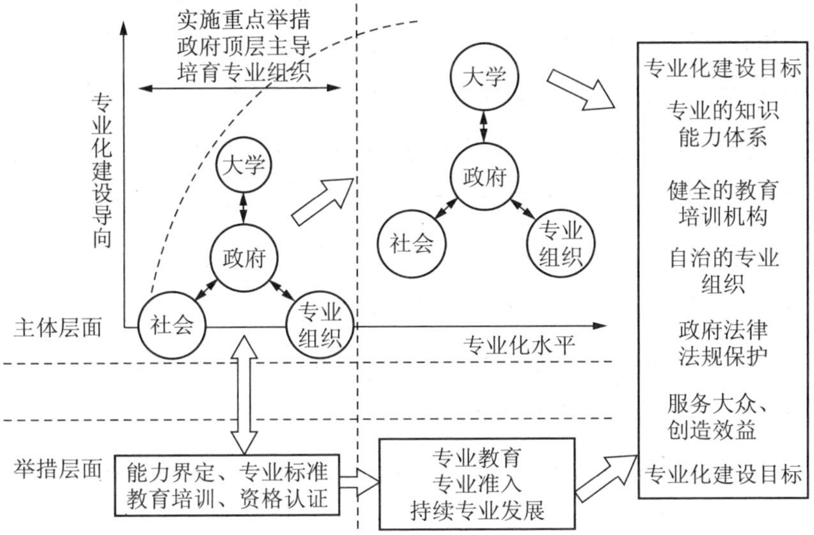

图 11.5 成人学习工作者专业化建设“全景”

二、 充分发挥专业组织在专业化建设中的作用

正如前文所提到的，目前我国成人学习工作专业化建设应该是“政府顶层主导”与“培育专业组织”并重。因此，发挥专业组织在成人学习工作者专业化建设中的作用，是专业化建设的推进重点之一。

（一）建立与完善成人学习工作者专业组织

“新专业的出现一般都是以形成专业协会为标志的”。[4]专业组织是从业者专业化进程的现实载体，在专业化建设中具有特殊的重要作用。专业化建设是一个行业性的活动，需要依赖专业组织而不仅仅是专业人员个人进行活动。专业组织通过“设立入会资格在孕育和维持一个专业特定的科学知识体系、教育和培训专业人员、标准化专业服务产品、保障客户和公众利益以及专业意识形态和文化构建方面扮演了

关键的角色”。[5]专业组织作为一个特殊的社会组织，其特征主要体现在两个方面。第一，成员具有专业的知识与技能。专业工作者所从事的工作需要具有“外行”所不具备的知识与能力。因此，这些从业者对知识的获得与探索，以及想把工作做好的内在动机，使得专业人员聚集起来组成专业组织，以保护他们的社会地位，完成专业工作。[6]第二，其具有排他性的特征。专业组织的出现使得从事该专业的人员被建立一个专业组织的相同的目标所推动。专业组织在排斥无资格的人的意义上是独一无二的。此外，专业组织还将建立和保持一个关于专业行为的伦理规范。基于“专业性”与“排他性”，在专业组织中的成员就可以一起努力，构建伦理规范并且提高专业地位。因此，建立专业组织是成人学习工作者专业化建设的必要步骤。[7]

梅里安曾提倡建立成人教育工作者的专业组织并认为这个协会的目的是：“理想地说，它应该关心如何保证专职成人教育工作者能在学术水平和专业能力方面符合要求，以此保持成人学习机会和质量。它将促进办学机构之间的合作，并鼓励志愿人员和兼职教师的在职训练。增加成人学习的机会、提高其质量应仍然是它的最首要的课题。”[8]目前，我国成人教育领域的专业协会类型不一，职能各异。既有全国性的成人教育协会如中国成人教育协会等；也有省、市、自治区级的成人教育协会如河北省成人教育协会等；还有行业性的成人教育专业协会如全国中医药成人教育学会、中国老年大学协会等。但是，这些专业组织也面临着社会地位边缘化、协会活动不够主动积极、自身建设有待加强以及教育主管部门的管理失当等问题。[9]此外，我国还没有专门针对成人学习工作者而建立的专业组织，而欧洲国家如爱沙尼亚有成人教育工作者协会，罗马尼亚也打算建立成人学习工作者协会。因此，我国可以借鉴国外经验，建立中国成人学习工作者协会，协会面向来自开放教育、社区和老年教育、社会教育、企业教育以及高校继续教育领域的工作者，将这些专业工作者聚集起来，实现其专业性与排他性，获得专业地位，从而更好完成专业工作，满足学习者的需求以及促进社会的发展。

鉴于成人学习工作者这个群体的复杂性与特殊性，其专业组织的组建应该注意以下三点：

第一，争取获得多方支持。成人学习是一个复杂且多元化的领域，成人学习工作者也处于不同的工作环境、面对着有不同学习需求的成人。他们工作在开放大学、高校、社区学院（学校）、企业以及社会培训机构等场所中。因此，构建这个复杂群体的专业组织需要获得多方的支持。其中包括相关政府部门、企业、高校等。只有这些主体都参与支持专业组织的建设并且认可专业组织的权威地位，专业组织才有可能真正地挥发作用，促进专业人员的专业发展。

第二，准确的定位。专业组织应该准确定位，面向专业工作者个人以及教育培训机构开放。如英国学习协会（Ifl）主要面向终身学习领域的教师、导师和培训师实施注册制度。奥地利继续教育学会主要面向四个专业方面的成人教育工作者（管理、咨询、教学以及图书馆管理）。因此，基于我国现实情况，成人学习工作者专业组织应该面向开放教育从业者、社会教育从业者、企业教育从业者、社区与老年教育从业者以及高校继续教育从业者，相关的专业方向可以包括教学、管理、咨询、课程设计等。

第三，形成相对独立自主的机构。作为一个非政府性和志愿性的组织，必须保障专业组织的独立性，只有这样才能显示出专业组织存在的意义。因此，政府应该避免进行直接的管理，减少对其决策和日常管理的干预，维护其独立的地位。但是，考虑到我国强调政府作用的历史传统和成人学习领域专业组织薄弱的现实，政府应该加强宏观上的引导和在法律、政策、财政、人员上的必要的支持。

（二）发挥成人学习工作者专业组织的作用

第一，制定成人学习工作者的能力档案和专业标准，规范成人学习专业领域。

定义成人学习工作者所需的能力，基于此制定成人学习工作者的专业标准是推动成人学习工作者专业化的重要抓手。有了专业标准，一方面能够规范成人教育专业领域，实施工作者准入标准以及推动其继续专业发展，形成专业“壁垒”，保障工作者的专业“特权”以及地位；另一方面，符合专业标准的成人学习工作者将为成人提供优质的教育和学习服务，从而保障成人学习者的学习质量。

第二，明确成人学习工作者资格证书体系，指明从业者专业发展道路。

缺乏资格认证是阻碍成人学习工作者走向专业化的最大障碍之一。如前文所述，成人学习工作者的资格证书体系可以是依附于国家已有的资格证书体系中，也可以由国家委托专业组织搭建专属的资格证书体系。在前一种的情况中，专业组织将在已有的资格证书体系中提到协助支持的作用。在后一种情况中，就需要专业组织主动搭建多等级、多方向的资格认证体系。完善的资格证书体系一方面能够在宏观层面规范成人学习专业领域，另一方面在个体层面上能够帮助成人学习工作者明确其专业发展道路，保障持续专业发展。资格证书体系虽然没有直接地参与知识生产、传承和传播，也没有直接地参与人才培养、管理与雇佣，但是，资格认证体系通过与专业标准与教育培训的对接，为专业“垄断”与专业地位的确立提供了基本的“门槛”。与此同时，也搭建起了“专业知识”与“专业市场”的桥梁。

第三，为成人学习工作者“发声”，关注其身份认同及专业发展。

“专业化”看似一个冷冰的词汇，但是成人学习工作者首先作为一个“人”，有着自身的生活以及工作的发展需求，回归到倾听他们的心声中去，挖掘他们的发展需求、关注他们的身份认同和专业发展是推动他们专业化的“人性化”的必然要求。若没有将专业化建设落实到关注专业工作者内在发展需求上，这样的专业化建设将缺乏“源头活水”，失去旺盛的生命力。专业组织要保障成人学习工作者专业地位的确立，形成伦理道德规范，为成人学习工作者争取专业权力、控制以及自治等，形成“压力团体”，为成人学习工作者争取更多的权益。在专业组织的带领下，专业工作者的利益才有了集体的代言者，才能形成集合的力量，实现成人学习工作者的专业化之梦。

注 释

[1] Research voor Beleid, *ALPINE-Adult Learning Professions in Europe: A Study of the Current Situation, Trends and Issues*, European Commission, 2008.

[2] Bob Koster et al., “Quality Requirements for Teacher Educators”, *Teaching and Teacher Education*, Vol.21, No.2, 2005, pp.157—176.

[3] 王传金:《教师教育标准:维度与主体》,《河北师范大学学报》(教育科学版)2010年第12卷第9期,第100—104页。

[4] [美]伯顿·克拉克:《高等教育系统论》,王承绪等译,杭州大学出版社1994年版。

[5] 王昕红:《专业主义视野下的美国工程教育认证研究》,华中科技大学博士论文,2008年。

[6] William J.Goode, “Community Within a Community: The Professions”, *American Sociological Review*, Vol.22, No.2, 1957, pp.194—200.

[7] Alexander Carr-Saunders, *The Professions in Modern Society*, Interstate Printers & Billshers, Inc., 1951.

[8] [美]达肯沃尔德·梅里安:《成人教育——实践的基础》,刘宪之等译,北京教育科学出版社1986年版。

[9] 李中亮、李阿慧:《我国成人教育专业协会发展研究》,《河北大学成人教育学院学报》2013年第2期,第15—18页。

参考文献

一、中文部分

[法]埃米尔·涂尔干:《职业伦理与公民道德》,梁东、付德根译,上海人民出版社 2006 年版。

[法]保罗·朗格朗:《终身教育导论》,滕星等译,华夏出版社 1988 年版。

[美]伯顿·克拉克:《高等教育系统论》,王承绪等译,杭州大学出版社 1994 年版。

[美]达肯沃尔德·梅里安:《成人教育——实践的基础》,刘宪之等译,北京教育科学出版社 1986 年版。

[美]李·S.舒尔曼:《理论、实践与教育的专业化》,王幼真、刘捷编译,《比较教育研究》1999 年第 3 期,第 36—40 页。

[美]罗伯特·K.殷:《案例研究:设计与方法》,周海涛等译,重庆大学出版社 2004 年版。

[英]安迪·格林:《教育、全球化与民族国家》,朱旭东等译,教育科学出版社 2004 年版。

[英]查尔斯·斯诺:《两种文化》,纪树立译,三联书店 1994 年版。

[英]约翰·穆勒:《政治经济学原理(上)》,赵荣潜等译,中国经济出版社 2000 年版。

蔡培村:《论析我国成人教育专业化及其发展趋势》,台湾成人教育学会主编:

《成人教育专业化》,正中书局 1995 年版,第 201—268 页。

曹荣君等:《德国成人教育发展述评》,《河北大学成人教育学院学报》2010 年第 1 期,第 64—66 页。

陈福祥:《德国成人教育发展概况及其特征解析》,《高等函授学报》(哲学社会科学版)2007 年第 3 期,第 45—47 页。

陈海涛:《新时期我国成人教育教师专业标准探析》,《中国成人教育》2008 年第 10 期,第 61—62 页。

辞海编委会主编:《辞海》(缩影本),上海辞书出版社 1980 年版。

董显辉:《英国成人教育教师专业化的策略及其启示》,《河北大学成人教育学院学报》2012 年第 3 期,第 95—99 页。

董秀华:《市场准入与高校专业认证制度研究》,华东师范大学博士论文,2004 年。

都荣胜、娄立志:《关于成人教育专业化问题的思考》,《成人教育》2006 年第 2 期,第 5—8 页。

樊大跃:《英国职业资格证书教育教师新标准解读》,《职业技术教育》2005 年第 4 期,第 68—71 页。

高体健:《论高等教育在构建终身教育体系中的地位和作用》,《中国成人教育》2002 年第 2 期,第 8—12 页。

关晶:《从 NQF 到 QCF:英国资格框架改革的新进展》,《江苏技术师范学院学报》(职教通讯)2009 年第 10 期,第 77—80 页。

郭伟、邢思萍:《专业化视角下的成人教师职业道德建设》,《成人教育》2010 年第 3 期,第 44—45 页。

何光全:《国际视野下的成人教育工作者专业化之困境及出路》,《开放教育研究》2007 年第 4 期,第 59—63 页。

何光全:《我国成人学习基本状况调查》,《现代远程教育》2013 年第 6 期,第 58—69 页。

胡梦鲸:《成人教育学理论与模型——国中补校文科教学的一项质的研究》,师大书苑有限公司 1998 年版。

胡天佑:《高校继续教育:机遇、挑战与策略》,《职业技术教育》2013 年第 7 期,第 61—65 页。

黄爱峰:《体育教师教育专业化研究》,南京师范大学博士论文,2005 年。

黄健:《专业化:社区教育专职教师队伍建设的研究》,《远程教育杂志》2010 年第 4 期,第 99—103 页。

霍玉文:《我国成人教育教师专业化建设的必要性及对策》,《继续教育研究》2005 年第 2 期,第 39—41 页。

李智会、施祖毅:《罗马尼亚成人教育的特征与启示》,《世界教育信息》2013 年第 8 期,第 44—47 页。

联合国教科文组织国际教育发展委员会主编:《学会生存——教育世界的今天和明天》,华东师范大学比较教育研究所译,教育科学出版社 1996 年版。

廖建华、李志雄:《新世纪以来我国社区工作者专业化及其专业能力研究综述》,《广州城市职业学院学报》2012 年第 6 卷第 4 期,第 40—43 页。

刘奉越:《德国成人教育专业化发展的历史轨迹》,《职教论坛》2009 年第 5 期,第 57—60 页。

刘奉越:《我国成人教育专业化研究的回顾与反思》,《江苏技术师范学院学报》2008 年第 7 期,第 49—52 页。

刘奉越:《专业化视角下的德国成人教育特征》,《中国成人教育》2008 年第 7 期,第 118—119 页。

刘虹:《控制与自治:美国政府与大学关系研究》,复旦大学博士论文,2010 年。

刘捷:《专业化:挑战 21 世纪的教师》,教育科学出版社 2002 年版。

刘思达:《职业自主性与国家干预——西方职业社会学研究述评》,《社会学研究》2006 年第 1 期,第 197—223 页。

刘小强、蒋喜锋:《2000 年以来欧盟终身学习策略实施新特点》,《职业技术教育》(科教版)2005 年第 7 期,第 69—72 页。

罗文伟:《我国成人教育教师专业化进程中的专业组织探微》,《成人高等教育》2005 年第 1 期,第 9—10 页。

罗永彬:《成人教育专业化视角下的师资培养机制研究——兼谈中美比较》,

《中国成人教育》2010年第2期,第7—10页。

满玲玲:《反思性实践视域下成人教育教师专业化策略》,《职教通讯》2010年第10期,第36—40页。

欧阳忠明、肖菲:《英国成人学习政策框架与实施效果》,《现代教育管理》2013年第6期,第123—128页。

潘懋元、王伟廉主编:《高等教育学》,福建教育出版社2005年版。

裴娣娜:《教育研究方法导论》,安徽教育出版社2000年版。

乔红心:《我国成人教育管理人员专业化建设研究》,河南大学硕士论文,2008年。

秦立霞:《美国教师资格认证制度及其效应研究》,陕西师范大学博士论文,2008年。

邱艳萍:《英国成人教育教师培养改革新动态述评——以"英国新教育培训框架"为例》,《成人教育》2009年第1期,第91—92页。

屈书杰:《专业化:英国继续教育领域教师教育改革的核心》,《外国教育研究》2013年第9期,第43—51页。

桑宁霞、韩丽:《困厄与出路:成人教育学硕士研究生导师专业化》,《河北大学成人教育学院学报》2009年第11卷第4期,第16—19页。

石丽敏:《培训师专业化建设研究》,华东师范大学硕士论文,2007年。

时伟:《当代教师继续教育论》,安徽教育出版社2004年版。

时伟:《专业化视野下教师继续教育的理论与实践》,华东师范大学博士论文,2003年。

孙海法、朱莹楚:《案例研究法的理论与应用》,《科学管理研究》2004年第22卷第1期,第116—120页。

田秀莉:《国内外开放教育发展现状与启示》,《内蒙古民族大学学报》2011年第17卷第6期,第59—60页。

王传金:《教师教育标准:维度与主体》,《河北师范大学学报》(教育科学版)2010年第12卷第9期,第100—104页。

王红:《论成人教育的专业化》,《中国成人教育》2007年第12期,第5—6页。

王昕红:《专业主义视野下的美国工程教育认证研究》,华中科技大学博士论文,2008年。

魏惠娟:《成人教育专业化的内涵与实施》,台湾成人教育学会主编:《成人教育专业化》,正中书局1995年版,第45—64页。

项秉健:《成人教育培训工作者服务能力及其评价》,《成才与就业》2013年第11期,第14—15页。

熊建辉:《教师专业标准研究——基于国际案例的视角》,华东师范大学博士论文,2008年。

徐平利:《英国FENTO及其"教学标准"》,《世界教育信息》2004年第11期,第33—35页。

杨平等:《欧盟终身学习政策与实践新进展》,《教育发展研究》2010年第17期,第83—87页。

叶澜:《新世纪教师专业素质培养初探》,《教育研究与实验》1998年第1期,第41—46页。

张景美:《我国成人教育教师专业化建设探析》,曲阜师范大学硕士论文,2005年。

张蓉:《成人教育教师专业化及其有效途径与改进策略》,《职教通讯》2007年第11期,第69—71页。

张玉华:《德国成人教育的特点及启示》,《中国成人教育》2007年第11期,第100—101页。

赵大星:《德国成人教育的多元化机制》,《河北大学成人教育学院学报》2007年第9卷第2期,第41—42页。

赵红亚:《美国成人教育专业化发展的历史轨迹》,《河北师范大学学报》(教育科学版)2005年第7卷第6期,第83—87页。

赵康:《管理咨询在中国:现状、专业水准、存在问题和发展战略》,中国社会科学出版社2008年版。

赵康:《专业、专业属性以及其半段成熟专业的六条标准——一个社会学角度的分析》,《社会学研究》2000年第5期,第30—39页。

郑丹丹:《教师教育者及其专业标准的国际比较研究》,华东师范大学博士论文,2013年。

郑也夫:《代价论:一个社会学的新视角》,三联书店1995年版。

中国劳动社会保障出版社主编:《企业培训师国家职业标准(2007年修订)》,中国劳动社会保障出版社2008年版。

周倩:《高校科技管理人员专业化建设研究》,华东师范大学博士论文,2006年。

朱新均:《学习型社会建设的理念、路径和对策》,《现代远程教育研究》2011年第1期,第3—11页。

二、英文部分

Adelaida C. Gines, "Professionalization of Adult Educators: The Philippine Experience", *American International Journal of Social Science*, Vol. 2, No. 8, 2013, pp.152—158.

Adinarayana Reddy and Uma Devi, "An Assessment of Competencies of the Adult Education Facilitators Through Valid Pack: A Case Study of India", *Bulgarian Journal of Science & Education Policy*, Vol.7, No.2, 2013, pp.67—103.

Alexander Carr-Saunders and Paul Alexander Wilson, *The Profession*, Clarendon Press, 1933.

Alexander Carr-Saunders, *The Professions in Modern Society*, Interstate Printers & Billshers, Inc., 1951.

Andras, "Professional Standard: Adult Educator/Andragogue III, IV, V", http://www.emcet.net/download/products/req/standard_adult_educator_estonia.pdf, 2018-08-01.

Andras, "Promoting Adult Learning and Expanding Learning Opportunities", https://www.andras.ee/en/node/1297, 2018-08-06.

AndreSchlafli, " How does policy influence professioanlisation of adult learning in Switzerland?" paper presented to the International Conference on Adult Educators, Bonn, Germany, November 1—3, 2013.

AndreSchlafli and Irena Sgier, "The Development and State of the Art of Adult Learning and Education(ALE): National Report of Switzerland", http://www. unece. org/fileadmin/DAM/Gender/documents/Beijing% 2B15/Switzerland. pdf, 2018-07-27.

AndrewAbbott, *The Systems of Professions*, University of Chicago Press, 1988.

AngelaSteward, *Continuing Your Professional Development in Lifelong Learning*, Continuum International Publishing, 2009.

Anne Strauch, "Validation of Adult Educators' Competencies: The VINEPAC Project", *Lifelong Learning in Europe*, Vol. 13, No. 3, 2008, pp. 181—187.

AnneStrauch et al., eds., *Flexible Pathways Towards Professionalisation*, W.Bertelsmann Verlag, 2010.

Atanacio Panahon, *Developing Cross-Cultural Competence in Adult Learning in the ASEAN Context*, Ateneo de Manila Press, 2012.

Bert-JanBuiskool et al., *Key Competences for Adult Learning Professionals: Contribution to the Development of a Reference Framework of Key Competences for Adult Learning Professionals*, Research voor Beleid, 2010.

BettinaDausien and Dorothee Schwendowius, "Professionalisation in General Adult Education in Germany: An Attempt to Cut a Path through a Jungle", *European Journal of Education*, Vol.44, No.2, 2009, pp.183—203.

BobKoster et al., "Quality Requirements for Teacher Educators", *Teaching and Teacher Education*, Vol.21, No.2, 2005, pp.157—176.

Boye Gooding, *Flexi-Path Toolkit: A Guide to Creating a Professional Protfolio to Demonstrate the High Level Competences of Adult Educators*, Editura Waldpress, 2010.

Burton Bledstein, *The Culture of Professionalism: The Middle Class and the Development of Higher Education in America*, W.W.Norton & Company, 1974.

CEDEFOP, "European Guidelines for Validating Non-formal and Informal Learning", www.cedefop.europa.eu, 2018-08-01.

Christian Marx and Annika Goeze, "Adult Education Teachers' Pedagogical Psychological Knowledge: Dimensions and Test Development", paper presented to the International Conference on Adult Educators, Bonn, Germany, November 1—3, 2013.

Daniel Kober, "Intercultural Professionalisation in Adult Education", *Journal for the Study of Adult Education and Learning*, Vol.2, 2012, pp.43—57.

David Mallows et al., "Professioanlisation of Adult Basic Skills Teachers-Issues and Challenges Across Europe", paper presented to the International Conference on Adult Educators, Bonn, Germany, November 1—3, 2013.

David Plowright and Glenn Barr, "An Integrated Professionalism in Further Education: A Time for Phronesis?" *Journal of Further and Higher Education*, Vol.36, No.1, 2012, pp.1—16.

Department for Business, Innovation and Skills (BIS), *Professionalism in Further Education: Final Report of the Independent Review Panel*, Department for Business, Innovation and Skills, 2012.

Department for Education and Skills(DfES), *Equipping Our Teachers for the Future: Reforming Initial Teacher Training for the Learning and Skills Sector*, DfES, 2004.

Department for Innovations, Universities & Skills (DIUS), *A Guide to the Further Education Teachers' Qualifications (England) Regulations 2007*, DIUS, 2007.

Dieter Nittel, *A Mission or a Profession*, Bertelsmann, 2000.

Ekkehard Nuissl and Klaus Pehl, *Portrait Continuing Education Germany*, Bertelsmann, 2004.

Ekkehard Nuissl and Susanne Lattke, eds., *Qualifying Adult Learning Professionals in Europe*, Bertelsmann, 2007.

Ekkehard Nuissl, "Mutual Responsibilities in Learning of Adults", *Journal of Educational Sciences*, Vol.1, 2009, pp.7—13.

Eliot Freidson, *Professionalism: The Third Logic*, Polity Press, 2001.

Eliot Freidson, *Professionalism Reborn: Theory, Prophecy and Policy*, Polity Press, 1994.

Emile Durkheim, *Professional Ethics and Civic Morals*, Routledge, 1992.

Erich Weniger, *Die Eigenständigkeit der Erziehung in Theorie und Praxis*, Beltz, 1952, quoted from Regina Egetenmeyer and Bernd Käpplinger, "Professionalisation and Quality Management: Struggles, Boundaries and Bridges Between Two Approaches", *European Journal for Research on the Education and Learning of Adults*, Vol.2, No.1, 2011, pp.21—35.

European Commission, "Country Report on the Action Plan on Adult Learning: Estonia", http://ec.europa.eu/education/adult/doc/estonia_en.pdf, 2018-07-27.

European Commission, "Country Report on the Action Plan on Adult Learning: Germany", http://ec.europa.eu/education/adult/doc/germany_en.pdf, 2018-07-10.

European Commission, *Action Plan on Adult Learning: It Is Always a Good Time to Learn*, Commission of the European Communities, 2007.

European Commission, *Making a European Area of Lifelong Learning a Reality*, Commission of the European Communities, 2001.

European Commission, *Teaching and Learning: Towards the Learning Society*, Office for Official Publications of the European Communities, 1996.

Everett C. Hughes, "Professions", *Daedalus*, Vol. 92, No. 4, 1963, pp.655—668.

Ewa Przybylska, "Pathway to becoming an adult education professional in Europe", in Ekkehard Nuissl and Susanne Lattke, *Qualifying Adult Learning Professionals in Europe*, Bertelsmann, 2007, pp.87—100.

Flexi-Path, "Flexible Professionalisation Pathways for Adult Educator Between the 6th and 7th Level of EQF", http://www.adam-europe.eu/prj/3818/prj/National%20Report%20 Romania.pdf, 2018-07-14.

Frank Parkin, *Marxism and Class Theory: A Bourgeois Critique*, Columbia University Press, 1979.

Further Education National TrainingOrganisation(FENTO), *Standards for Teaching and Supporting Learning in Further Education in England and Wales*, FENTO, 1999.

Geneviève Lameul and Jérôme Eneau, "Professionalizing Adult Learners in the French University: A Case Study Using Portfolios and Reflexive Analysis", paper presented to the International Conference on Adult Educators, Bonn, Germany, November 1—3, 2013.

Geoferry Millerson, *The Qualifying Associations: A Study in Professionalization*, Routledge, 1964.

GeorgeBereday, *Comparative Method in Education*, Holt, Rinehart & Winston, 1964.

Georgios K.Zarifis, "What Does It Take to Develop Professional Adult Educators? Identification and Modeling of Comparable Competences in The European Context", paper presented to the International Conference on Adult Educators, Bonn, Germany, November 1—3, 2013.

Gerrit W.Kouwenhoven, *Designing for Competence: Towards a Competence-Based Curriculum for the Faculty of Education of Eduardo Mondlane Univerisy*, Ph.D.dissertation, University of Twente, 2003.

Great Britain. Learning and Skills Improvement Service(LSIS), *Teaching and Training Qualifications for the Further Education and Skills Sector in England (2013): Guidance For Employers And Practitioners*, LSIS, 2013.

H.Murphy, "The Professionalisation of Adult Education in Ireland—An Exploration of the Current Discourse and Debate—How is Professionalization Viewed amongst the Stakeholders in Adult Education in Ireland and How is Driving this Discourse?" paper presented to the International Conference on Adult Educators, Bonn, Germany, November 1—3, 2013.

Hans Gruber, et al., *Aufgaben-und Tätigkeitsfelder von Weiterbildner/inne/n*, Vortrag auf der DIE-Veranstaltung, 2004.

Harold L. Wilensky, "The Professionalization of Everyone?" *American Journal of Sociology*, Vol.70, No.2, 1964, pp.137—158.

HowardBecker, *The Nature of a Profession*, National Society for the Study of Education, 1962.

Ian Cushing, "Working Towards Professionalism: A Pathway Into the Post-Compulsory Community of Practice", *Teaching in Lifelong Learning: A Journal to Inform and Improve Practice*, Vol.4, No.1, 2012, pp.13—20.

Ingeborg Schüßler, *Studierenden-und Absolvent/inn/enbefragungen unter professions theoretischer Perspektive*, DIE Zeitschrift, 2012, quoted from Regina Egetenmeyer, "Empirical Results for Academic Professionalization in Adult and Continuing Education in Germany", paper presented to the International Conference on Adult Educators, Bonn, Germany, November 1—3, 2013.

Ivo Eesmaa, "Analysis of Existing Qualification Frameworks and/or Systems for Adult Educators in the Partner Coutries-Estonia", http://www.adam-europe.eu/prj/3818/prj/FLEXI-PATH%20National%20Report%20Estonia.pdf, 2018-07-24.

J.Weikert and K.Popoviv, "Dealing with the Blind Spot—How to Integrate Culture in a Cross-Cultural Curriculum", paper presented to the International Conference on Adult Educators, Bonn, Germany, November 1—3, 2013.

James Faulconbridge and Daniel Muzio, "The Rescaling of the Professions: Towards a Transnational Sociology of the Professions", *International Sociology*,

Vol.27, No.1, 2012, pp.109—125.

Jens Bjornavold, *Making Learning Visible: Identification, Assessment and Recognition of Non-Formal Learning in Europe*, Bernan Associates, 2000.

Jost Resichmann, "Who is adult educator? And Why is the Term 'Adult Educator' Destructive for Professionalisation?" paper presented to the International Conference on Adult Educators, Bonn, Germany, November 1—3, 2013.

Julia Evettts, "The Sociological Analysis of Professionalism: Occupational Change in the Modern World", *International Sociology*, Vol. 18, No. 2, 2003, pp.395—415.

K.Briddon, *The Lifelong Learning Sector*, McGraw-Hill, 2014.

Kaie Kerem, "Estonia Professional Qualification System", http://www.kpmpc.lt/LTKS_EKS/Katrin_Kutsekoda_ENG.pdf, 2018-07-12.

Katrin Karu and Larissa Jõgi, "From Professional Studies to Learning Experiences-Creating Learning Possibilities for Adult Educators", in Susanne Lattke and Wolfgang Jütte, *Professionalisation of Adult Educators International and Comparative Perspectives*, Peter Lang, 2014, pp.105—128.

Kenji Miwa, *Professional Development of Adult Educators at Universities: A Case Study about Long Term Training Course for Social Education Directors at Ochanomizu University*, Ochanomizu University, 2012.

Knud Illeris, *Contemporary Theories of Learning*, Routledge, 2009.

Larissa Jõgi and Marin Gross, Professionalization of Adult Educators in Estonia—From a Biographical Perspective, Verlag für Sozialwissenschaften, 2012.

Larissa Jõgi et al., "Quality Assurance System of Adult Education Curricula at Tallinn University", http://www.q-act-conference.de/english/materials_and_links/Posters/Estonia_quality%20assurance.asp, 2018-07-29.

Laura L. Bierema, "Reflections on the Profession and Professionalization of Adult Education", *PAACE Journal of Lifelong Learning*, Vol.20, No.1, 2011, pp.21—36.

Lesley Doyle, "Professionalism and Professionalisation: Meanings, Implications and Consequences for Adult Education Programmes in the UK", paper presented to the International Conference on Adult Educators, Bonn, Germany, November 1—3, 2013.

Lesley Doyle, "The Fragility of Professionalism in the De-Regulated Environment", http://asemlllhub.org/policy-briefs/united-kingdom-lingfield-report/#_ftn1, 2018-08-04.

Lifelong Learning UK(LLUK), *Defining Teacher Roles and Responsibilities in the Further Education Sector in England*, Lifelong Learning UK, 2008.

Lifelong Learning UK(LLUK), *Guidance for Awarding Institutions on Learning Support Practitioner Roles and Initial Training Qualifications*, Lifelong Learning UK, 2008.

Lifelong Learning UK(LLUK), *Guidance for Awarding Institutions on Teacher Roles and Initial Teaching Qualifications*, Lifelong Learning UK, 2007.

Lifelong Learning UK(LLUK), *New Overarching Professional Standards for Teachers Tutors and Trainers in the Lifelong Learning Sector*, Lifelong Learning UK, 2007.

Lifelong Learning UK(LLUK), *The National Occupational Standards (NOS) for the Role of Learning Support Practitioner in the Lifelong Learning Sector(Draft)*, Lifelong Learning UK, 2007.

Liliana Ezechil. "A Short Presentation of Adult Education in Romania: A Psychopedagogical Perspective", *Mersin University Journal of the Faculty of Education*, Vol.1, No.2, 2005, pp.238—249.

Lorenz Lassnigg, "Contradictions in Adult Education Structures and Policies in Austria: Their Interrelation with the Professional Development of Educators", *European Journal for Research on the Education and Learning of Adults*, Vol.2, No.1, 2011, pp.37—55.

M.Gross and J.Bradley, "An Alternative Pathway for the Professionalization of Adult Educators through", paper presented to the International Conference on Adult Educators, Bonn, Germany, November 1—3, 2013.

M. Hagenow, "National Report: Switzerland-Analysis of Existing Qualification Frameworks for Professionals in Adult Education", http://www.adam-europe.Eu/prj/3818/prj/Nation al%20Report%20Switzerland.pdf, 2018-07-14.

Magali S. Larson, *The Rise of Professionalism*, University of California Press, 1977.

Magdalena Balica et al., "National Study on Adult Educators", http://www.irea. ro/en/publications/theoretical-approaches-in-adult-education/172. html, 2018-07-27.

Marilyn Fairclough, *Supporting Learners in the Lifelong Learning Sector*, Open University Press, 2008.

Mark Bechtel, "Competence Profiles for Adult and Continuing Education Staff in Europe: Some Conceptual Aspects", in Ekkehard Nuissl and Susanne Lattke, *Qualifying Adult Learning Professionals in Europe*, Bertelsmann, 2007, pp.45—60.

Mark S.Granovetter, "The Strength of Weak Ties", *Social Networks*, Vol.8, No.6, 1977, pp.347—367.

Michael Osborne and Kate Sankey, "Non-vocational Adult Education and Its Professionals in the United Kingdom", *European Journal of Education*, Vol.44, No.2, 2009, pp.271—289.

Michael Osborne, *Country Report on the Action Plan on Adult Learning: United Kingdom*, Research voor Beleid, 2011.

Monika Prokopp and Karin Luomi-Messerer, *European Inventory on Validation of Non-formal and Informal Learning 2010: Case Study: Recognition for Professionalisation in the Adult Learning Sector—Academy of Continuing Education*, European Centre for the Development of Vocational Training, 2010.

Morris L.Cogan, "Toward a definition of profession", *Harvard Educational*

Review, Vol.23, No.1, 1953, pp.33—50.

O.Unluhisarcikli and N.Kahriman, "Views of Adult Educators in Their Occupation and Professionalisation", paper presented to the International Conference on Adult Educators, Bonn, Germany, November 1—3, 2013.

Ofsted, *The Initial Training of Further Education Teachers: A Survey*, Ofsted, 2003.

Organisation for Economic Co-operation and Development (OECD), *Definition and Selection of Key Competencies*, OECD, 2005.

P. Weber, "Transnational and National Networks as Opportunity to Implement Professional Requireements into the Policy Agenda", paper presented to the International Conference on Adult Educators, Bonn, Germany, November 1—3, 2013.

Paul Hager, "Is There a Cogent Philosophical Argument Against Competency Standards?" *Australian Journal of Education*, Vol.38, No.1, 1994, pp.3—18.

Paul Hager and Andrew Gonczi, "What is Competence?" *Medical Teacher*, Vol.18, No.1, 1996, pp.15—18.

Peter Miller and Nikolas Rose, "Governing economic life", *Economy and Society*, Vol.19, No.1, 1990, pp.1—31.

Philip Ross Courtney Elliott, *The Sociology of the Professions*, Macmillan, 1972.

QF2Teach Research, "Concept for a National Qualification Framework for Learning Facilityators in Adult and Continuing Education in Germany", http://qf2teach.com/a ssets/files/Report%20national%20workshop_Germany.pdf, 2018-07-22.

QF2Teach Research, "National Report on the Outcomes of the Qualified to Teach Delphi Survey-Switzerland", http://qf2teach. com/assets/files/National%20Report%20Switzerland.p df, 2018-07-12.

QF2Teach Research, "National Report on the Outcomes of the Qualified to

Teach Delphi Survey-UK", http://qf2teach.com/assets/files/National%20Report_UK.pdf, 2018-07-12.

Raluca Lupou and Rebecca Silliman, "National Report on the Outcomes of the Qualified to Teach Delphi Survey-Romania", http://www.adam-europe.eu/prj/3818/prj/National%20Report%20Romania.pdf, 2018-07-21.

Raluca Lupou et al., "Credibility of Trainer's Competences Assessment", *Procedia-Social and Behavioral Sciences*, Vol.2, No.2, 2010, pp.2777—2783.

Randall Collins, *The Credential Society: An Historical Sociology of Education and Stratification*, Academic Press, 1979.

Regina Egetenmeyer and Anne Strauch, "Professionalisation in Adult Education: German Perspectives", in Van Theo Dellen, *Asia-Europe Conference on Lifelong learning Frameworks for Supporting Lifelong Learning*, Schneider, 2008, pp.242—260.

Regina Egetenmeyer and Bernd Käpplinger, "Professionalisation and Quality Management: Struggles, Boundaries and Bridges Between Two Approaches", *European Journal for Research on the Education and Learning of Adults*, Vol.2, No.1, 2011, pp.21—35.

Regina Egetenmeyer and Ekkehard Nuissl, eds., *Teachers and Trainers in Adult and Lifelong Learning: Asian and European Perspectives*, Peter Lang, 2010.

Regina Egetenmeyer, "Empirical Results for Academic Professionalisation in Adult and Continuing Education in Germany", paper presented to the International Conference on Adult Educators, Bonn, Germany, November 1—3, 2013.

Regina Egetenmeyer, "Professioanlisation in Adult Education: A European Perspective", in Regina Egetenmeyer and Ekkehard Nuissl, *Teachers and Trainers in Adult and Lifelong Learning: Asian and European Perspectives*, Peter Lang, 2010, pp.31—44.

Research voor Beleid, *ALPINE-Adult Learning Professions in Europe: A*

Study of the Current Situation, Trends and Issues, European Commission, 2008.

Research voor Beleid, *Country Report on the Action Plan on Adult Learning: Romania*, Research voor Beleid, 2013.

Richard Wittorski, "Professionalisation: Issues, Meanings and Ways", paper presented to the International Conference on Adult Educators, Bonn, Germany, November 1—3, 2013.

Ros Clow, "Further Education Teachers' Constructions of Professionalism", *Journal of Vocational Education and Training*, Vol. 53, No. 3, 2001, pp.407—420.

Royston Greenwood et al., "Change as an Underlying Theme in Professional Service Organizations: An Introduction", *Organization Studies*, Vol.17, No.4, 1966, pp.563—572.

S. Surikova and V. Zuzevičiute, "Didactical-methodological Profile of Adult Learning Facilitators: The Key Findings of Transnational Survey in Latvia and Lithuania", paper presented to the International Conference on Adult Educators, Bonn, Germany, November 1—3, 2013.

S.Y. Shah, "Professionalisation of Indian Adult Education", in Adinarayana Reddy and Uma Devi, *Current Trends in Adult Education*, Sarup & Sons, 2006, pp.262—273.

Simon Broek and Bert-Jan Buiskool, *Developing the Adult Learning Sector: Quality in the Adult Learning Sector*, European Commission, 2013.

Simona Sava, "Trends in Adult and Continuing Education in Romania: A Country in Transformation", *REPORT-Journal for Continuing Education Research*, Vol.31, No.2, 2008, pp.28—38.

Simona Sava and Bettina Thone-Geyer, "The Value of Teacher's Activities on the Development of Wider Benefits of Learning from a Learners' Perspective", paper presented to the International Conference on Adult Educators, Bonn, Germany, November 1—3, 2013.

Simona Sava and Raluca Lupou, "The Adult Educator in Europe: Professionalisation Challenges and the Alternative of Validation of Learning Outcomes", *Procedia-Social and Behavioral Sciences*, Vol.1, No.1, 2009, pp.2227—2232.

Simona Sava and Raluca Lupou, *Handbook for the Use of Validpack, for the Validation of Psycho-Pedagogical Adult Educator's Competences*, Mirton Publishing, 2008.

Simona Sava et al., "Reference for the Development of the Professionalization System for Adult Education Practitioners", http://www. irea. ro/ro/proalps/finish/3-documente-proalps/7-51-proalpsreferences-for-the-development-of-the-professionalization-system-en.html, 2013-12-27.

Stephen McNair et al., "CONFINTEA VI: United Kingdom National Report: National Report on the Development and State of the Art Adult Learning and Education(ALE)", *Applied Economics Letters*, Vol.21, No.8, 2008, pp.533—535.

Sue, "The New Teacher Training Framework in England", http://www.hotelara. com/england/2007/12/the-new-teacher-training-framework-in-england/, 2018-07-22.

Susanne Kraft, *Trainer-Qualifizierung-Weiterbildung*, W. Bertelsmann, 2006, quoted from Bettina Dausien and Dorothee Schwendowius, "Professionalisation in General Adult Education in Germany: An Attempt to Cut a Path through a Jungle", *European Journal of Education*, Vol.44, No.2, 2009, pp.183—203.

Susanne Lattke and Ekkehard Nuissl, eds., *Qualifying Professionals for Adult Learning in Europe*, W.Bertelsmann, 2007.

SVEB, "Equivalene Assessment Procedure-Legal Basis", http://www. alice. ch/en/ada/equi valence-assessment-procedure-eap/, 2018-08-01.

Sylwester Robak, "Studies on Transnationalization Processes of Continuing Vocational Training in China from two Perspectives: Designing HDR-Professionalization Structures for Germ: An Expatriates in Enterprises and for the Establishment of a CVET-Academy", paper presented to the International Conference on

Adult Educators, Bonn, Germany, November 1—3, 2013.

T.Kreft and B.Godding, "United Kingdom National Report-England Focus-Analysis of Existing Qualification Framework and/or Systems for Adult Education in the Partner Countries", http://www.adam-europe.eu/prj/3818/prj/Flexi-Path%20national%20report%20UK.pdf, 2018-07-10.

Talcott Parsons, *The Social System*, Free Press, 1951.

Talvi Märja, *National report of Estonia: Development and State of Art of Adult Learning and Education (ALE)*, UNESCO Institute for Lifelong Learning, 2008.

Tara Fenwick et al., "Sociomaterial Approaches to Conceptualising Professional Learning and Practice", *Journal of Education and Work*, Vol.25, No.1, 2012, pp.1—13.

Thamar Voss et al., "Assessing Teacher Candidates' General Pedagogical/Psychological Knowledge: Test Construction and Validation", *Journal of Educational Psychology*, Vol.103, No.4, 2011, pp.952—969.

The European Association for the Education of Adult(EAEA), "Country report on Adult education in Switzerland", http://www.eaea.org/doc/pub/Country-Report-on-Adult-Education-in-Switzerland.pdf, 2018-07-25.

The European Association for the Education of Adult(EAEA), "Country report on Adult Education in Romania", http://www.erisee.org/downloads/2013/2/r/Country%20report%20on%20adult%20education%202011.pdf, 2018-07-22.

The European Association for the Education of Adult(EAEA), "Country Report on Adult Education in Germany", http://www.eaea.org/doc/pub/Country-Report-on-Adult-Education-in-Germany.pdf, 2018-07-23.

The European Association for the Education of Adult(EAEA), "Country Report on Adult Education in Estonia", http://www.eaea.org/doc/pub/Country-Report-on-Adult-Education-in-Estonia.pdf, 2018-07-23.

The Federal Office for Professional Education and Technology(OPET), *Voca-*

tional and Professional Education and Training in Switzerland 2011, OPET, 2011.

The Ministry of Education and Research of Estonian, "Development Plan for Estonian Adult Educaiton 2009—2013", http://www.hm.ee/index.php?popup=download&id=9945, 2018-08-01.

The Stationery Office Limited, *The Further Education Teachers' Qualifications (England) (Amendment) Regulations 2012*, The Stationery Office Limited, 2012.

Thomas Sork, "Planning and Delivering Programs", in Carol E. Kasworm et al., *Handbook of Adult and Continuing Education*, Sage, 2010, pp.157—166.

William J. Goode, "Community within a community: The professions", *American Sociological Review*, Vol.22, No.2, 1957, pp.194—200.

Wolfgang Seitter and Susanne Kraft, *Konstruktive Annäherungen an EQF und DQR*, DIE Zeitschrift, 2008, quoted from Bettina Dausien and Dorothee Schwendowius, "Professionalisation in General Adult Education in Germany: An Attempt to Cut a Path through a Jungle", *European Journal of Education*, Vol.44, No.2, 2009, pp.183—203.

WSF, "Survey of Teachers in Adult Education Institutions", quoted from Regina Egetenmeyer and Anne Strauch, "Professionalisation in Adult Education: German Perspectives", in Van Theo Dellen, *Asia-Europe Conference on Lifelong learning Frameworks for Supporting Lifelong Learning*, Schneider, 2008, pp.242—260.

Yvonne Hillier and Yvon Appleby, "Supporting Professionalism: See-Saw Politics and the Paradox of Deregulation", *Adults Learning*, Vol.24, No.2, 2012, pp.8—12.

三、网站

Andras, "The Official Website", http://www.andras.ee/, 2018-08-01.

DIE, “The Official Website”, http://www.die-bonn.de/default.aspx, 2018-08-04.

IREA, “The Official Website”, http://www.irea.ro/en/, 2018-08-04.

SET, “The Official Website”, http://www.ifl.ac.uk/, 2018-08-05.

SEVB, “The Official Website”, http://www.alice.ch/en/sveb/, 2018-08-05.

WBA, “The Official Website”, http://wba.or.at/english/about_us.php, 2018-08-03.

图书在版编目(CIP)数据

欧洲成人教育研究/陈辉映著.—上海:上海人民出版社,2019
ISBN 978-7-208-15757-6

Ⅰ.①欧… Ⅱ.①陈… Ⅲ.①成人教育-研究-欧洲
Ⅳ.①G729.5

中国版本图书馆 CIP 数据核字(2019)第 044244 号

责任编辑 范 晶
装帧设计 范昊如 夏 雪 等

欧洲成人教育研究
陈辉映 著

出　　版 上海人民出版社
(200001 上海福建中路 193 号)
发　　行 上海人民出版社发行中心
印　　刷 上海商务联西印刷有限公司
开　　本 635×965 1/16
印　　张 19
插　　页 2
字　　数 231,000
版　　次 2019 年 5 月第 1 版
印　　次 2019 年 5 月第 1 次印刷
ISBN 978-7-208-15757-6/G·1962
定　　价 68.00 元